大学教学方法的改革创新与实践探索

籍庆利◎著

吉林人民出版社

图书在版编目 (CIP) 数据

大学教学方法的改革创新与实践探索 / 籍庆利著
. -- 长春：吉林人民出版社，2020.9
ISBN 978-7-206-17527-5

Ⅰ.①大… Ⅱ.①籍… Ⅲ.①高等学校 – 教学改革 – 研究 Ⅳ.① G642.0

中国版本图书馆 CIP 数据核字 (2020) 第 173576 号

大学教学方法的改革创新与实践探索
DAXUE JIAOXUE FANGFA DE GAIGE CHUANGXIN YU SHIJIAN TANSUO

著　　者：籍庆利	
责任编辑：金　鑫	封面设计：金　莹

吉林人民出版社出版 发行（长春市人民大街 7548 号） 邮政编码：130022
印　　刷：定州启航印刷有限公司
开　　本：710mm×1000mm　　1/16
印　　张：12.75　　　　　　　字　　数：225 千字
标准书号：ISBN 978-7-206-17527-5
版　　次：2020 年 9 月第 1 版　　印　　次：2020 年 9 月第 1 次印刷
定　　价：54.00 元

如发现印装质量问题，影响阅读，请与印刷厂联系调换。

前　言

随着科学技术的发展和社会的进步，人们的知识观、人生观发生了巨大转变，社会对培养具有创新精神和实践能力的创新型人才的需求愈发迫切。由此，大学教学方法的改革成为世人关注的焦点。教学方法的改革与创新对当前深化教学改革、提高教学质量、培养创新型人才以及加快创新型国家建设具有十分重要的现实意义。

通过教学方法使教学效果达到最佳状态，看似是一个既简单又容易解决的问题，但实际的教学过程并非像人们想象的那样简单。从近几十年我国大学教学方法改革的过程可以看出，虽然大学的教学方法每阶段都有变化，但是并没有完全达到预期的效果。随着我国经济的快速发展，大学教学已经进入关键时期，而影响教学方法的因素有很多，因此找准改革的着力点对教学方法进行系统性的改革与创新具有重大意义。本书的编写正基于此。

本书共分为七章。第一章介绍了教学和教学论的相关理论知识，包括教学的意义与任务、教学过程的要素以及大学教学论等；第二章对教学方法进行了概述，介绍了教学方法的概念、意义，并对教学方法的发展历程和基本特征进行了简单阐述；第三章从管理学和知识观两个领域对教学方法的改革进行了研究；第四章对大学的教学方法研究的必要性与意义、分类与结构功能以及课堂教学法的选择应用进行了阐述；第五章介绍了大学教学方法改革创新的理论基础；第六章介绍了大学教学方法改革创新的策略，包括体制机制的创新、大学教学方法创新的路径与评价、大学教学方法的文化创新等；第七章则阐述了我国大学在教学方法改革方面的实践探索。

本书在撰写过程中参考和借鉴了一些专家、学者的研究成果和观点，由于出版时间紧促，未能及时与相关作者取得联系，在此致以最诚挚的谢意。此外，由于时间和精力有限，书中难免存在局限与差错，不足之处敬请指正。

目 录

第一章 教学与教学论 ·· 1
 第一节 教学的意义与任务 ··· 1
 第二节 教学过程要素 ·· 6
 第三节 大学教学论 ·· 12

第二章 教学方法概述 ·· 16
 第一节 教学方法的概念及意义 ··· 16
 第二节 教学方法的发展历程 ·· 18
 第三节 教学方法的基本特征 ·· 22

第三章 多角度视域下的教学方法改革 ······································ 26
 第一节 管理学视域中的教学方法改革 ······························ 26
 第二节 知识观视域中的教学方法改革研究 ······················ 36

第四章 大学的教学方法研究 ·· 48
 第一节 大学教学方法研究的必要性及意义 ······················ 48
 第二节 大学教学方法的分类与结构功能 ·························· 49
 第三节 课堂教学方法及其选择应用 ································· 60

第五章 大学教学方法改革创新的理论基础 ······························ 103
 第一节 基于认识论的教学方法 ·· 103
 第二节 基于价值论的教学方法 ·· 109

第三节　教师的职业价值及教学方法创新主体·····················118
　　第四节　大学教学方法创新的原则·····························122

第六章　大学教学方法改革创新的策略·································128
　　第一节　体制机制创新·····································128
　　第二节　大学教学方法创新路径与评价·························131
　　第三节　大学教学方法文化创新·····························137

第七章　我国大学教学方法改革的实践探索·····························142
　　第一节　我国高等学府教学方法改革的实践探索·················142
　　第二节　网络时代下大学教学方法改革的实践探索···············168

参考文献···194

第一章 教学与教学论

第一节 教学的意义与任务

一、教学的构成与意义

"教学"一词，是教学理论中的核心概念。在我国，对于教学的认识最早可以追溯到战国末年的《礼记·学记》："学然后知不足，教然后知困。知不足，然后能自反也；知困，然后能自强也。故曰教学相长也。"[①]从中不难看出，"教"源于"学"，二者是共生共存、随着时代的变迁而变化的。也就是说，"教学"是教师的"教"和学生的"学"相结合且统一的共同活动。随着社会的飞速发展，信息技术给人们带来了诸多视角，相关学科也迅速发展，人们对教学规律的掌握也愈加客观、科学，并逐渐提出了一系列对教学的真知灼见。教育教学领域泰斗李秉德先生指出，教学是指为师者指导学习者进行学习的统一的活动。也有研究者指出，教学是以课程内容为中介，由师生双方进行的教和学的共同活动。这一概念强调了教学的短暂性，说明教和学二者之间的结合是依赖学习内容而展开的。事实上，教学不是漫无目的的活动，而是在一定的教育目的的规范下，由教师的"教"和学生的"学"共同组成的一种教育活动。也有教育学家指出，所谓教学，乃是教师的教、学生的学的统一活动，在这统一活动中，学生掌握一定的知识、技能，同时身心获得一定的发展，形成一定的思想品德。

综上可以看出，教学是根据特定的教育目的，教师通过有目的、有计划、有组织的指导启发，激发学生的兴趣让其积极参与，从而使学生逐步掌握系统的科学知识、必需技能，并以此发展学生认识能力的一个动态过程。通过此过程，学生的身心，包括认知能力、智力水平、品德修养、道德情操、审

[①] 戴圣. 礼记[M]. 上海：上海古籍出版社，2016.

美品位都得到了应有的全面发展。也就是说，教学过程实质上是对学习主体学生的全面发展的培养过程，因此教师需要遵循学生身心发展规律、尊重学生的心理需要，视学生为具有独立思考、行动能力的主体；同时，教师要创设民主、友好、宽松、良好的学习氛围，让学生能够畅所欲言，与教师进行交流、沟通，并使学生的智慧潜能、道德情操都发挥到最佳水平。由此可知，教学活动的过程，即是师生之间的信息交流、情感交融、观念沟通的活动交往过程，教学就是学校教育活动中达成教育目的、完成教育任务的最主要的手段。

（一）教学的构成要素

教学过程到底是由哪些要素构成的？对于这一问题，在不同的历史时期出现过三个典型的"中心说"。

1. "教师中心说"

"教师中心说"属于最传统的教育观点。该观点认为，教师掌握了大量的、丰富的科学文化知识，又经过了专业知识的强化训练，具有相应的专业素养，应该是教学活动的权威。因此，教师能够引导学生有效学习，在教师的指导下，学生可以少走弯路，在较短的时间内高效地学习所需的文化科学知识。也因此，该观点认为，教师是绝对的权威，是学生参照的标准，在教学活动中应该维护教师的绝对尊严。显而易见，这一观点使教师在教学活动中的权威地位绝对化，而完全忽略了学生的主体地位，仅仅将学生视为机械的、被动的知识接受者，是一种对教学的片面认识。

2. "教材中心说"

"教材中心说"这一观点受到传统教育观点的影响，如对书本权威的信奉、知识需要牢记等，知识的飞速发展，尤其是工业革命以来科学知识给世界带来巨变，其价值显现的影响，使各界对科学知识的重视达到了一个空前的程度，"教材中心说"也逐渐巩固了其地位。当然，科学知识的飞速发展使人们认识到知识的重要性的同时，由于当时现代媒体不发达，教材便成为学生获得知识的最大源泉，自然成为教学活动的中心。因此，教学大纲的编订、教学目的的制定、课程的设置等都是围绕教材内容展开的。这种认识容易造成无视学生认知特点、心理发展及现有基础，以及对教师主体性的忽视等。

3. "学生中心说"

随着现代认知心理学的发展，人们逐渐对教学有了新的认识，学生在教学中的重要地位也逐渐明朗，"学生中心说"也逐渐开始确立。根据这一观点，学生应该成为教学活动的中心，即一切教学活动的安排都应该以学生为中心展开，在教学中教师要尊重学生的主观意志，充分调动学生的主观能动性。

不同的历史时期，人们对教学的认识不同，陆续出现了上述三个相应的"中心说"。事实上，它们在某种程度上都具有一定的合理性，教师、教材、学生这三个要素在教学中都是不可或缺的因素，然而，一旦走向极端，过于强调其中的某一个因素，势必导致对教学的错误认识。

那么，对于整个教学过程而言，其基本要素到底是什么？对于这一教育教学领域的基本问题，学术界一直存在争论，争论的焦点主要在于教学过程中的"三要素说""四要素说""五要素说""六要素说""七要素说"等。"三要素说"认为，教学是由教师、学生、教学内容三个基本要素构成的；"四要素说"认为，教师、学生、教学内容与方法是构成教学活动的基本要素；"五要素说"认为，教学活动应该包括教师、学生、内容、方法以及媒体等基本要素；"六要素说"提出教学活动中有教师、学生、内容、方法、媒体以及教学目标等六种基本要素；"七要素说"则明确指出，教学活动包括教师、学生、目的、课程、方法、反馈以及环境等七种要素。下面以"四要素说"为例，对其中所包含的要素之间的关系进行说明（如图1-1所示）。

图1-1 教学四要素

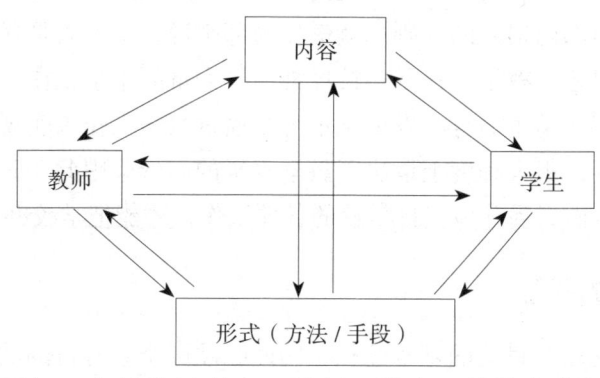

由图1-1可知，在教学过程中，教师、学生、教学内容与方法都是教学的必备要素，其中教师是组织者，学生是学习主体，内容是联系教师和学生的中介，而教学方法与教学手段则是教师引导学生积极有效掌握内容的途径。在整个教学系统中，各个要素之间不是孤立存在的，它们是相互联系、相互制约的。事实上，在由不同要素构成的教学活动中，只有各个要素之间相互协调、互相促进，才能达到教学目的。

（二）教学的意义

实现教育目标的途径是多种多样的，而教学是最主要的途径，除智育外，教学在德育、体育、美育发展中也发挥着主要的作用。学校要卓有成效地实现培养目标、造就合格人才，就必须以教学为主，并围绕教学这个中心安排其他工作，以建立自己的正常秩序。

1. 教学是促进学生发展的最有效的形式

教学是教师按照教育目标要求专门组织起来进行知识传授的活动，它能帮助个体的认知能力在有限的时空内得到快速的发展。通过教学能将人类积累起来的科学文化知识有效地转化为学生个人的精神财富，有力地促进他们的身心发展，使学生的个体发展能在较短时期内达到人类发展的一般水平，从而保证社会的延续和发展。

2. 教学是实现教育目的的基本途径

学生获取知识的途径是多种多样的。教学由于有专业教师系统知识的保障，在授课之前教师能够精心设计每个知识点，使学生在理解知识、掌握技能方面具有较高的效率。另外，通过教学中的竞争合作以及同伴之间的相互影响，学生的德、智、体、美诸方面可得到和谐发展。

3. 教学是学校教育的中心工作

教学是学校教育的中心工作，也就是说，学校必须以教学为主，这也是学校和社会其他部门根本的区别。就学校内部来说，培养人是通过多方面的工作来进行的，但是，教学工作是学校经常的、大量的基本工作，其占用时间最多、内容最丰富，学生的身心发展基本上是通过教学工作来实现的。学校培养人才质量的好坏，很大程度上取决于教学水平的高低。因此，只有围绕教学这一中心工作，全面、妥善地安排学校的各项工作，才能把学校办好。

二、教学的任务

教学是实现教育目的的基本途径，因此必须围绕教育目的的要求完成一系列的任务，才能实现教育的目的。教学任务是与实现教育目的紧密相连的，它体现着教学的社会制约性，也反映了一个国家对教学的明确要求。对于这个关系到教师教和学生学的目的性问题，教育者都应该十分明确，以提高自觉性，努力完成各项任务。具体地说，教学的基本任务可归纳为以下四个方面。

（一）引导学生掌握科学文化基础知识和基本技能

教学的首要任务是引导学生掌握科学文化基础知识和基本技能，其他任务只有在其基础上才能实现。所谓基础知识，指构成各门学科的基本事实及其相应的概念、原理和公式及系统，它是组成一门学科知识的基本结构，反映了科学文化发展的现代水平。所谓基本技能，则指各门学科中学生运用知识去解决问题或完成某项任务的最主要、最常用的能力，如语文中的阅读、写作，数学中的运算，物理和化学中的实验技能等。

在中小学中，教学必须把现代自然科学和社会科学中的基础知识和基本技能系统地传授给学生，具体可以分解为三方面：一是促进学生的全面发展，使他们具有一个现代人应具有的素质；二是为学生参加现代生产劳动和政治、文化生活创造必要的条件；三是为学生进一步学习各种专业知识和从事科学研究以及进行创造发明奠定初步的基础。

（二）发展学生的体力、智力、创造力和实践精神

发展学生的体力、智力、创造力和实践精神，不仅是顺利地、高质量地进行教学的必要条件，也是培养全面发展的创新型人才的要求，是现代教学十分重要的一项任务。

学生正处于生长发育的最佳时期，保证他们的健康，培养他们良好的卫生和保健习惯，可以使其在以后的人生道路上受益匪浅。因此，教学应当注意教学卫生，要求学生在坐、立、阅读和其他学习活动中保持正确的姿势，保护学生的视力，使其有规律、有节奏地学习与生活，保持旺盛的精力，发展健康的体魄。

所谓智力，指个人在认识过程中表现出来的认知能力系统，包括观察力、记忆力、想象力和思维能力，其中思维能力是智力的核心。人的智力是遗传、环境与教育以及个人努力相互作用的结果。对正接受学校教育的学生来说，教育特别是教学对他们的智力发展起着主要作用。

所谓创造力，指最终产生新的有社会价值的成品（包括物质的和观念的产品）的能力。对于学生而言，创造力指学生能运用自己已有的知识去探索、发现和掌握尚未知晓的知识的能力，它不仅是智力发展的高级形式，也是学生个人的求知欲望、进取心、意志力和自我实现决心的体现。创造活动分为真创造和类创造：真创造是科学家和其他创造发明家最终产生了对人类来说是新的和有社会价值的成品的活动；类创造是针对个体而言的，只是其思维成品对个人来讲是新的，对人类来说是已有的。但这两种创作活动的过程在本质上是相同的，都具有创造性。

对学生来说，更主要的是类创造，即学生在教师的指导下，通过自己的思

考和探索，创造性地解决问题。因此在教学中，教师应当注意启发诱导学生进行思维操作，进一步进行推理、证明，解决创造性的作业，从而培养学生的智力，发展其创造才能。

（三）培养学生的道德品质和审美情趣

在中小学阶段，青少年学生的品德、审美情趣正处于急速发展和逐步形成的重要时期，在促使他们培养良好的道德品质、形成高尚的审美情趣的过程中，教学能起到重要的作用。因为学生在教学中进行的学习活动和开展的交往，是他们认识世界以及进行社会交往的主要途径。在掌握知识、联系实际的过程中，学生将提高自己的思想认识、道德修养和审美情趣；在班级教学活动中，学生将依据一定的规范和要求来调整自己的思想和行为，这都会为他们形成良好的品德和审美情趣打下基础。

（四）促进学生的个性发展

所谓个性发展，是指学生在德、智、体等方面都获得正常的、和谐的发展，同时又能够充分发展各自的性格、兴趣和才能。个性发展与创造性的培养有着密切的联系。当前，我国社会的发展呼唤教育教学摆脱僵化刻板的模式，成为开发创新能力的园地，成为新科学新技术产生的策源地。这就要求在教学过程中把受教育者置于主体地位，充分调动他们的主观能动性，把培养学生的个性作为努力的方向。

上述教学的几项基本任务，是在教学中统一实现的。教学的基本任务是互相联系、互相促进的，教师在教学中必须全面贯彻、认真完成，才能提高教学质量，从而实现教学目的。

第二节　教学过程要素

一、教学过程要素学说

要素问题是教学过程研究中的基本问题之一。在目前的教学过程研究中，在涉及教学要素这一问题时，研究者多使用"因素""成分"等概念；在分析的着眼点上，主要涉及教学结构、教学活动、教学过程、教学系统等。那么，什么是要素？要素与因素、成分是否同一？现代系统论认为，要素是构成事物的必要成分，系统是由要素构成的，在一定条件下系统与要素可以相互转化，所以系统与要素之间存在着对立统一关系。由此可见，要素与因素、成分具有同一性，要素是构成系统必不可少的组成部分。显然，教学过程作为一个系统，是由多种要素共同构成的。所以，教学过程的构成要素也从另一个角度向人们解释了教学过程的内涵与特点。

二、教师和学生在教学中的地位和作用

从哲学角度看，主体与客体为一对哲学范畴：主体认为人是能够认识和作用于客体的，而客体就是被主体（人）认识、反映及作用的对象。具体到人与人的关系上，主客体关系则可以相互转化，互为主客体。在教学这种特殊的促进学生发展的活动里，教师与学生的关系也是主客体相互转化的关系，但这种特定活动里的主客体关系是非常复杂的。

一般认为，从整个教学过程的组织及运行来看，教师发挥的主体作用更大一些，尤其对于中小学生而言，教师通过自己的品质、学识及能力等全方位地影响学生，学生是教师作用的客体；但单纯从学习的角度看，学生的主体性又是教师不能代替的，学生是其自身成长发展的决定力量，教师是其学习的客体。因此，在教学中，单纯视教师或学生为客体，而忽视教师或学生中任何一方的主体地位，都是错误的。我们必须辩证地处理师生的主客体关系，强调双主体地位，充分发挥双主体作用，从而更好地完成教育教学任务。

（一）发挥教师的主体作用，突出教师的主导性、引导性、定向性

没有教师的主体性作用，就不会有成功的教育。教师作为"闻道在先、术业有专"的特殊群体，要按照社会的要求，承担起教书育人的职责，这主要表现为：主导教学设计，组织教学实施，管理教学过程，启发引导学生德、智、体、美全面发展，掌控学生身心发展进程的总方向。为发挥这些作用，只有单纯、美好的愿望是不能实现的，必须要有合理的措施。为此，教师必须发挥自己的主体性，首要的是要做到以下两点。

1. 以爱育爱，教师在爱学生中彰显自己的主体性。爱是最好、最大的教育力量，是一切教育教学活动的前提和灵魂。教师的首要品质是要爱学生，否则就失去了做教师的资格。可以说，爱的教育作用不管如何强调都不为过，爱可以滋润每一个学生的心灵，爱可以点燃每一个学生的希望，爱可以激发每一个学生的潜能，爱可以助力每一个学生的成长，爱可以成就每一位教师的自我发展。教师对学生的爱是具有普遍性的，是普爱、大爱、持久的爱、无选择的

爱。这种爱应指向每一个学生，无论学生品质、学习、身体、家庭、民族、性别等方面有哪些差异，都应是教师的教育对象，这是不可选择的。正如孔子所倡导的"有教无类"一样，教师要做到"有爱无类"。我们每个人也许都会有这样一种体会：一个学生，在好教师、爱学生的教师的教育下，会成长为优秀学生；如果是在差教师、不爱学生的教师的教育下，则有可能成为落后的学生。这也必须成为每一位教师的认识，每位教师都要以成为一名"爱生"的教师为教育教学指向。可以说，教师对待学生的态度是检验、衡量教师素养高低的重要标准，而这尤其体现在教师对待学习、品德后进的学生的态度上，对待后进生的态度的好坏更是教师素养高低的根本体现。我们应把教师如何认识后进学生、如何帮助后进学生发展和提高，作为一位教师是否热爱、尊重学生，是否称职的重要标准。正如我国台湾教育家高震东先生一直倡导的"爱自己的孩子是人，爱别人的孩子是神"，这说明教师无条件地爱所有的学生，是一件非常神圣的事情，这也正是教师的伟大之处。在我国的教育界，由于受应试教育影响，教师忽视甚至"遗弃"落后学生的案例俯拾即是，有的甚至导致学生走上自暴自弃、自杀、违法犯罪的道路，这需要进一步引起人们的重视。教师的责任是引导学生走向光明，使他们成为自食其力、对社会有用之人，而不是把学生推向黑暗。如果教师不能做到毫无条件地爱所有学生，而是忽视、讽刺、挖苦甚至责骂学生，那么学生视学校为心灵的恐怖场所也就不足为奇了。如果教师的爱不能充满教育教学整个过程，教育的力量就会大打折扣。

2. 教师主动地创新教学，更好地诠释自己的主体性。教学需要创新，任何看似平常、普普通通的一堂课，都具有无限的创新空间。教学创新既是教师成长的渠道，也是培养人才的不竭动力。教学创新万变不离其宗，创新的基础离不开教师的学习与钻研，创新的前提是教师具有敢为天下先的勇气和非凡的智慧，其核心是对学生的无限热爱，目的是一切为了学生的发展，原则是在尊重教育规律基础上各展百家之长。古今中外的创新教学莫不表现出这些特点。例如，创"因材施教"的孔子，善"产婆术"的苏格拉底，倡"做中学"的杜威，重"发现教学"的布鲁纳，为"情境教育"奋斗不息的李吉林等名师，他们以富有个性和创造性的理论和实践，形成了各具特色的教育教学风格，产生了巨大的影响力。可以说，一名优秀的教师，他的本质生活就是教学生活。

学生作为鲜活的生命体，是有意识、有情感的，同时，他们由于家庭背景、社会影响的不同而在诸多方面表现出千差万别的特征，这决定了教师对于学生的教授活动富于复杂性、独特性、创造性。教学与生产工人用同一模具塑造统一件、标准件有着本质区别。因此，个体的差异和个体发展的重要性都要求教师因材施教，有针对性、创造性地促进学生发展，使之形成优良的个性。创新教学可以体现在各个环节，从教学过程上分析，教学氛围的创造、教学设计的构思、教学方法的选择、教学原则的运用、教学结果的使用等各个环节，都需要教师驾轻就熟、反复推敲、反思改进。总之，只有在教学中自为、自创，教师才能体现出自己最高水平的主体性；教师只有准确地、合理地把控自己的主体性，才能更好地培养学生的主体性。

（二）发挥学生的主体作用，调动学生的主动性、积极性、创造性

学生是教育教学的目标，教学应以学生为核心。良好的学习必然是一种自主、自觉、自愿、自由、自为的行为，离不开学习主体的主体性的确立和提升。因此，教学决不能忽视学生的主体性，缺少学生积极、鲜活的生命活动，单纯地将学生作为被动的、适应的教育对象，单纯地采用"我讲你听""我说你服"的生硬的灌输教学，必然会遏制学生自觉自愿精神的形成；应有针对性地进行"对话性""开放性""启发性"的教学，使教学更具有吸引力，达到使学生积极参与、主动思考、自我教育、创新超越的目的，促使其成为有自主选择、勇担责任、积极创造的主体意识的人。

确立学生的主体地位，实际上就是要确立学生在教学中的中心地位，根本上就是如何看待学生发展的问题。学生发展问题涉及学生发展机制、学生发展的影响因素等基本问题，这两个主要问题实际上是交织在一起的。从辩证法角度讲，影响学生发展的主要因素为内因，任何外因（如教师、家长等）都是通过内因起作用的，内因是事物发展的根本。学生发展的主要机制就在于内化（外为己用）和外化（通过改变环境而改变自身）。一般认为，凡是外部的东西转化为内部的东西，客体的因素转化为主体的因素，实际操作转化为智力操作，都属于心理内化的范畴。而内化又可分为有意识和无意识两种形式。有意识内化，积极主动、目的明确，在反馈、调节、修正中不断深化是其主要特征。比如，学生在教师的指示下积极主动地提高自己的思想道德水平、创造能力以及身体素质的过程就主要表现为有意识内化。无意识内化对人的发展也具有重要作用，这也是为什么要重视隐性课程的原因。但一般说来，有意识内化对人的发展起的作用更大。外化是主体以内化的结果作用于外部世界的活动，而这两种机制都是主体自身选择的结果，换言之，都是主体主动参与的结果，是主体性的体现。既然学生发展都是通过自身努力，在内化、外化的双向过程中得到发展的，那就更应该围绕学生而展开教育，因此尊重学生的主体性、确立学生的核心地位是教育教学应有之义。

学生主体性的确立和提升，离不开教师的主体性作用的发挥。教师发挥主体作用的目的，就是为了能够更好地发挥学生的主体作用，做到教学相长，而不是阻碍或扼杀之。教师主体性作用在不同年龄段以及不同学生中是不尽相同的，一般而言，学生年龄越小、发展水平越低，教师的主体性作用越强，教师引导学生主体性发展的任务更重。需要注意的是，教师主体性的发挥、任何形式的所作所为，都不能代替学生的发展，至多只能起到助跑器的作用。正因如此，教师在师生关系中的角色正从"独奏者"的角色过渡到"伴奏者"的角色，从此不再主要是传授知识，而是帮助学生去发现、组织和管理知识，是引导他们而非塑造他们。因此，教师的责任重在引导学生发展，最终达到学生自我发展的层次。

总之，教学需要确立双主体地位，发挥双主体作用，这有利于充分发挥生命与生命的交流与融合作用，调动学生生命自觉性、主体能动性和自我建构性，达到促进学生充分占有和发挥自己本质的目的。

三、教学内容的三个维度

什么知识最有价值？自从英国思想家斯宾塞在1859年提出这个命题后，有关讨论就一直不断。可以说，知识价值的问题就是教学内容的质量问题，教学就是要把最有价值的教学内容传递给学生。在此，本节尝试从真、善、美三个维度来衡量教学内容的价值尺度。

（一）教学内容应做到"求真"

毫无疑问，要从丰富的文化中遴选科学的教学内容，就要保证内容的正确、真实，即通过过程揭示事物的本来面目，教给学生真理、真知。求真不仅是针对静态的内容而言的，还包括教师对待教学内容的态度，即在教学内容传递过程中，也需要教师求真。可以说，教师如何认识和加工教学内容，必然会潜移默化地影响学生对科学知识的认知和情感，以及他们的求知欲望和求真、创新精神。要想使一个人不落后于飞速发展的时代，必须改变教育教学方式，使其具备很强的社会适应能力和创新能力。这就要求教师应更加关注对学生创新精神和探索能力的培养，以便适应社会的需要，这也意味着单纯地教给学生已有科学知识是远远不够的，因为知识不是一成不变的。新知识层出不穷，甚至在以几何级数累积，全般复制和简单模仿已经远远不能满足社会急剧发展变化的需要，必须由知识教育转变为能力教育。鉴于此，教师在教学内容传递中必须做到在求真中存疑、在存疑中求真。换言之，教师必须在求真的过程中勇于面对挑战，要有存疑、批判的精神，要善于提出问题，不断引导学生探讨科学知识是怎么产生的、往哪个方向发展、在哪些方面可以商榷、在哪些方面需要完善、在哪些方面可以有所突破等，通过不断启发、引导和训练，有效地培养学生的好奇心、批判精神、创新能力。此外，求真还应体现在教学内容传递中对教育教学规律的遵循方面，体现教学的科学性。可见，教学内容的求真具有丰富的内涵，需要统筹把握。

（二）教学内容应做到"求善"

人们常说教学内容要做到"文以载道"，教学的思想性、教育性问题，实际上是强调教学内容的思想性、感染力，为培养向善、向上的人才服务。各类教学内容都蕴含着丰富的"善"的因素，在知识传递过程中，教师要善于挖掘教学内容中"善"的因素，注意引导学生去体验、感悟、揣摩，扩展学生的善端，帮助学生升华情感、陶冶情操、提升品质、丰富思想。同时，教师还要以道德的手段去影响学生，止于至善。毫无疑问，教师的言行举止对学生的榜样作用巨大。此外，教师在教学中必须创造民主、平等、融洽、和谐的师生关系，保障师生能自由地交往、对话、沟通，使师生之间的思想、品德相互激荡和融合，使教育教学过程流畅、温馨和高效，达到教师乐教、学生乐学的师生关系的境界，收到潜移默化的善性影响。

（三）教学内容应做到"求美"

教学内容的美无处不在，主要体现在三个方面：教材组织编排的体系结构美、教学内容本身蕴含的人文或科学美、教师教学方式的艺术美。

1. 关于教材组织编排的美。不管采用螺旋式编排还是直线式编排，都应首先表现为要处理好各知识点间横向交叉联系和纵向沟通衔接的关系：横向上，注意各知识点与其他学科的有机联系，做到相互支撑补充；纵向上，首先要注意知识点前后衔接顺畅、拓展延伸，其次要处理好知识的多寡、深浅的关系，尽可能做到多寡均衡、深浅有度，达到少而精、由浅入深的效果。

2. 关于教学内容本身蕴含的美。人文美美在人文关怀、人性情怀、人生胸怀等方面，各类人文学科都应该追求对生命的赞美和热爱、对人性的褒扬和彰显、对个性的张扬和提升；科学美美在简洁、和谐、自然、神奇，数学世界里有公式的简洁精巧之美，物理世界里有和谐奥妙之美，大自然中有自然奇妙之美，科学发现中有神奇灵性之美。每一个学科都有自身的美，体现了各美其美、美美与共。

3. 关于教师教学方式的美。教学内容的呈现最终是通过师生交流以及生生交流实现的,在这个过程中,教师教学的最高境界就是艺术化,这必然会带给学生美的享受,是每位教师需要追求的教育幸事。

总之,教学内容的真、善、美标准是一个有机整体,它们互为表征、各具特色。真是善和美的基础,没有真,善和美就成了无皮之毛;善是真和美的灵魂,没有善,真和美就没有意义;美则是真和善的意蕴,没有美,真和善就失去了光华。教学内容的真、善、美的融合统一是保证良好教学效果的重要基础。

第三节 大学教学论

一、教学论

(一) 教学论的定义

教学论也称教学理论,是教育学的组成部分,现已逐渐成为一门相对独立的学科,并日益受到人们的重视。

有关教学论的概念,当代国内外教育家有不同看法:美国教育家布鲁纳认为,"教学论是探索怎样用各种手段,帮助学生认知结构发展的理论";日本教育家大河内一等人认为,"教学论是研究最优化教学法的科学";苏联教育家达尼洛夫认为,"教学论是教养和教学的理论";等等。

一般认为,教学论是研究和揭示教学一般规律,并用以指导教学实践的理论。它是教育科学的组成部分,并且是一门相对独立的学科。大学教学论则是一门研究大学的教学活动并揭示其一般规律的学科。

(二) 教学论的研究对象

任何一门学科都有自己的研究对象。教学论作为一门相对独立的学科也有自己的研究对象。教学论以教学活动作为研究对象,着重探讨和研究教学的一般规律。

教学论研究对象的范围涉及以下几个方面:①教学的对象、意义和任务;②教学基本原理,包括教学的含义、教学过程的本质、教学规律和原则等;③教学内容,包括课程设置和教材编写;④教学方法和手段、教学组织形式;⑤教学评价。也就是说,教学论主要回答教师为什么教、教什么、怎样教以及学生为什么学、学什么、怎样学的问题。上述研究的各个方面既各具特点，又相互联系、相互作用，构成了教学论这门学科的知识结构体系。

（三）教学论的理论基础和实践基础

马克思主义哲学是我国教学论的思想基础。马克思主义哲学是辩证唯物主义和历史唯物主义，是关于自然知识和社会知识的概括和总结，是科学的世界观和方法论，是认识客观世界和客观真理的依据。因此，我国的教学论必须以马克思主义的认识论为指导来进行研究。实践论是马克思主义的认识论，它以不依赖人们意识而存在的外部客观世界为基础，并以外部客观世界完全可以认识为出发点，认为认识就是对这个客观世界的反映。

心理学和脑科学也是教学论的理论基础之一。教学论与心理科学，诸如儿童心理学、普通心理学、教育心理学、社会心理学等，有着密切联系。学习的本质是学生在教师的指导下，掌握知识与技能，发展能力，从而形成一定的价值观念和个性品质的过程。教学必须依据教学规律，符合教学对象的心理状态，接受教学理论和心理学理论的指导，才能充分发挥出各种教学因素的积极作用。而教学论脱离心理学则是不可思议的。心理科学为教学揭示儿童心理发展规律和解决教学中的一系列问题提供了心理学科学依据，为教学论的科学化创造了条件，同时，教学论的发展也对教育心理学的发展不断提出要求。

脑科学的新成果揭示了大脑的潜能以及高级神经活动规律等，也为教学论的科学化提供了条件。

系统科学（系统论、信息论、控制论的统称）也是现代教学论不可忽视的重要理论基础之一。系统论所研究的是一切系统的模式、原则和规律，按系统论的观点，教学是一个系统，是一个由多要素、多层次所构成的复杂系统。教学论的每个研究对象都要置于这整个教学系统中加以分析研究。信息论所研究的是信息传递和信息交换的规律，按信息论的观点，教学过程是不断传递、交换信息的过程，教师的教是信息的输出，学生的学是信息的输入，学生掌握知识、培养智能均属信息加工活动。控制论研究的是在各种控制条件下一个系统运转的规律。按控制论的观点，教学是个复杂的过程，也是信息的控制和反馈的过程，这种控制，是对信息传输、接收、储存、变换加工的控制，以尽可能达到教学过程最优化。把"三论"引进教学论，对教学论的探讨有重要意义，可使我们受到启发，观念得到更新。因此，"三论"也为教学论的科学化创造了条件。

教学论的实践基础就是各种各样的教学实践（包括教学实验）。教学实践是教学论的基本源泉，脱离了教学实践，教学论就会成为无源之水、无本之木。因此，教师应当长期深入到教学第一线，在各种各样的教学实践和教学实验中，不断摸索和总结经验，找出其内在联系，揭示出教学的一般规律，然后再用于指导各种教学实践，并通过教学实践不断加以修正和完善，从而不断提高教学质量和培养人才的质量。

二、大学教学论

现代大学教学论除具有教学论的一般特点外，还具有自身内在的规定性和外部的表现形式。在论述这个问题时，应采取比较的方法，在研究现代大学教学论与普通教学论的共性的基础上，着力突显现代大学教学理论研究的个性。

近年来，高等教育理论界大多把目光聚焦在现代大学教学的成效上，现代大学教学工作者越来越迫切地需要了解和掌握相关的教学理论，以解决现代大学教学中的各种问题，加之普通教学论与高等教育学在教育学科群中得到了极大的发展，尤其是教学论的理论体系日臻完善，实验成果日渐丰硕。在这种理论与实践形成的合力的推动下，现代大学教学论已成为高等教育学术领域中一个涉及面较为广泛的重要的分支学科。

一般教学论并不讨论大学教学，而且对中、小学教学也不加以区分，仅做普遍意义上的阐释。教学论在冠以"现代大学"四个字后，其研究对象就与一般的教学论有所不同了。作为一门学科，现代大学教学论在其发展过程中必须把自己的研究对象描述为具有逻辑意义的辩证的整体，以形成自己特有的严密的逻辑体系。现代大学教学论理论体系框架的逻辑起点是"教学"，并且是"高深专门知识的教学"。不同的学者对教学论逻辑起点的认识不同，如夸美纽斯是人本起点论，赫尔巴特是管理起点论，斯宾塞是知识起点论，凯洛夫是本质起点论，孟宪承是儿童起点论，刘刚是教学起点论等。

目前，人们更加趋同刘刚先生的观点，把现代大学教学论研究的逻辑起点确定为"教学"。一个理论不可能只有两个概念，在这个逻辑起点与中心概念——现代大学教学论之间，一定还有中介概念，这个中介概念为"专业"。专业的定义既有高深专门知识的教与学的属性，又有分门别类地进行这种活动的基本单位的属性。"教学"这个逻辑起点的规律性延伸，与"专业"这个范畴的推演，构成了现代大学教学论学科独特的模式，展现了本学科的研究领域。多年来，人们在这个领域中进行了有益的探索，研究的内容涉及现代大学教学的全部过程，从培养目标的确立、专业的设置、教学计划和课程的编制，直到教学内容和教学方法的选择、教学管理的实施、学业成绩的考核与评定等。从实施大学教育机构的层次和形式看，涉及专科、本科、研究生不同层次和普通高校、职业高校、成人高校等不同形式高校的教学活动。有了对现代大学教学论逻辑起点和专业范畴的讨论，就可以回答什么是现代大学教学论的问题。

简言之，现代大学教学论是运用高等教育原理及相关学科理论，以现代大学教学活动中出现的各种问题和矛盾为研究对象，从而创新教学内容、过程、方法，揭示教学规律，用以解释教学中的各种现象，指导现代大学教学实践的科学。

关于这门学科的研究，从已出版的大学教学论著作来看，还不尽如人意，主要的不足有以下几方面：

其一，在理论体系上，演绎式搬用中小学教学论的学科概念和理论框架，缺乏系统的建构。

其二，对大学教学本身的发展规律未进行深入研究，对未来发展方向缺乏科学的预测，整个教学论的理论要素缺乏内在有机联系、缺少中心，偏重于理论思辨，不注重实践经验的提升，存在理论和实践脱节的现象。

其三，虽然也强调既为社会发展又为人的发展服务，但观念中潜意识地把社会和人的发展看成对立的，于是自觉或不自觉地将人的发展需要置于社会发展需要之后，而在社会需要中又把经济发展需要置于首要位置，反映在教学论中就充斥着"知识论""技术化"以及游离于人的自身发展和社会整体发展之外的空洞的"道德教育"，教学论变成了以知识和技术为核心的教学任务观、教学原则观、教学方法观等。

现代大学教学活动作为对社会文化的传承与发展，与社会各方面息息相关。现代大学教学论一方面要研究课堂教学中积淀的社会文化因素，获得对教学事实的了解；另一方面又要对教学过程中各种价值问题进行探讨。它不仅是给实践者提供处方，更在于培养其智慧，帮助实践者对他们的信念和实践的因素有更多的自我意识，将自己从不合理的信念和误解中解放出来，实现实践者的理性自主，从而完成更为合理的教学实践。

第二章 教学方法概述

第一节 教学方法的概念及意义

一、教学方法的概念

对教学方法概念的完整表述方式应反映出教学方法与教学目的、教学内容的内在本质联系，以及师生双方的关系，还应考虑"方法"的概念中所规定的因素，即方法是一系列活动方式、步骤、手段和技术的总和。因此，教学方法可以这样表述：教学方法是指教师和学生在教学过程中，为达到一定的教学目的，根据特定的教学内容，双方共同进行的一系列的活动方式、步骤、手段和技术的总和。以上教学方法的定义主要是就教学活动的过程而言的，是从活动过程来探讨教学方法的本质，属于教学方法的"过程的本质观"。但是要揭示教学方法的本质，除了从过程这一角度加以探讨外，还应从结构的角度来加以探讨，阐明教学方法的"结构本质观"，从而在总体上全面地把握教学方法的本质。

就教学方法的结构而言，它是由语言系统、实物系统、操作系统和情感系统等子系统构成的。语言系统在讲授、谈话、讨论读书指导等教学方法中是必不可少的。实物系统包括自然实物和人工实物两要素，具有形象性、具体性、直接性和真实性等特点，是各种教学方法获得直观效果不可缺少的条件。操作系统的主要价值在于形成技能技巧，养成习惯，发展学生实际运用知识的能力。情感系统是指教师和学生在教学过程中通过各种手段所造成的，以引导师生在情感上发生变化的某种场景和气氛，有利于学生感知、体验和认识。

因此，也可以说，教学方法是为达到教学目的，实现教学内容，由语言系统、实物系统、操作系统和情感系统所构成的师生双方相互作用的活动系统，它应包括教师教的方法和学生学的方法。

二、教学方法与教学手段、教学形式、教学原则的联系与区别

由于教学方法与教学手段、教学形式、教学原则关系极为密切，所以在许多教育著作里上述几个概念往往混淆在一起，难解难分，相互通用代替。

从广义上讲，我们认为教学方法的确包含教学手段、教学形式及教学原则的成分在内，因而要把上述几个概念分得一清二楚，并非易事。例如，"课堂讲授法""社会调查法"多包含教学形式；"程序教学法""电化教学法"实际上指教学手段；"启发式教学法""理论联系实际教学法"实际是指教学原则。因而，教学方法广义上泛指教学过程中所采用的手段、途径、组织形式、教学原则等。换言之，根据教学内容和学生的实际情况，为达到教学目的，在教学原则的指导下确定教学组织形式后，就要采取相应的教学方法和手段。

从狭义上讲，教学方法、教学手段、教学形式、教学原则又有区别，并不是同一事物。教学原则是反映教学规律、指导教学工作的思想和要求；教学形式是教学活动的安排和组织形式；教学手段是指某种物件、工具；教学方法是指教学工作的具体方法，包括对教学手段的运用。

三、教学方法的意义

教学方法对完成教学任务、实现教学目的具有重大意义。当确定了教学目的并有了相应的教学内容之后，就必须有富有成效的教学法，否则，完成教学任务、实现教学目的就要落空。由此可见，教学方法从一定意义上来说是关系着教学成败的重要问题。

根据教学方法的名称，可以判断教学过程参与者的活动方式。教学的成败在很大程度上取决于教师是否能妥善地选择教学方法。知识的明确性、具体性、根据性、有效性、可信性有赖于对教学方法的有效利用。教学方法对于教学学习技能和技巧，特别是学习实际应用知识的技能起着重要的作用。

洛克早就肯定地说过，任何东西都不能像良好的方法那样，给学生指明道路，帮助他前进。当前科技的进步、生产的发展、社会主义祖国的富强，都要求各项工作讲求效益，提高效率。教学工作，同样要求讲求效益，提高效率，不能简单地依靠增大教师劳动强度和增加学生课业负担来提高教学质量。研究改进教学方法，对在教学工作中少走弯路，用较少的时间、精力和物力取得最佳的教学效果，是具有重要意义的。

用什么样的教学方法教学生，对于把学生培养成为什么样的人，也具有重

要作用。教师的教法制约着学生的学法,同时对学生智力的发展、人格的形成具有重要的影响。教师的教学,经常采用注入式的教学方法,即课上教师念笔记,学生采取死记硬背的学习方法。课上教师讲授,学生听受,不给学生独立思考与独立活动的机会,学生就会缺乏主动性、独立性和创造性,就很难培养出勇于思考、勇于探索、勇于创新的人才。可见,是否用科学的教学方法,是关系到能否使学生成为具有聪明才智、科学头脑的合格人才的重要问题之一。

第二节 教学方法的发展历程

在教育发展史中,教学方法的产生与发展受着许多因素的影响,各个时期的教学方法除了继承以前的教学实践中行之有效的方法外,都有一些反映某一时代特征的具有代表性和倾向性的教学方法。从这些方法中可以看到某一时期的社会生产和科学文化的发展状况,也可以反映出教学理论和实践的变革特点。

一、古代的教学方法

在古代,文字产生之前,生产力极端低下,教学活动只能依靠"言传身教"传递教学信息。这种教学方法受到时空的限制,传递的信息量及贮存信息都有极大的局限性。随着生产力的发展,文字、书写工具,特别是纸和印刷术的发明,极大地促进了文化的发展,人类在交流思想和知识信息的传递方面打破了时空的界限,反映在教学方法上可以用书籍作为知识的载体,在教与学之间架起了以文字信息为中介的桥梁,这是教学方法的进步。

但是也应看到,在古代,特别是在中国,有许多教育家、哲学家在思想主张和实践上创造了不少合乎教学规律的教学方法,至今仍有借鉴和实践价值。

例如,在中国古代,孔子最早提出启发式教学方法,他说:"不愤不启,不悱不发,举一隅不以三隅反,则不复也。"孔子重视"叩竭法"。他曾说:"吾有知乎哉?无知也。有鄙夫问于我,空空如也,我叩其两端而竭焉。"这种主张通过启发提问,引导学生思考,最后得出结论的教学方法,有利于开发学生的智力。孔子还主张教师要重视身教,他说:"其身正,不令而行;其身不正,虽令不从。"他强调师生相互学习,提倡学生在坚持真理方面对教师也当仁不让。他说:"回也非助我者也,于吾言无所不说。"在指导学生学习方法上,孔子的学生曾把他的有关学习的主张整理成"博学之,审问之,慎思之,明辨之,笃行之"五个步骤，使学习理论系统化。孔子还主张教学方法要因材施教，提倡学习要时习与温故。

孟子继承和发展了孔子的因材施教和启发思维的教学思想，主张学生在学习中要存疑，他说："尽信书不如无书。"他认为教师在教学中不应将现成的结论告诉学生，而要启发引导。

此外，我国古代张载认为在教学过程中教师要启发学生的思维，引导学生在学习中多问善疑。王夫之认为，教师的教在于引导学生扩大眼界和知识范围，而学生的学则要根据教师的指导，自己去思考、探索事物的本质。

我国战国末年的教育名著《礼记·学记》中有许多关于教学方法方面的精辟论述，如提倡教学不是直接灌输知识，而是创设情境，言此而意彼，让学生感悟、发现，从而得到教师"举一"而学生"反三"的教学效果。《礼记·学记》还提出"豫""时""孙""摩"四种教学方法。"豫"是预防，即在学生不良行为发生前要进行预防教育，"防患于未然"；"时"是及时，抓住时机因势利导，及时教育；"孙"是顺序，应循序渐进地进行教学；"摩"是观摩，即要求学生之间相互学习、相互帮助。这四种教学方法或称教学原则，至今对我们都有借鉴意义。我国古代对于教学方法的论述极为丰富，这里不能一一列尽。

在西方教育史上，古希腊著名的哲学家、教育家苏格拉底在教学实践中所运用的问答法，使其成为古代启发式教学实践的先行者。苏格拉底曾说："我不是授人以知识，而是使知识自己产生的产婆。"所以后人也称苏格拉底的问答法为"产婆术"，这种教学方法流传至今。

二、近代的教学方法

到了近代，生产力得到发展，科技水平大大提高，教学内容大大丰富，学校课程中也大量吸收了自然科学方面的知识，教学内容较之以前丰富多了，但是学生学习时间有限，这就在客观上要求改进教学方法，加快教学速度，提高教学效率。同时，随着这一时期唯物主义思想的进一步发展，在教学中开始重视感性经验的获得，从而对封建社会学校中旧的教学方法进行了不同程度的改造。特别是心理科学的发展为新的教学方法的产生提供了理论根据，诸如演示、观察、实验等教学方法被相继运用。例如，17世纪捷克教育家夸美纽斯所著的《大教学论》一书对课程、学科教学法、教学组织形式、班级授课制等一系列论述都适应了资本主义社会生产力发展对培养人才的需要。到了18世纪，德国教育家赫尔巴特从心理学的要求出发，认为教学必须激发学生的兴趣，并提出了四段教学程序，即明了—联想—系统—方法，这就是有名的"形式阶段论"。后来他的学生戚勒把它发展成为预备—提示—比较—总结—应用"五段教学法"。这些教学方法的主张和实践，对提高教学效率起了重要作用；但这些方法随着广泛应用电力的第二次技术革命的到来，其偏重于书本知识的教学理论与方法暴露出了它的缺陷。

到了19世纪末20世纪初，在欧洲出现了一系列新的教育思潮，如"劳作教学""实验教学""实用主义教育学"等，提出采用科学的实验方法，研究学生的身心特点，主张以实验的结果和数据，作为建立教学理论、确定教学内容和方法的依据。实用主义教育理论的代表人物是美国教育家杜威，他倡导以学生为中心，强调学生从直接经验中获取知识，因而主张采用"做中学"的教学方法。这种方法对培养学生从事实践的动手能力等方面有积极意义，但忽视书本知识和知识的系统化是不可取的。

三、现代的教学方法

在现代，生产力和科学技术迅猛发展，知识总量急剧增长，而且更新速度也空前加快，对教学提出了新的、更高的要求。其要求教学不能仅仅满足于使学生掌握一些现成的知识，而应着力于发展学生的能力，尤其是独立自学的能力。国内外对此进行了许多有益的改革和实验，提出了一系列新的教学方法。例如，苏联著名教育家、心理学家赞科夫从事了"教学与发展"问题的实验研究，强调教学在传授知识的同时要重视发展学生的智力和能力，所采用的教学方法正与当代美国教育心理学家布鲁纳所积极提倡的"发现法"不谋而合。"发现法"是以发现学习理论为指导，强调培养学生发挥主观能动性，在学习过程中有所发现发明的学习方法。20世纪50年代，与"发现法"同时提出来的"范例教学法"是由德国根舍因倡导的。根舍因认为这是一种谋求典型教材与学习者独立地、能动地学习活动的结合，是为了解决因内容过多而主张选择真正"基础的""本质上"的知识作为教学内容，通过"范例"的内容掌握本质知识的教学方法。

科技的发展也促进了教学现代化手段的研究与实践。20世纪50年代，在美国流行的"程序教学法"就是由教师把教材按照逻辑程序设计成一系列小步子，运用条件反射的原理向学生提供反馈，通过强化来及时进行对照的方法。它可以使学生按照自己的需要自定步骤，独立学习。20世纪60年代，美国布鲁纳积极提倡的"发现法"，主张学生借助教师和教科书提供的某些材料，亲自去发现学科的基本概念、原理。"程序教学法"从20世纪70年代以后被广泛运用于电子计算机辅助教学手段之中，其前景是十分广阔的。

在国内，也对这个方面进行了各种探索。20世纪60年代初，各地中小学在教学方法方面都曾做过多种改革和尝试：变以教师教授为主的单项活动为以学生为主的师生共同活动；变教学过程中单一方法为多种方法结合的综合法；教学过程中不仅重传授知识，而且着力于发展学生智力，培养学生自学能力和良好的学习方法、习惯等。例如，上海育才中学在教学改革试点的基础上总结出来的"读读、议议、练练、讲讲"的教学方法，武汉师院黎世法的"六课型单元教学法"等，都反映了这一改革的趋向。

近年来，现代科学技术进入了一个新的发展时期，世界各国都在纷纷探索和研究多出人才、快出人才的新路子，不仅要求教学内容的现代化，还要求教学方法和教学手段的现代化，一些新的教学方法如问题教学法、"纲要信号"图示教学法、尝试教学法、暗示教学法等相继产生。

随着社会生产力的发展，教学手段的发展也经历了四次大的变革。从言传身教、口耳相传到书写文字的出现与运用，是教学手段的第一次重大变革。文字的出现，是学校教育走向专门化的一个基本条件，有了文字，人类才能积累文化知识经验，才能有更便利的学习工具和更丰富的教学内容，因此，采用书写文字作为教学手段是教育与文明具有里程碑意义的进步。第二次重大变革是造纸术和印刷术的发明，使学校出现了教学用书，这对拓展教学内容、扩大教学对象、提高知识的传递效率是一次极大的跃进。第三次变革则是直观教学手段的提倡与使用，教学活动除了语言文字以外，还广泛采用图表、模型、实验、实物等直观教学方式与手段。这些手段具有形象性和实践性，把视与听、抽象与具体结合起来，提高了教学质量和教学效率。今天我们正面临着第四次重大变革，其标志就是现代教学技术作为信息运载与传递手段直接介入教学活动过程。由于科技的迅猛发展，幻灯、电影、电视、录音、录像、广播以及电子计算机、教育卫星等多种现代化信息传输媒体先后进入教学领域，有力地促进了教学手段的现代化。

从以上对教学方法的历史与发展的纵向概述中可以看到，教学方法不是一成不变的，而是随着教学实践的内外部条件的变化以及教育教学的发展而不断变化和发展的。也就是说，教学目的和任务、教学内容、时代要求和生产力的发展水平，是影响教学方法发展的直接因素。但是，教学方法并不是被这些因素消极决定的，教学方法一旦形成，就具有相对的稳定性和独立性，并非简单地随着不同社会变革的不同而变化。因此，我们不应该轻易地否定或排斥某些"传统的教学方法"，应该批判地继承历史上一切优秀的教学方法，吸收当代各发达国家先进的教学方法，不断总结经验，使教学方法得以丰富和发展。

第三节　教学方法的基本特征

一、多样性

教学目的、教学任务、教学内容、教学对象和教学条件等诸多因素对教学方法的选择起着制约作用，而这些因素的有机组合则构成了多种多样的教学方法。教学理论阐述的教学方法，往往将多种多样的教学方法概括为若干类，阐述若干个具有代表性的方法。由于影响教学目标完成的因素的复杂性，就决定了教学方法的多样化。

二、教学方法的综合性

教学方法具有综合性，是因为一堂课传授的内容是复杂的，有多种教学目标要求，这就要求在一节课中必须综合使用多种教学方法。另外，一种教学方法的运用，往往只能在某一个方面或几个方面发挥积极作用，很难用一种教学方法完成教学中各项具体任务。因此，在使用一种教学方法时，要辅之以其他不同的教学方法，使之相互取长补短，发挥整体效应，以利于全面完成教学任务，单一化的教学方法难以完成复杂化、多样化的教学目标和使命。

三、教学方法的发展性

不可将教学方法看成永远不变的，它会随着时代及各种教学因素的变化而发展变化。教学方法和手段要受社会生产力和科技发展水平等诸多因素的影响和制约。古代落后的生产力必然决定了以语言传递知识为主的教学方法占主导地位；而在工业化和后工业化时代，先进的科技装备被移植到课堂教学中，催生了许多全新的教学方法；当今社会，由于社会对人才素质的要求不断提升，要解决知识爆炸与学生有限学习时间之间的矛盾，并使所培养的人才具有独立接受新信息和处理新信息的能力，以适应生产力发展的客观要求，就必须探索新的教学方法。由于教学内容的不断丰富和更新，教学过程的主体和客体也在不断发生改变，影响课堂教学效果的因素也日趋复杂，注定了没有一成不变的教学方法。动态发展是教学方法最突出的时代特点。

四、教学方法的可补偿性

在实际教学过程中,并不是面对某一种课程或某一类教学内容,必须使用同一种特定的教学方法。一种教学方法,可以用另一种教学方法去代替、去补偿。因此在教学过程中,对教学方法的使用不能绝对化,不可以对所有教师提出同一化的教学方法使用要求,教师应根据教学目标的要求、教学信息的呈现方式、教学对象的差异和教学组织形式的不同,灵活机动、优化组合地使用科学有效的教学方法。

五、互动交流的情感性

互动交流的情感性是指现代教学方法更加注重方法运用过程中师生互动交流的情感因素,并使这种情感因素成为推动教学进程、沟通互动交流、影响教学效果的重要方面。传统教学方法在方法运作的过程中往往过分偏重于学生的智力因素在教学过程中的作用,片面强调教师教学的严肃性、科学性、思想性,忽视师生互动交流过程中的情感交流和情感意志等非认知因素的作用,使课堂教学变得严肃有余、轻松不足,加重了学生学习的心理负担。

根据心理学的研究结果,现代教学方法不仅重视运用过程中学生的认知因素,而且注重学生学习兴趣的培养、学习动机的激发,注重教学环境情感因素的激发和创造,要求教师在愉悦的情绪中教课,希望学生在轻松快乐的情绪体验中学习知识、培养技能、发展能力,变苦学为乐学。这样的教学方法,不仅发挥了人的大脑左半球的功能,而且注重对人的大脑右半球潜能的开发,做到了"左右逢源"。正如赞科夫所说:"教学法一旦触及学生的情绪和意志领域,触及学生的精神需要,这种教学法就能发挥高度有效的作用。"

现代教学方法中,最注重情感性因素的是保加利亚心理学家洛扎洛夫的"暗示教学法"。"暗示教学法"的第一个原则就是愉快而不紧张的原则,强调情感情绪的教育作用,让学生在轻松愉快的情绪中学习,从而激发兴趣,强化动机,提高学习效率。在"暗示教学法"的实际操作过程中十分注重情感性因素的调动,始终让学生在音乐的伴奏下,轻松、愉快地学习。其他一些教学法,如"探究—研讨教学法""发现教学法""掌握学习教学法""问题教学法",以及近年来我国中小学界创造的"情境教学法""愉快教学法"等,在实际运用过程中都十分强调对学生学习动机的激发、学习兴趣和探究精神的培养,重视教学过程中师生的情感体验和情感性因素的激发、培养。

现代教学方法重视师生互动交流的情感因素是因为人类的学习活动与情感活动是密不可分的。心理学的研究表明，人的情绪状态影响他的动机，影响他的知觉状态，"脑功能定位"学说更是从理论上阐明了情感性教学方法的生理学基础。一方面，情感是认知活动的动力系统，也是认知活动的组织者，教学过程中情感对学生的认知活动发挥着动力和组织的作用，决定着学生认知努力的付出程度；另一方面，随着现代教育教学改革的深化，情感本身也成为教育教学追求的目标之一。按照美国心理学家布卢姆的教育目标分类方式，可以把教学过程的情感结果划分为五个层次。因此，情感性成为现代教学方法追求的境界之一。

六、运作过程的探究性

运作过程的探究性是指现代教学方法不仅重视让学生从教师的传授中获取知识和技能，而且注重在教学方法运作过程中让学生在教师的引导下通过自身的探讨、研究，创造性地获取掌握知识，同时发展自己的能力，从而把学习和掌握知识的过程变为探究知识和发展能力的过程。

传统的教学方法中，学生往往是通过教师的传授获取知识，通过模仿活动接受现成的知识和技能。在这个过程中，学生完全处于被动接受的地位。这些方法主要是教师如何教的方法，至于学生的探讨、研究、如何学则不被重视，学生就像是一个存储知识的容器，因而学生学习的积极性和主动性无法得以发挥，更无从发展他们的创新能力。

现代教学方法运作过程中，学生虽然主要还是获取人类已有的知识，但如何让学生获取这些知识，或者说学生通过何种方式去获取、掌握这些知识，相对传统教学方法已发生了巨大的变化。现代教学方法中，教师的作用在于鼓励和指导学生的发现过程，教师不再是命令学生学习，而是教授学生学习的方法，培养学生自我教育的能力；学生学习和掌握知识也不再是被动地去接受和储存知识，而是通过自己探讨、研究的过程去能动地发现未知的知识，从而使传统的被动接受的学习过程变为积极主动地去探索研究、发现的学习过程，并使教学的运作过程打上了创造性的标记。芝加哥大学教授施瓦布倡导的"探究—研讨教学法"就十分强调运用探究的过程和探究的方法培养学生的创造力，甚至主动变革传统的教室为探究性的教室。这种教学方法主张让儿童自主地抓住自然的事物、现象，通过探究自然的过程，获得科学知识，同时在这个过程中培养儿童从事研究的探究能力，培养儿童探究未知世界的积极态度。布鲁纳的"发现法"也非常典型地体现了现代教学方法的探究性，发现学习就是以培养探究性思维的方法为目标，以基本教材为内容，使学生通过再发现的步骤来进行的学习。因此，有些教材、著作干脆将发现法称为探究法。这种方法的运作过程是让学生通过探究的步骤来发现（或者说再发现）知识。其他一些现代教学方法如"问题教学法""程序教学法""学导式教学方法"等，都在不同程度上，以不同的方式体现、反映出现代教学方法运作过程的探究性的特征，无一例外地将调动学生学习的积极性、主动性，发展学生的智能，培养学生探究的态度和能力放在重要位置。

第三章　多角度视域下的教学方法改革

第一节　管理学视域中的教学方法改革

一、管理的含义与性质

（一）管理的含义

管理活动是人类社会生产生活中最重要的一项活动。自从有了人类活动，就有了管理。一个人必须要有管理。鲁滨孙独自在孤岛上，要管理好自己的一日三餐，要管理好自己的安全，要规划好自己的未来，每天要为未来离开孤岛而工作。两个人共同活动也需要管理，要协调目标、协调分工、协调收益、协调关系。可以说，大到国家、军队，小到企业、医院、学校、家庭等，凡是有目的的活动都离不开管理。当然，我们管理学所要讨论的管理，主要是针对组织活动而言的。所以，管理是一切有组织的活动必不可少的组成部分，无论组织规模大小，无论组织的哪个层级，无论组织地处何处，管理是绝对必要的。管理者从事着计划、组织、沟通、激励、控制等工作，但不同组织、不同管理层次的管理者的工作内容和工作重点有所不同。

管理是每个组织的必要活动，也是每个人的事情。从直接服务于客户的一线员工，到组织的高层管理者，无一例外都需要管理。日常巨大的竞争压力要求公司快速做出决策，并且授予那些与客户最接近的一线员工更多的管理职能和权力。此外，从互联网上也能够接触到大量的信息，这种压力使每个人都需要培养管理技巧。

既然如上所述，那么如何认识管理呢？

实际上，对于什么是管理，人们并没有取得一致的认识。长期以来，许多中外学者从不同角度对管理给出了不同的解释。综合国内外学者的观点，我们给管理一个较通俗的定义：管理就是管理者在特定的情境下，通过实施计划、组织、领导、控制来对其所能获取的资源进行协调和配置，以既有效率又有效果地实现组织的目标的过程。

这个定义，可以从以下四个方面来理解：

第一，管理的目的是为了有效地实现组织的目标。所有的管理行为，都是为实现目标服务的。组织中的管理活动不是为管理而管理，是为了实现组织的目标而进行的管理。实现组织的目标既是管理的出发点，也是管理的落脚点。离开组织的目标来讨论管理是没有任何意义的。

第二，管理就是"协调和配置"，是协调和配置各种资源，如人、财、物、信息、时间等。其中人是最重要的资源，是管理的主要对象，所有的资源与活动都是以人为中心的。作为管理者，不管多么有天赋，也不可能亲自做每一件事情，要想成为有效的管理者，除了自己的技巧和能量之外，还需要借用别人的技巧和能量。如果你不想和别人或者通过别人来开展工作，那么你就不可能成为一名管理者。管理，最重要的是人的管理。

第三，管理活动追求的是效率和效果。追求效率是管理活动极其重要的组成部分，是指输入与输出的关系。对于给定的输入，如果你能获得更多的输出，你就提高了效率。同理，对于较少的输入，如果能够获得同样的输出，你同样也提高了效率。因为管理者经营的输入资源是稀缺的，所以我们必须关心这些资源的有效利用。因此，管理就是要使资源成本最小化。然而，仅仅有效率是不够的，管理还必须使活动实现预定的目标，即追求活动的效果。管理活动既要追求效率，又要追求效果。当管理者实现了组织的目标，我们就说他是有效的。效果意味着"做正确的事"，效率意味着"正确地做事"。有效的管理就是要"正确地去做正确的事"。

第四，管理是由计划、组织、领导和控制等一系列相互关联、连续进行的活动所构成的。要实现组织的目标，就必须实施计划、组织、领导和控制等管理行为与过程。因此，计划、组织、领导和控制是一切管理者在管理实践中都要履行的管理职能。

（二）管理的性质

1. 管理的两重性

管理的两重性是指管理具有两种属性，即合理组织生产力的自然属性和为一定生产关系服务的社会属性。这是马克思主义关于管理问题的基本观点。

（1）管理的自然属性。在管理过程中，为有效地实现组织的目标，要对人、财、物等资源进行合理的配置，以实现对生产力的科学组织。马克思在

《资本论》中指出:"凡是直接生产过程具有社会结合过程的形态,而不是表现为独立生产者的孤立劳动的地方,都必然会产生监督劳动和指挥劳动。"这种组织生产力的管理功能,是由生产社会化引起的,是有效地组织共同劳动所必需的,因此具有同生产力、社会化大生产相联系的固有属性。它只由生产力决定,与生产关系、社会制度无关,在历史的发展过程中,不随社会形态的变化而变化,具有历史长期性。

管理的自然属性要求管理者要按照社会化生产的客观规律来合理地组织生产,采用科学的方法,不断地提高管理水平。管理的自然属性告诉我们,不同的社会、不同的组织之间的管理工作,可以相互借鉴和学习。因此,认识到管理的自然属性,有助于我们抛开社会制度、社会意识形态的制约,最大限度地吸收和借鉴先进的管理经验及现代的管理方法与管理技术。

(2)管理的社会属性。管理的社会属性是指管理反映一定的社会关系,它与一定的社会关系和社会制度相联系,为生产资料占有者的利益服务。在管理的过程中,为维护生产资料所有者的利益,需要调整人们之间的利益分配,协调人与人之间的关系,体现生产资料所有者指挥劳动、监督劳动的意志。因此,管理具有的这种与生产关系、社会制度相联系的属性为管理的社会属性。

管理的社会属性告诉我们,任何一种管理方法、管理技术的出现,总是带有时代的烙印,都是与时代的生产力水平和社会历史背景相适应的,没有一个普遍适应于古今中外的管理模式。因此,在学习和运用某些管理理论、管理方法和技术时,必须要结合自身的实际情况,因地制宜,才能取得预期的效果。

2. 管理的科学性和艺术性

(1)管理的科学性。管理的科学性是指管理作为一个活动过程,其间存在着一系列基本客观规律。人们经过无数次的失败和成功,通过从实践中收集、归纳、检测数据,提出假设、验证假设,从中抽象总结出一系列反映管理活动过程中客观规律的管理理论和一般方法。人们利用这些理论和方法来指导自己的管理实践,又以管理活动的结果来衡量管理过程中所使用的理论和方法是否正确,是否行之有效,从而使管理的科学理论和方法在实践中得到不断的验证和丰富。因此,认为管理是一门科学,是指它以反映管理客观规律的管理理论和方法为指导,有一套分析问题、解决问题的科学的方法论。

(2)管理的艺术性。管理的艺术性就是强调其实践性,没有实践则无所谓艺术。这就是说,管理者仅凭停留在书本上的管理理论,或背诵原理和公式来进行管理活动是不能保证其成功的。管理人员必须在管理实践中发挥积极性、主动性和创造性,因地制宜地将管理知识与具体管理活动相结合,才能进行有效的管理。所以,管理的艺术性,就是强调管理活动除了要掌握一定的理论和方法外,还要有灵活运用这些知识和技能的技巧与诀窍。

从管理的科学性与艺术性可知,卓有成效的管理艺术是以对它所依据的管理理论的理解为基础的,因此,二者之间不是互相排斥,而是互相补充的。如前所述,靠"背诵原理"来进行管理活动,必将是脱离或忽视现实情况的无效活动;而没有掌握管理理论和基本知识的主管人员,在进行管理时必然是靠碰运气,靠直觉或过去的经验办事,很难找到对管理问题的可行的、令人满意的解决办法。所以,管理的专业训练很难立刻培训出各项都合格的主管人员,却可成为通过实践进一步培训主管人员的一个良好的开端,为培养出色的主管人员在理论知识方面打下坚实的基础。当然,仅凭理论也不足以保证管理的成功,人们还必须懂得如何在实践中运用它们,这一点也是非常重要的。管理需要科学性和艺术性的有机结合。可见,管理既是一门科学,又是一门艺术。

二、从管理视角来看教学方法改革

(一)管理基本理念的启示

管理的基本职能有计划职能、组织职能、领导职能和控制职能。所谓计划职能,就是行动前拟订目标和行动方案;组织职能是把生产要素按计划提出的目标和方案结合成一个整体,把组织目标落实到每一个环节和岗位;领导职能是指带领和指挥组织成员实现组织计划和目标;控制职能即监督、检查和纠偏的行为过程。

管理需要有管理人员来实施。行使管理职能,指挥或者协调他人完成具体任务的人,我们称之为管理人员,即管理者、管理的主体。按照管理者所处的层次,管理的主体又可以分为三类:高层管理者——决策者,制定方针政策的人;中层管理者——贯彻执行和监督的人;基层管理者——指挥现场的工作人员。对于每位管理者都会有多方面的技能要求。在管理的过程中,每位管理者都必须具备一定的技能,才能对管理客体进行管理;管理者只有具备管理的能力,管理行为才有可能实现,管理目标才可以达成。管理者虽然有分工的不同,不同分工的管理者所具备的技能也不尽相同,但是计划职能是每个管理者都应该具备的,每个管理者都应该对自己负责的管理行为有着合理合适的计划,从而完成自己所在岗位的任务,最终达成总计划的目标。而每个总计划都是由不同的分计划组合而成的,每个管理者所制订和负责的分计划的实施过程也就是管理者组织管理行为的过程。

课堂教学的过程就是实施管理的过程。教师是课堂的管理者,在课堂教学中必须实施管理职能:在课堂教学前做好计划职能,上课前认真备课,对课堂的每一分钟拟订计划,提出分段目标和总目标,并制定出实施方案;开始上课后实施组织职能、领导职能以及控制职能,在课堂上必须组织好学生以及课程内容,确定把制定的目标落实到每一个学生和每一个教学环节中去,并肩负带领学生遨游知识海洋以及引导学生学好课程内容的职能,同时还要监督每一个学生是否认真听课、领会课程内容,检查学生学习知识的能力和水平,及时纠正学生在课堂环节出现的错误行为和认知误区。可以看出,课堂教学方法选择的过程就是一个管理者实施管理的过程,教师就是整个课程教学中的管理者,这个管理者必须对课程教学有着合理科学的计划,能调动周围的一切有利因素,利用多媒体,选择最优化的教学方法和教学手段,融入新的课程内容,加入自己研究的最新成果等,来激发学生的学习热情,调动学生学习的自觉性和能动性,培养学生自主学习的能力,从而实现教学目标,提高教学质量。

(二)管理学中决策对教学方法研究的启示

要管理某项事物或者团队,管理者必须有科学果断的决策以及周密合理的计划。"决策"一词的意思就是为了达到一定目标,利用已知信息形成方案或确定方法的过程。简言之,决策就是决定计策或办法。

决策,简单地讲,就是领导层选择方法和决定方法的能力。决策分析是一门与经济学、数学、心理学和组织行为学有密切关联的综合性学科。它的研究对象是决策,研究目的是帮助人们提高决策质量,减少决策的时间和成本。因此,决策分析是一门创造性的管理技术。它包括发现问题、确定目标、确定评价标准、方案制定、方案选优和方案实施等过程,要求目标必须清楚,必须有两个及两个以上的备选方案,以可行方案为依据。在本质上,决策是一个循环过程,贯穿整个管理活动的始终,由管理者达到解决问题或利用机会的目的。概括而言,决策就是为了完成一定的任务或者达到一定的目标,从两个以上的方案中经过比较分析,选择一个最有利方案的过程。成功的管理者需要有英明的决策,而决策的过程是复杂而辛苦的,管理者必须首先分析环境,进而确定目标,再有针对性地制定方案,对制定的方案进行多方面、多角度、多层次的评估,然后下达决策,最后执行决策,回馈成果与意见。

我们知道,教学方法是多种多样的,在众多的教学方法中选择一种或者几种教学方法来进行自身的课程教学就是一个决策的过程。教师首先要分析课堂教学内容和学生水平，以及学生的知识储备、学生的个性特点等，进而确定课堂目标和要求学生掌握的知识内容。教师根据以上情况，选择课程教学最适合、最优化的教学方法，制定课堂教学方案并在课堂教学中执行此决策，在进行课程考核后，再根据学生的反应以及考试结果反馈教师课程教学方法选择是否正确。

（三）管理学中计划过程对教学方法研究的启示

什么是计划？在管理学中，计划就是为了达到某种目的，根据现有的环境和条件，协调、调动一切有利因素，在一定时间内实现既定目标的方案途径。计划主要有以下六个特点。

1. 针对性

计划是在不违反党和国家的方针、政策和有关的法律、法规的条件下，针对一个部门或者某一系统的实际情况、特定环境、特有条件而制订的。计划必须有明确的目标，并对这一目标有针对性地采取措施，计划的针对性特点使其必然对整个管理活动有着指导意义。所有的计划必须是有针对性的，没有针对性的计划是没有实施的必要的。

2. 预见性

计划是在管理行动之前制订的，计划的制订是为了更好地实现行动目标，保障整个行动任务的完成，对整个行动具有预见性。预见性是每个计划必备的特点，没有预见性的计划被认为是不可操作的计划，因此在计划之初就必须体现出整个计划完成之后所要达成的目的。有预见性的行为才称之为有计划。

3. 首位性

在整个管理活动中，计划是实施管理的前提，有了计划才有管理行为、管理方法和管理措施，管理活动才得以继续，管理目标才能实现。实施管理的过程必须以计划为蓝图，所有的计划都是对实践具有指导意义的，在实践之初必须设定好计划。

4. 目的性和普遍性

计划具有极强的目的性，这就是说，任何组织、系统或者个人所设定的各种计划都是有明确的目标的，这些目标就是为了实现某个组织或者个人的总目标，而这些总目标或许包含一定时期或者某个阶段的分目标，这些分目标也都是为了实现总目标而设定的。而这些总目标和各级分目标设定后，实施实际计划工作时必然会涉及组织或者系统中的各个管理者或者成员，而各级管理者和全部员工都是必须制订自己的计划使本组织工作得以顺利开展，保障组织目标的实现。这样计划就涉及组织的每一个成员，体现出了普遍性的特点。

5. 明确性

计划应明确表达出组织的目标和任务，明确表达出实现目标所需的资源以及所采取的程序、方法和手段，明确表达出各级管理人员在执行计划过程中的权力和职责。

6. 实践性和效率性

符合实际、易于操作、目标适宜，是衡量一个计划优劣的重要标准。计划的效率性主要是指时间性和经济性两个方面。

制订计划方案时，需要考虑这几个方面的问题：为什么要做（why），做什么（what），谁来做（who），在何处做（where），何时做（when），如何做（how）。教师在选择教学方法进行课堂教学时同样需要考虑以下几个问题：一节课究竟要传授给学生些什么，如何传授？怎样能更好地传授？用什么样的方式学生能更好地吸收消化？

对于高校课程教学来说也是一个有计划的过程。从课程设置最初的教学计划开始，这份教学计划就规划好了教学的方方面面。对于教师而言，在课程开设之初必须做出讲授该课程的各项计划，比如课程设计、课程大纲、习题、考核等，甚至对课程教学效果也必须有计划和预计。对于计划中所说的课程教学的目的性，每门课程的教学也都设有课程目标，教师在教学过程中所采取的一系列教学方法和教学手段都是为了达成教学目标而服务的。整个教学过程就是计划的实践过程，课程教学过程就是课程知识实践的过程，即让教材上的知识通过教师的讲授传给学生，由学生和教师共同努力进行实践。在计划的基本特征中最重要的就是效率性，如果计划的实施是无效的或者低效的，这个计划就没有任何实施的必要性。同理，在课程教学中，整个课程教学最终达到的效果如何，也是检验课程教学方法选择是否科学合理的唯一标准。教师选择的教学方法是以让学生学到知识为目的的，是应该能够充分调动学生学习的积极性和能动性的，是能够达到最优化的教学效果的。所以，检验课程教学中教师在课程设计时选择的教学方法是否正确，就要看最终达到了怎样的教学效果，学生的认可度是多少。

综上所述，管理学原理中的计划过程和高校课程教学中的课程设计过程有着非常多的相通之处，借鉴管理学中计划过程的原理并将其应用于高校课程教学，对教师在课程教学方法的选择方面有着非常重要的指导意义。

三、从管理学原理看教学方法

(一) 管理学体系的内容及原则

1. 管理学原理体系的内容

关于管理学原理体系，不同的专家有不同的见解。笔者以周三多、陈传明、鲁明泓提出的管理学原理体系为依据来重点解读。

管理学原理体系的内容是丰富而多样的，这里我们只列举出适用于高校课程教学方法选择的几种比较重要的原理。

（1）系统原理。主要包括整体性原理、动态性原理、开放性原理、环境适应性原理、综合性原理等。这主要是说，在一个系统中各个要素之间既矛盾又融合，而作为一个运动着的有机体的系统，它的运动状态一定是绝对的，但稳定状态是相对的，不是孤立存在的，它要与周围发生各种联系，还要把系统的各部分各方面和各种因素联系起来，考察其中的共同性和规律性。

（2）人本原理。主要是指以人为本。在企业中，职工是企业的主体，职工参与的有效度是考核一个企业有效管理的关键所在。

（3）责任原理。主要是指在管理活动中，明确每个参与管理行为的人的职责，合理设计职位，有功应该奖励，有错必须处罚，奖惩必须分明、公正、及时。

（4）效益原理。任何组织的管理都是为了获得某种效益，没有效益的管理活动是没有任何意义的行为，而效益的高低则直接影响着组织的生存和发展。管理者应确立正确的效益观，把经济效益与社会效益有机结合起来，尽可能客观公正地评价效益。

2. 管理学原理体系的原则

（1）全面系统。一套完整的管理学原理体系应该能够全面系统地反映管理全过程的基本规律。完整的管理学原理体系必须是遵循管理规律，可以充分全面展示整个管理过程，并且可以系统地反映出管理发展规律的。

（2）简明深刻。作为管理学的基本原理，应着重回答管理实践中最基本的规律性，避免纠缠细枝末节性的问题。作为原理，管理学原理与其他学科原理一样，必须能够简明地表述出管理最根本的问题、最基本的规律，深刻地反映出管理活动的过程规律和行为目标。

（3）真实合理。能够非常真实客观地揭示出管理行为和管理活动的过程，能够真实合理地反映出在真正实践管理活动中的基本规律并能够遵循，是管理学基本原理体系之所以能够指导管理行为和管理活动的主要原则。

（4）科学严谨。在管理学原理体系的构建中，必须有着科学严谨的态度，不能以管理行为或者管理活动中偶然出现的极个别的经验或者做法作为管理的原理体系。管理学再加以原理之名时，就决定了必须用科学严谨的态度来对待。

（二）管理学原理与课堂教学方法

管理学原理体系中的系统原理、人本原理、责任原理与效益原理，在课堂教学中同样适用。教师在教学过程中必须具备系统性、以学生为本的信念、强烈的责任感和使命感，并且达到一定的效益，学生获取了知识，教师才会倍感欣慰，教学才是成功的。

1. 系统原理的应用

系统原理作为管理学原理体系中的主要内容，用于高校课程教学时，对课程教学方法的选择有着非常重要的指导意义。单从课程教学来看，不可否认的是，课程教学本身就是一个庞大、复杂的系统工程，而其复杂程度不低于任何一个企业的系统管理。系统原理中包含的一个重要内容就是整体性原理，而课程教学本身就是一个完整的过程，在这个庞大的系统中，要求教师在整体的课程教学中必须统筹全局，不但要考虑到课程本身从课程设计到课程最终考核的系统性，而且要考虑到课程学习主体——学生学习方法的系统性以及知识体系的系统性和完整性。在课程教学中，教师只有对课程进行系统的梳理、设计，进行系统的教授，学生系统地学习，才能称之为一个完整的知识体系，教与学的过程才是完整的。系统原理中包含的另一个非常重要的原理就是动态性原理，对于课程教学而言，教学并不是一成不变的，是随着经济社会的发展、时代的变迁、知识体系的变化、教师的课程教学内容而不断地及时更新的。另外，课程教学的主体——学生，也是一直在变化的，每个年代的学生，即使是同一个时代不同的学生，也都有着不同的个性。这就要求教师在选择教学方法时要根据知识内容和所教学生的变化及时转变自己的教学方法。一门课程的讲授不能从头至尾只用一种教学方法，甚至在不同章节，讲授不同教学内容时都要根据课程特点来不停地变换教学方法，以更好地讲授课程。在课程教学中，教师具有科学系统的教学方法，并能够及时更新教学内容、变换教学方法是非常重要的。在课程开设之初，在确立课程目标的同时，设计出一套有效的教学方法，对课堂教学有着极为重要的作用，这样能极大地调动学生学习的积极性和学生自主学习的能动性。

2. 人本原理的应用

人本原理在课程教学方法上同样适用。我们知道，在高校课程教学中提倡的是以学生为主体、教师为主导，所以高校的课程教学方法是以学生为本的教学方法。高校课程教学方法的选择就是要选择教师熟悉和愿意使用的，且可以熟练使用的方法。用了这样的教学方法，学生愿意学，或者说比选择其他的教学方法时学生的学习热情高涨了，学习积极性提高了。如果教师只是按传统的方式讲授，只是简单重复教科书知识点，不但打击了学生学习的热情，对教师而言也没有了教学热情。长此以往，教师不愿意教，学生不愿意学，教师和学生都有浪费时间的感觉，这就违背了"以人为本"的原理。这里所谓的"以人为本"，用于教学还有一个更深层次的意义——因材施教。管理学原理中的以人为本原理与教育学中因材施教其实是有相通之处的。我们在强调以学生为本的同时，教师必须对所选择的教学方法有所把握，不能被学生控制。以学生为本的前提条件必须是对学生有益，对提高学生学习的积极性和创造性是有帮助的，是可以激发学生课程学习的自觉性和主观能动性的，是可以为学生今后的发展指明方向和路径的，是可以使学生真正掌握各项知识和能力的。这就要求教师必须树立一个理念：以人为本，以学生为中心。教师是课堂的管理者、组织者、引导者，学生才是主体，是课堂教学的中心，教师要围绕学生的兴趣来组织教学。课堂是师生互动的舞台，教师应该教会学生学习的策略、方法，将学习的时间、空间交给学生，让学生自主学习、自主探究，养成良好的学习习惯，这样才能提高课堂教学质量，提升教学水平，培养出高质量的人才。

3. 责任原理的应用

责任原理是管理学原理体系中的重要内容，它要求在管理行为或者管理活动中，管理者必须具有强烈的责任心。这对于高校课程教学而言同样非常重要。教师这一职业，本身就是个责任心非常强的职业。一名好的教师首先要具备强烈的责任心，教好学生是教师的责任。古语云："德高为师，身正为范。"教师的教学宗旨应该是，一切以学生为本，一切都是为了学生能够学得更好、学到更多，让学生在高校不但学到知识，更能学到技能，受益一生。在课程教学中，如果教师没有责任，只是选择一种对自己最省事省力的教学方法，不考虑学生的学习效果，对学生放任自流，不关心学生的学习效果，这样的课程教学质量是可想而知的。教师在选择课程教学方法时要把责任放在心中，担负起课程教学和教育者的责任，完成国家和学校赋予教师的使命，对得起学生和家长的信任和嘱托。教师要树立牢固的责任意识，具备高度的社会责任感，培养出对社会有用的人才。

4.效益原理的应用

效益原理用在课程教学方法上就是指最优化教学方法的选择与运用，是指经过整个课程讲授之后，学生能否适应教师选择的教学方法，并采取与之相适应的学习方法，以及能否充分掌握课程知识，达到最好的学习效果。这里的效益并不是简单地说教师的讲授是不是充分，是不是达到了效益，考察的不是教师的效益。对于教学来说，教师教了多少只是教学的一方面，而学生学到了什么、学到了多少，或者说通过教师教学方法的多样化选择，与原来的课程教学相比学生有何进步，这才是真正所谓的教学效益。对于课程教学来说，即使教师讲授得再认真，教学方法的选择再多样，如果这些教学内容和教学方法学生不感兴趣、不适应，那么这样的教学方法就是没有任何教学效益的方法，就不是我们所提倡的最优化的最有效益的方法。考核课程教学方法选择得是否有效，主要看教学最终达到的效果如何，学生学到的知识是否能够在实践中合理地运用及运用得怎么样，学生，这才是检验教学方法选择效益的标准，因此，教学效益是每位教师不变的追求。

课堂教学方法的选择与采用是一个非常复杂的行为，教师选择合适的教学方法主要是基于课程教学内容、课程性质、教学目标、学生水平、学生个性、教师自身的特点等多方考虑，综合以上因素在多种多样的教学方法中选出最适合自己课程的、最有利于学生学习的、最能激发学生学习热情的、最能培养学生创造性的、最有利于学生发展需要的教学方法。教师要根据课程本身的特点，考虑自身擅长的教学模式，根据自己的特点取长补短，选择最优化的教学方法。对管理学中的众多原理加以借鉴，并运用到课程教学方法的研究与改革中，一方面可以在教育学理论方法上得以创新，另一方面对于课程教学方法的研究也有着深远的影响，对课程教学方法的选择有很好的指导作用。

第二节　知识观视域中的教学方法改革研究

一、知识观与教学方法的关系

教学方法与知识观是两个相互关联的话题。教学方法的发展演变受到知识观变革的影响，而新教学方法持续运用的结果又能促进新知识观的产生，我们需要在一个宏观的框架中认清教学方法与知识观在发展中存在的动态关系。

（一）什么是知识观

知识观具体是指怎样理解知识，对知识抱有怎样的态度。对知识的态度影响着学习和教学过程，学习者自己的知识观、学习观是其学习活动的内在背景。

知识观可以分为现代主义知识观和后现代主义知识观。现代主义知识观认为，知识具有客观性、普遍性和价值中立的特点。这种观点把知识视为对现实的一种客观反映，是封闭的、稳定的，是可以从外部加以研究的意义系统。在后现代主义知识观的视野中，知识是一种动态的、开放的解释，研究者也并非完全置身于认识过程之外。也就是说，知识并不是一种绝对客观的、固定不变的终极真理，而是具有不确定性、建构性、多样性和可质疑性等特征。现代主义知识观与后现代主义知识观之间的特点和取向的差别如表3-1所示。

表3-1 现代主义知识观与后现代主义知识观之比较

	后现代主义倾向	现代主义倾向
国家科学标准	1.科学观点具有暂定性，并是不断变化的。 2.科学家相互之间的观点与证据有所差异是正常的。 3.科学家受社会、文化、个人信念和看待世界的方式影响。 4.所有的科学知识都是变化的。	1.大多数科学观点不太可能发生巨大的变化。 2.科学家的工作是寻找证据解决分歧。 3.用神话、个人信念、宗教观念或权威来解释自然世界是不科学的。 4.科学的核心观念是不变的。
科学素养基准	1.科学知识是变化的。 2.相同的科学研究很少能得到完全一样的结果。 3.科学的巨变往往来自新信息的出现。 4.变化是科学的一个恒定特征。 5.科学家对同样的观察会有不同的解释。 6.并没有一个统一的为所有科学家遵循的研究程序。 7.科学家对观察结果的期望会影响他们的观察。 8.科学中对研究什么和如何研究有着不同的传统。 9.在任何一个研究团体中，科学家都倾向于以相同的方式来看待事物。 10.科学学科在研究什么、技术的运用、结果的获得方面都有所差异。	1.科学知识是稳定的。 2.不同地方的科学研究所做的工作基本上是相同的。 3.科学知识中发生的变化往往是对先前知识的小小改变。 4.连续性是科学的一个恒定特征。 5.科学家会进行更多的观察来消弭分歧。 6.科学研究一般包括收集相关证据、进行逻辑推理、提出假设、解释数据。 7.对同一问题的不同的个人研究会防止和控制个人偏见。 8.所有科学家对证据、逻辑和辩论等都有着基本的信念。 9.科学家检验他人的研究结果以谨防个人偏见。 10.所有的科学学科都具有一个共同的目标，都是科学事业的一部分。

（二）知识与教学方法的内在联系

知识与教学方法本身存在着一种内在关系。根据广义的抽象知识概念，既然成为一种"知识"，它必定是人类生产实践过程中的智慧、思想、经验的集合。也就是说，知识本身就包含着知识生产方法、技巧和知识内容，是形式与内容的统一体。谢弗勒把"知识"构成需要满足的条件归为三类：信念条件（belief condition）、证据条件（evidence condition）、真值条件（truth condition）。信念条件指人们对知识的判断和接受所推断出来的陈述；证据条件指知识赖以形成的事实依据、逻辑依据；真理条件是关于事实和信念方面公开的真理。这"知识"概念说明知识不仅包括我们知道的内容，而且包括我们认识的方式，以及我们整个理智方面的遗产。这表明，成为"知识"就意味着任何知识的内容都是不能与知识生产方法和过程相互分裂的。这也是美国教育家杜威对"内容与过程""教材与方法"的二元论思想进行批判时所指出的道理。对于狭义的具体学科知识而言，由于不同类型知识形式所要实现的价值和意义不同，它所体现的逻辑规则和评判准则通常具有特殊性，比如，科学类知识一般存在"论证""演算"的逻辑，用"真"来评判结果；艺术类知识存在的是"欣赏""陶冶"的逻辑，用"美"来评判。如此看来，课程知识的内涵包括了"知什么""知如何"和"如何知"，而"如何知"是深入不同学科知识的本质并真正获得知识的关键要素，只认识了前两项显然只是停留在掌握知识和运用知识的层面，很难进行新的探索和创造。正如布劳迪所说："尽管对学习怎样发生的探究很重要，但这种研究对学校教育的影响不大，这可能是不重视学习的准则与使用所学东西的准则之间差异的结果。知识类型不同，其使用可能也不同。除了知什么与知如何外，可能还有一个用什么来知的问题，但我们对后者的了解甚至不及对前两者的了解。"由此可以看出，方法是内在于知识中的，二者不能彼此脱离。

二、知识观与教学方法改革的取向

（一）教学方法改革的知识价值选择

要真正实现某一时期某一环境中知识的教育价值，需要确定能反映这一价值的知识目标以及相应的知识内容，并选择最适合的教学方法来达成。因此，教学方法的改革一定是对新知识价值和目标的一种积极适应。当知识价值观发生变化，教学方法自身体现的价值和目标也要发生转变。需要强调的是，这种转变是内在的、本质的功能转向，也许有些方法被赋予的"名称"还是一样，但它的真正意义和操作已可能悄然改变，如最古老的"讲授法"。如果不能发现这一变化，对原教学方法或彻底批判或继续维持都不能实现新的知识价值。

1. 个体层面的知识价值

知识价值既有社会性价值也有个体性价值，而社会性价值是建立在个体性价值基础上的。

教学论的视野中更多体现知识价值的个体性问题，展现了当下对象主体的需求，考虑到如何将总体的知识价值取向落实到每一个个体身上。由于每一个学生的个人经验、需求和想法都不一样，知识的教育价值对他们而言必定不是同一的，虽然一般情况下会随外界环境变化指向某一核心的大方向，但在主线上又总会出现许多分叉。允许学生的知识价值选择和创造，彰显知识价值的个人化、个性化是教学的基本责任。

知识具有培养人的道德品性的教育价值，可以净化人的心灵，使人具有高尚的品德和精神修养。就知识的情感意义而言，人类在知识探索中总是伴随着各种情感因素的，如科学家对科学的热爱、渴求以及在科学探索中所体会到的各种苦恼和悲伤、欢喜与愉悦之情。个体在知识习得过程中同样会因知识的某种内在感染力而触动内心，激发出某种情感，使个体陶醉于知识学习本身所带来的趣味和美感中。因此，通过知识教学来培养个体丰富的情感、完善个体的精神素养是教育的一个重要任务。

2. 知识的内在价值与工具价值

知识的内在价值和工具价值是知识价值中两个并行的基本向度，然而知识的价值向哪边倾斜，主要取决于人的选择。

知识的内在价值来自知识本身，可以从两个方面理解：一是它与知识本身的性质有关，而知识的性质则是由知识活动的目的、知识追求过程所决定的；二是知识的这种价值是"自给自足"的，因而也是自我酬报的，不需要外在的奖励和惩罚，典型的如发展理性、休闲等。

我们知道，学校所传授的知识并不只是因为它们"有用"，关于人类历史、文化、语言、艺术等的人文知识同样发挥着不可替代的教育意义。知识的内在价值从古代社会开始就备受重视，并在之后的存在与发展中产生了巨大的生命力。

知识通常会显示出直接的效用和实用性价值。当我们的知识活动并不是为了追求知识本身而是为了达到知识以外的目的时，就是在发挥知识的工具价值。知识的工具价值强调把知识当作个人生存的手段以及改造社会、创造财富的有效工具，其注重知识的社会价值和经济价值。

英国思想家、教育家斯宾塞在《什么知识最有价值》一文中提出，最有价值的知识与以下五种活动联系在一起：①指向自我保全的活动；②获得生活必需品的活动；③抚养教育子女的活动；④与维持适当的社会政治关系有关的活动；⑤满足爱好和感情的各种活动。① 斯宾塞对"什么知识最有价值"这一问题的回答是十足的功利主义教育主张，强调知识学习对于个体未来生活的准备作用。

美国实用主义教育思想家杜威的知识价值取向也具有比较典型的功利主义倾向。杜威认为，"功利主义是关于目的和善的学说在从古至今的变迁中最占优势的"，原因在于"它有相当的功绩。它力图脱去暧昧的一般性，而流为特殊的、具体的。它认为法则隶属于人类的功业，而不认为人类隶属于外部的法则。它说制度为人所设，而人非为制度而设"，它使道德的善成为自然的、仁慈的、与人生的自然善相结合，而反对非地上、非现世的道德。它的最大功绩是把社会福利作为最高标准而扶植在人类的想象里。在杜威看来，功利主义也强调目的价值，只是它把"快乐的最大量放在固定目的的位置"②。对于什么是检验知识价值的标准问题，杜威认为检验知识价值的标准应当是知识实践以后的结果，这与美国哲学家皮尔士倡导的、詹姆斯奠基的实用主义哲学所强调的以知识的"兑换价值"作为评价知识价值的标准如出一辙。

基于知识的工具价值，在课程编制中增添了"职业关注"，强调职业知识的重要性，认为教育倾向于传播对个人和社会"有用"的知识和技能，知识学习的主要目的在于对知识的运用，而不是知识本身。

3.教学方法改革的不同知识导向

知识价值选择的冲突与分歧形成了教学方法改革的两大不同导向，即追求知识的目的取向和追求知识的手段取向。知识的目的取向指向知识的内在价值，知识的手段取向指向知识的工具价值，教学方法改革的目的就在于实现知识的内在价值或工具价值。

（1）知识的目的取向。知识的目的取向是指教学方法改革以知识本身为目的，通过有效的教学方法向学生传授知识，学生掌握了知识就意味着有价值、有意义、有尊严、有自由，实现了知识本身的内在价值。如果传授知识忽略了知识对人的精神发展和人格发展的内在意义，就不能算是真正的教育。

由于对知识的目的取向认识模糊以及当前的简单化处理，各学科教学的基

---

① 杜威.哲学的改造[M].许崇清，译.北京：商务印书馆，1997：97.

② 钟启泉，张华.课程与教学论[M].广州：广东高等教育出版社，2000：148.

本任务和目标都侧重于以对基础知识的掌握为主，根据课程知识内容、教材结构的逻辑体系来研制和开发有效教学方法。课堂教学以掌握知识为首要目的，知识学习的目标主要通过个体对知识内容的记忆、复现而达成。历史上很长时期的教学方法的发展、改进都以掌握知识为目的，如克拉特的"教授之术"、夸美纽斯的"直观教学法"、赫尔巴特的"五步教学法"、苏联凯洛夫教育学体系中倡导的教学方法等。

知识的目的取向以传递知识为主要教学任务，而知识传递的效率、效果主要取决于教师的教，因此要更加重视教师在教学中的主导作用。教师处于教学中的主导地位，能很好地掌控整个课堂教学的进展与目标达成。赫尔巴特把教师的教法看作决定教学成败的关键因素，认为教学方法改革主要指教师的教法改革。我国早期的教学改革深受知识的目的取向之影响，教学方法改革主要围绕教师的教法进行，所以并未在课堂教学改进上取得很好的成效。

（2）知识的手段取向。知识的手段取向的含义在于知识有价值是因为它对另一事物有好处，知识是为了实现另一更高目的的手段。教学方法改革的目的不在于获得知识本身，而是要通过知识学习达到另一目的：表现出知识价值的功利主义和现实主义。从社会价值的角度来看，知识的手段取向与社会、政治、经济紧密联系；从个体价值的角度来看，知识的手段取向与个体日后的职业生活联系在一起。

知识的目的取向和手段取向的"二分"体现了二元对立的课程知识价值立场，但是纯粹坚持某一取向或是将二者截然分开，都会导致一些模糊或不足之处。事实上，现实中我们无法区分某一知识教学活动到底是纯粹的目的取向还是纯粹的手段取向。正如彼得斯所说，"为了知识本身的知识"与"为了特殊目的的知识"之间的两分法相当粗糙，它无法区分两个不同的方面：为了有关那种知识本身的目的，知识可以被追求；但是为了性质上不同于那种知识本身的目的，甚至于知识的手段价值，它也值得追求。乌克兰教育家苏霍姆林斯基则得出"知识——既是目的，也是手段"[①]的结论，他认为对于保存在记忆中的基础知识，从获取和掌握知识的角度来说，它是目的，但是从解释和运用知识的角度来说，它又是手段；对于吸收和获取更多知识的技能性知识，从理解、利用知识的角度来说，它是手段，但从吸收和获取知识的角度来说，它又是目的。

---

① 瓦·阿·苏霍姆林斯基.给教师的建议[M].杜殿坤，编译.北京：教育科学出版社，1984：22.

由此我们可以发现，课程知识价值问题是相对于人而言的，脱离了认知者本身，就会出现这种二元对立的局面。而对于教学方法改革实践来说，单纯偏向一种价值取向所产生的问题是比较明显的。

首先，将知识与人相分离。追求目的取向的教学方法主要秉持"本质论"知识观，由于更加重视课程知识内容本身的逻辑体系，教学方法使人必须服从于知识，人自我的兴趣、意愿、思想及价值观不能进入知识结构中；而追求手段取向的教学方法秉持"工具论"知识观，忽视了知识本身对于人的发展意义。在这两种状况下，知识与人都是相互分离的状态。

其次，将传统教学方法与现代教学方法对立起来。从课程知识的价值立场来解读教学方法的本质我们发现，教学方法间的本质差异体现为其所面对的知识价值观差异。在某一历史条件、社会文化发展的背景下，某一知识价值观受到人们的推崇，相应地最有效地获得知识的教学方法就会盛行，原因是当时的社会发展、人的发展需求符合这一趋势，而且，它只有在特定价值立场下才是最有效的。前面提到，课程知识价值需要从人的角度来看，目的价值和工具价值很难分开。从这个意义上讲，不能绝对地判定哪一种教学方法更好，二者是可以融合且并存的。

笔者认为，任何教学方法改革的初始都要明确教给学生的知识对于学生的教育价值，并以此作为改革的目标导向。

（二）教学方法改革的生成性取向

1.教学方法改革的知识价值重建

（1）知识价值主体的重建。知识价值主要反映的是作为客体的知识与其主体之间的一种意义关系，揭示的是知识之于主体需要发挥的作用、功能。

从现实的角度来看，知识价值主体可能是多种主体的集合，同时兼顾多种知识需求。然而，如果知识价值主体不能回归到最基础的原点——受教育者本身，无视学生的个人愿望、需求和"个人知识"，学生作为一个具体存在着的"人"便永远也不可能进入真正属于自己的知识领域，他们心中产生的知识价值也只会是同一性的（由真正的知识价值主体来决定），无法迈出早已被划好的圈地。

一般来说，在课堂教学中，谁是主要控制方的知识价值主体，谁就规约着教学方法的选择和使用。如果知识价值主要代表了外部团体、教材编写者或教师个人的主观意愿，教师显然会采用"灌输式"的讲授法将学生的思维、理解、看法引向那一方，尤其是引向相关决策部门制定的考评标准中的知识价值取向。如此，学生个人的个性化思维便没有生长的余地，学生学习到的知识只不过是满足他者意愿的符号体系。因此，教学方法改革中必须首先明确其目标是否最终指向学生，把学生当作最原本的知识价值主体。

教学方法改革的首要目的应该是通过新型的教法和学法来重建知识价值主体，把"人"与"知识"整合在一起来思考。真正成为知识价值主体需要具备以下三个条件：第一，知识构成人的需要（只有当知识构成知识主体的需要并满足了这个需要，它对认识主体才有意义）；第二，人进入知识的视域（当知识构成人的需要时，人同时要能够接纳、理解和把握知识的深层含义）；第三，知识与人的相互改造（人在深入把握原本知识逻辑、内涵的同时，投射了自身的生活经验和主观推理、论证及加工，从而有可能创造出新的知识和新的知识学习方法）。

（2）知识价值内容重建。当前，教学方法变革所选取的知识价值内容不应只来源于知识本身，也不应纯粹是知识之外的另一物，而应凸显人和知识的整合，实现人与知识的相互改造来获得人的生成。教学方法的历史发展脉络证明，教学方法变革的发展越来越趋向于促进人和知识的整合，而不是将其分离。基尔用"知识即舞蹈"的隐喻来表达这一关系，认为认知类似于舞蹈的活动，通过跳舞而形成舞蹈本身与舞伴，舞蹈通过跳舞而成为舞蹈，并持续地创生。[1] 这一理论意味着，知识的价值应该在主体的认知活动中体现出来，离开了主体实质参与的认知活动，知识的价值对于主体而言便是外在的、无意义的。也可以说，知识的价值是在主体的认知活动过程中产生、创造的，通过主体深度地、深层地进行认知活动，知识因为人的活动变得有意义，人因为知识的吸收和转化变得更睿智、幸福。

强调人和知识整合的知识价值内容重建使知识价值观从一种"二元"价值向"多元"价值发展。很长时间以来，知识的目的取向和手段取向把知识价值指向一种非此即彼的"二元"对立状态。在哲学层面，这种"二元论"造成了人类经验的客观层面与主观层面、事实与价值之间的对立与割裂，使人们对是"物"还是"人"的追寻争论持续不止。在教育领域，知识的二元价值观使教育教学的目的单一化、绝对化，任何教育教学活动都直指某一个核心目的。由此，教学方法的功能更加单一，结构更加固定，缺乏灵活变通性。通过人和知识的整合来体现知识的价值，能够调和"目的—手段"的冲突与对立，使知识价值向多元化发展。知识除了事实本身很有价值以外，这些知识中的经验对

---

[1] 钟启泉.课程的逻辑[M].上海：华东师范大学出版社，2008：180.

于人的能力、思维发展同样有价值，经验背后隐含的精神、态度、情感、价值观意义更重大。人在认知过程中创生了新的知识，实现了知识的增长、更新以及认知过程中所产生的新的情感、态度和体悟，也是知识价值的二次增值体现。在当前的教育领域，树立知识的多元、多重价值观是教育教学变革的必然要求。

2. 当前教学方法改革的生成性取向

把知识价值定位于促进人和知识的相互改造、生成，意味着教学方法改革的目的就是要实现这一生成过程，旨在构建一种生成性教学方法观。

（1）生成的目的。在哲学领域中，生成论是一种反本质主义的认识论思想，其反对建立在牛顿原理和笛卡尔方法论基础上的"预成论""构成论"。"预成论"和"构成论"都是以"简单性原则"为核心，认为世界简单而有规律，一切事物都在因果之中并通过因果规律来把握；任何事物都可用线性的、程式化的方法得到确定的解答，任何事物的发展都是可以预测的，且这种可预测性是完全的和绝对的。总之，"简单性原则"试图通过寻求所认识世界的确定性来更好地预测和控制事物的发展。生成论则以"复杂性思维"为理论基础，强调事物的关系性、过程性、不确定性、非线性、整体性，如过程哲学、混沌理论等都反映了一种"生成论"思想。在怀特海的过程哲学中，世界是由有机体构成的，有机体具有内在的联系和结构，并处于不断的演化和创造中，这种演化和创造就表现为过程。所以，过程是事物的存在方式，世界的本质就是过程的存在，离开了过程，事物不可能存在、变化和发展。法国哲学家埃德加·莫兰指出，世界既不可能是纯粹有序的，也不可能是纯粹无序的，因为在一个只有无序性的世界里，任何事物都将不可能存在；而在一个只有有序性的世界里，万物将一成不变，不会有新的东西产生。因此，世界基本上处于一种有序与无序相结合的"混序"状态。由此可知，"生成"的本质在于反对"确定的""有计划的""有意图的"规律限定，强调在"不确定性""相对性"基础上的一种动态建构，价值就诞生于生成过程中。

在生成性教学方法观视野下，生成的目的包括知识的生成和人的生成。知识的生成意味着对认知主体的"权力赋予"，知识并不只限定于计划内的课程内容，知识是教学主体通过主动探索以及相互作用的过程而被主体"创生"出来的。因此，知识的意义超越了原本课程中既定的含义，其解读方式具有多样性、差异性。个体在认知过程中除了习得知识，也在创造着对知识的新诠释，甚至是探索了新领域的知识或新的探索方式。"人的生成"体现为"整体的人"的"生成"，即人的智慧、能力、人格、情感、态度等整体素养的发展；还体现为能在教学活动中体验到自身的生存价值，通过学习活动实现自我、创造自我、超越自我。如果某种教学不能为人的生成提供优越的条件或是阻碍、限制人的生成，这样的教学便毫无教育意义。

（2）教学方法改革的特点。教学方法是课堂层面实现知识价值的重要途径，知识的价值选择决定着教学方法的目标和功能。

生成性教学方法观旨在实现知识的多元价值，促进"整体的人"的生成，这决定了教学方法的目标是多维的，而非单一的。"整体的人"的发展意味着人的发展目标更加完整；深入"完整"的发展是指人的智慧、能力、情感、人格等整体素养的发展；"深入"意味着超越理智认识而进入人的精神层面、"心事"层面，促进人生态度与价值观的发展。

按照国外学者的划分，教学方法的知识目的一般分为三种程度：第一种程度是能掌握知识的信息（符号表征）；第二种程度是具有运用知识的技能和技巧；第三种程度是善于开展创造性活动。以往的教学方法多半是为了达到第一和第二种程度，而当代教学方法改革则以第三种程度为最终目的，如布鲁纳的发现式教学法、瓦根施因的范例教学法、美国哈佛大学小学科学教育专业的蓝本达教授提出来的"探究和研讨"教学法、日本现代教育理论家广岗亮藏提出的"解决课题"教学法等。这些教学方法改革的目标都不只是指向对知识符号的掌握，更多的是要发展学生在知识学习中的思维方式、态度和创造性。我国新课程标准强调的知识与技能、过程与方法、情感态度与价值观这三个维度的课程目标也充分体现了知识的多元教学价值，在课程目标层面对教学方法改革目标的多维性提出了核心要求。

在追求知识多元价值的背景下，教学方法的选择和运用所要实现的目标更加完整、多维，所以固定的、同一的教学方法结构和技术无法实现教学目标。由于不同的教学方法有不同的功能，同一种教学方法在不同的情境下也可能有不同的功能，仅仅学会如何去操作、使用某一种方法进行教学是远远不够的。因此，对教学方法的理解总是要深入内在的价值层面，即考虑为什么选择这类或这些教学方法以及如何发挥这类或这些方法的合理功能。

那么如何衡量教学方法功能的合理性？依据促进人和知识整合的知识价值观，教学方法的设计不纯粹依从于知识内容、教材结构的逻辑体系，也不仅仅依从于学习者的认知结构，而是作为学习者认知结构和知识结构的纽带，追求认知结构与知识结构之间的整合、相容。也就是说，要凸显教学方法的这种整合性功能，以促进学习者认知结构和课程知识结构的衔接。这种衔接的具体体现就是将课程知识中内含的"文化""思维"与人的"人格""思想"连接起来。

如此来看，无论我们采用什么教学方法，这些方法都要能将课程知识中所包含的文化要素、思维形式再现和转化，形成学生的自我人格、思想；都要能塑造便于教学主体从事探究性、创造性教与学活动的方式，使他们感受主体式的生存过程。

三、教学方法改革目标设计的几个矢量

（一）目标取向：对知识价值定位的思考

教学方法改革价值取向的分析直接影响到其目标的定位，因为某种价值取向往往需要具体到目标层面。教学方法改革目标的设计对改革的成败及有效性具有非常重要的作用，因为，如果我们不能明确"为什么"要改革，心中没有一个导向意识，便不能将"怎样"改革很好地落实到位。而现在的问题恰恰就在于很多学校开展的教学方法改革并不从自己需要的目标设计入手，而是直接运用来自外部实验成功的教学方法改革成果，或是直接采用课程改革要求的新教学方法。知识教学是任何教学活动都不可回避的基本任务，而知识价值取向又决定了教学方法改革的价值取向，所以我们需要从知识价值视角来探讨目标设计。

教学方法改革目标的确定首先应该有一个清晰的知识价值定位，即我们首先要对我们所提供的课程知识对于学生能够产生什么价值、意义，或者说应该要产生什么价值有一个明确的"方向感"，并思考这样的改变是否有利于知识价值的实现。明晰知识价值定位有利于使教学方法的价值观念与实际的操作对应起来，避免产生价值混乱和冲突。

（二）目标来源：对知识价值的现状思考

当前，学校的课程知识提供对于学生产生了什么样的积极作用和消极作用？用什么样的教学方法或学习方法可以更有利于积极作用的发挥，而尽可能地避免消极作用？对这些问题的现状调查，是形成教学方法改革目标的主要来源。也就是说，教学方法改革目标设计必须考虑它的适应性。

一般而言，教学方法改革实验在原环境下都是指向特定目标开展的，但这个目标在新的情境下未必适合。比如，国内借鉴"暗示教学法"进行的教学实验，其效果远远低于洛扎诺夫实验的效果，其中一个重要原因是作为暗示手段之一的欧洲巴洛克音乐适合于西方人，未必适合于东方人。我国成功的教学方法改革都是基于现实需求实地调查、分析后开展的，都致力于解决当下出现的教学问题。

从教学方法改革的经验来看，设计教学方法改革目标需要考虑以下问题。

（1）学校总体特征分析，包括环境和团队两个方面。在环境方面，主要考虑培养目标、办学理念、教学风气、文化氛围等软环境，以及硬件设备、技术支持等硬环境；在团队方面，主要考虑师资力量、教师分配、组织团队等。

（2）学生的学习问题及结果分析。此部分需要了解的重点问题是学生知识学习的态度是否积极、主动？是否感兴趣？知识活动在多大程度上实现了个人价值？学生学习之后哪些方面发生了好的和不好的改变？

（3）学科知识内容分析。学科知识内容在一定程度上制约着教学方法的使用，不同的知识内容与教学方法的适应度、融合度不一样，要明白什么样的内容更加适合、什么样的内容不太适合及要做什么修改等。

（三）目标结构：对知识价值系统的思考

知识价值从知识的内在结构中体现出来，"符号表征""逻辑形式""意义系统"三层结构体现的知识价值都不一样，而要真正促进人的生成和发展就必定要发挥整体效果，从知识价值系统来思考目标结构。具体来说，目标结构包括下面三个方面：

一是总目标。新教学方法实验要达成的总目标是什么，这个总目标与课程目标的理念要一致，要体现一个完整的知识价值系统，能突出使用这种教学方法所能带来的特色之处。

二是具体目标。总目标可以具体分解成某些具体目标来分别实施，每一个具体目标均以总目标为依据，并为了实现总目标而设立。

三是阶段目标。有些总目标或具体目标是逐渐达成的。一般来说，知识和能力方面的目标（行为目标）能够比较清楚地呈现出目标达成的阶段性。如果从知识的"逻辑形式"及"意义系统"来看，相关目标的达成是一种综合性、交叉的状态，阶段性目标通常相对模糊一些。例如，比利时的"整合教学法"主要通过向学生提供复杂的问题情境而不是知识体系来培养学生在情境中运用旧知识习得新知识的能力，最终导向的是所获知识与能力的整合。

（四）目标向方法转化：对知识价值实现途径的思考

教学方法所要实现的目标必须是能够相互适应并相互转化的，不能具体到教学方法的目标与价值时终究是一纸空文。然而，如果我们直接从目标和方向的关系来看，很难看出二者是不是适应的，好比很多老师都觉得任何课堂教学中都可以采用也可以不采用合作教学、探究教学一样。这样会造成一种新形式的程式化教学方法套着更"合理"的面具出现在课堂中，可是却并未带来更好的教学效果。

第四章 大学的教学方法研究

第一节 大学教学方法研究的必要性及意义

教学方法是课堂教学中活跃且重要的因素。它既是体现教师主导作用的重要渠道，又是影响学生发挥主体作用的关键因素。教学方法是否得当，关系到教学质量的高低和教学效果的好坏，影响到人才培养的质量。教学方法对完成教学任务、实现教学目的具有重大意义。当确定了教学目的，并有了相应的教学内容之后，就必须有富有成效的教学方法，否则，完成教学任务、实现教学目的就要落空。从某种意义上说，教学方法是关系到教学成败的重要问题。

方法名称是对教师或学生的工作形式及学习特征的高度概括。根据教学方法的名称，可以判断教学过程中参加者的活动方式。教学的成败在很大程度上取决于教师是否能妥善地选择教学方法。知识的明确性、具体性、根据性、有效性、可信性有赖于教师对教学方法的有效利用。乌申斯基从教学方法能影响思维过程，影响学生求知主动性的观点出发对之做了详细的研究。教学方法对学习技能和技巧，特别是对学习实际应用知识的技能起着重要的作用。洛克早就肯定地说过，任何东西都不能像良好的方法那样，给学生指明道路，帮助他前进。

当前科技的进步、生产的发展、社会主义祖国的富强，都要求各项工作讲求效益，提高效率。教学工作同样要求讲求效益，提高效率，但不能简单地依靠增大教师劳动强度和增加学生课业负担提高教学质量。研究和改进教学方法，对工作中少走弯路，用较少的时间、精力和物力取得最佳的教学效果具有重要意义。

一、对高校教学方法的研究有助于高校教师加深对教学方法创新重要性的认识

教学方法的创新既是时代发展的要求，也是高校培养创新型人才的要求，

还是提高教学效果的必要途径。高校教学内容的广博性、高深性以及不确定性，对高校教师运用教学方法提出了更高的要求：怎样教才能既保证把抽象、间接的基础理论系统性地传授给学生，又保证有效地启发、激励学生主动地思考、发现和创新，这是高校教师在高校教学过程中必须始终关注的问题。本研究通过对高校教师教学方法的创新研究，加深了高校教师对教学方法创新重要性的认识。

二、对高校教学方法的研究有助于高校教学领导者引导教师进行教学方法创新

研究高校教师教学方法的最主要目的是引导高校教师进行教学方法创新。通过本研究，高校教学领导者能比较清楚地了解到目前教师教学方法创新中存在的一系列问题，有利于他们从宏观层面上把握本校教师教学方法创新的现状，有利于他们结合本校教学的特点，更好地引导教师进行教学方法的创新，提高教学质量。

三、对高校教学方法的研究对高校教师在教学方法方面的创新具有重要的现实意义

采用理论与实践相结合的方式，有理论有例证，列举多种教学方法，方便教师在课堂教学中根据自己的风格和需要选择使用。从教师自身出发了解教学方法的现状，具有现实的可操作性，能比较真实地了解目前我国普通本科教学方法及其创新的现状，能激发广大学者以及教育工作者进一步厘清影响教学方法创新之因素，激发他们提出我国普通高校教学方法创新的相关措施。

第二节　大学教学方法的分类与结构功能

一、关于大学教学方法分类的研究设想

（一）教学方法分类研究的意义

1. 有利于掌握教学方法的特质

对教学方法的分类研究实质上就是对现存教学方法进行比较分析和概括，找出各种教学方法的共同点和不同点，从而把某一类型的教学方法的特质揭示出来，以更好地运用教学方法，这是研究教学方法分类的目的所在。多种多样

的教学方法分类研究，不但可以多方面揭示各种教学方法的性质特点和作用，而且可以增强教学方法分类研究对教学实践的指导意义。

2. 有利于建构教学方法理论体系

教学方法是在教学实践中产生，并随着教学实践的发展而发展的。最初由于教学方法种类不多而把它简单地分为启发式与注入式两类。但随着教学实践的发展，特别是20世纪50年代以后，教学方法的改革成为现代教育改革的一个重要方面，许多教育家在教育思想上提出许多新理念，同时提出一些新的教学方法，这样使得教学方法家族的成员越来越多，有关教学方法的分类研究开始引起人们的重视。教学方法的分类研究，有利于建立教学方法的系统理论体系，为建立科学的教学方法论提供基本素材。

3. 对教学方法进行分类研究，可启发人们归纳与演绎出新的教学方法

对事物的分类研究可以为寻找未知事物提供方向。科学史上著名的例子是门捷列夫对化学元素的分类研究，人们按照他的周期表探寻新的化学元素并获得成功。对教学方法进行分类研究也应该有这样的功能。在目前的教学方法分类研究中，人们提出了许多分类框架，在每种框架下又提出了一些具体的方法，有些只是框架，还缺乏具体的方法，这就给我们探索发现新的教学方法提供了足够的空间。

（二）教学方法分类的设想

要对教学方法进行分类研究，首先应确定研究范畴，否则无法谈论分类依据，更谈不上正确分类。教学方法分类研究的范畴即是学校教学方法。教学方法是学校教学活动的一个重要构成要素，是指师生交互作用下的教学手段。学校教育活动是以知识与技能、过程与方法以及情感态度与价值观为三维目标的，教学方法是实现三维目标的手段。所以，以教学目标为分类标准比较客观，也比较实用。这样，教学方法就可以分为三类：以促进学生获得知识与技能的方法；以体验过程为主的方法和以培养情感态度与价值观的方法。这种分类也密切结合了当前教学改革的实际。

笔者认为，最具有代表意义的分类方法是按照教学方法的抽象程度进行划分，因为这种分类最具有概括性，也体现出教学方法的层次性。依据这种思想可以把教学方法分为以下三种。

1. 原理性教学方法

原理性教学方法主要包括启发式教学与注入式教学、接受学习与发现探究学习、机械学习与意义学习三种类型。

2. 一般性教学方法

一般性教学方法主要指适用于各科教学的教学方法，例如讲授法、练习法、讨论法、实习作业法、案例教学法等。

3. 学科教学方法

学科教学方法主要指适用于特定学科的教学方法。这是最具体、最具有操作性的教学方法。

综上所述，对教学方法的分类视角是很多的，对教学方法的分类研究已出现一些共同趋势：教学方法的分类由单纯重视学生认知活动转向兼顾教学的情意活动；由单纯重视教学方法的结构和外部形态转向重视教学方法的功能和理论内涵；由单维划分转向多维综合分类发展；由单纯重视经验性归类转向致力于从理论上建构教学方法体系；等等。

二、现代大学教学方法的结构与功能

要研究教学方法的结构与功能，首先必须明确什么是结构与功能，它们之间是什么样的关系。结构与功能是马克思主义唯物辩证法的一对基本范畴，是物质普遍存在着的基本属性。明确结构与功能的含义及其辩证关系，对于我们深入探讨教学方法的结构与功能，有着重大的理论意义和现实意义。

（一）结构与功能的辩证关系

1. 结构与功能的含义

"结构"一词的原义是指"构成"或"建造"，作为哲学上的范畴，是指物质及其运动的分布状态，是事物内部各个组成要素之间相对稳定的排列顺序、组织方式、结合形式。要素之间所存在的个别联系或某些联系，还不能形成系统结构，只有要素之间相互联系、相互作用的总和，才能形成系统的结构。一个系统的整体性越强，有序程度越高，它的结构也就愈加严密。物质是分层次的，系统是以层次的方式存在的。既然如此，结构也就具有层次性。我们所说的结构的普遍性，不仅体现为任何事物都是有结构的，而且体现为每一事物的不同层次里也都是有结构的。结构是指组成事物内部各个要素之间相互联系、相互作用的方式。

功能是指某一物质系统对周围其他物质系统相互作用的能力，它既包括对后者的影响和改变，也包括抵抗和承受后者对它的影响和作用。正确理解功能的含义，还要注意以下几点：

第一，功能可分为外部功能和内部功能两种。外部功能指物质系统所有的作用能力、行为和功效；而内部功能则指系统整体对要素的作用能力、行为和功效。例如，人脑的内部功能是协调大脑两半球和各个分区，对摄取到的信息进行储存、加工、整理；而它的外部功能则是控制、调节、制约有机体对外界刺激做出相应的反应，大脑是人进行思维活动、认识客观世界的器官。但是，功能作为一个与结构相对应的范畴主要指的是外部功能。

第二，由于一个系统与外部环境总有着多种的关系和联系，因此一个系统的功能也就具有多样性。例如，教学方法与教师、学生、教学内容以及教学设备等条件相联系，这就决定了教学方法具有多种功能。

第三，一个物质系统的功能，不仅具有多样性，而且具有多变性。既然功能是运动状态下表现出来的作用，那么它就必然受外界环境的制约，随着外部条件的不断变化，事物的功能也会不断变化。

第四，一个物质系统的功能发挥得如何，固然由系统内部各种要素的性质与数量所决定，但更重要的是由系统的结构所决定。因此，要提高系统的功能，就要改造系统的结构。

2.结构与功能的辩证关系

结构与功能作为唯物辩证法的一对范畴，它们之间存在着既对立又统一的辩证关系。结构与功能的对立性首先表现为结构是比较保守的、相对稳定的，而功能却是活跃多变的，它在多种因素的相互作用下经常变化，从而比较灵活地反映着诸条件的影响。结构与功能的对立性还表现为二者的差别与不一致性上，也就是说，结构相同，功能可能不同，也可能相同；结构不同，功能可能不同，也可能相同。

结构与功能的对立性，只是它们之间辩证关系的一个方面。二者之间还存在着相互联系、相互依存的关系，这主要表现在以下两个方面。

第一，结构决定功能。物质系统有什么样的结构，就必然会表现出相应的功能。物质系统的稳定结构规定、制约着系统功能的性质和水平，限制着系统功能的范围和大小。结构决定功能的现象在自然、社会和思维等不同的领域中普遍存在。例如，在社会领域中，经济结构与政治结构的状况，也直接决定了社会的经济发展与政治进步的程度；在思维领域中，人们的思维结构、知识结构的状况，也会直接决定着工作效率的高低和能力的发挥。结构决定功能，主要是从质的方面来说的，如果从量的方面分析，我们还可以看到，系统结构所决定的系统功能，并不是系统内部各个要素的功能的简单相加，它既可以大于也可以等于，甚至可以小于各个要素功能的和。关键在于结构是否合理，是否有利于各个要素功能的发挥。数学上有一条"整体等于部分之和"的原理，在这里未必适用。马克思说："总体劳动者例如用 24 只手传砖，比单个劳动者每人都用两只手搬着砖上下脚手架要快。"[①]它揭示了结构决定功能这条哲理。当然，也会有整体功能小于每个要素功能之和的情况。俗话说："一个和尚挑水吃，两个和尚抬水吃，三个和尚没水吃。"这说明如果结构不合理，由于内耗，取水的整体功能不仅小于要素功能之和，甚至会出现等于零的情况。可见，结构决定功能。

第二，功能反作用于结构。结构与功能之间的相互作用是双向的：结构决定功能，同时，功能反作用于结构。功能在外部作用的影响下，不断地发生变化，这种变化又反过来影响着结构。功能反作用于结构大致可分为三种类型：

（1）功能有序进化影响结构有序进化。例如，在参加了大量运动训练后，运动员的心肌变得发达，体格更加魁梧，这是功能促进结构发生变化的明显例子。

（2）功能退化影响结构退化或消失。这种情况在一些寄生虫中表现得很明显。

（3）除了上述两种状况，有的事物其功能的变化所导致的结构改变无所谓进化或退化。例如，激发态电子由于辐射光子，会改变电子壳层的结构，从而使原子过渡到与其他边界条件相适应的稳定状态。

结构决定功能，功能又反作用于结构，结构与功能之间矛盾的不断产生及不断解决推动着事物的不断发展。

3. 研究结构与功能在方法论上的作用

研究事物的内部结构及其与功能的辩证关系，实质上就是研究事物发展的规律。在历史上人类一直在探索一切客体的结构，从宏观上讲，古代的人们很早就注意观察天象，探测天体系统的结构以及作为人类栖息之所的地球在天体系统中所处的地位。从托勒密创立的"地球中心说"到哥白尼创立的"太阳中心说"，人类对天体结构的认识在逐步深化。从微观上说，古代的人们很早就注意研究物质的结构，从古希腊的原子论到近代的原子—分子学说，人类对物质结构的认识在不断发展。20 世纪以来，迅速发展的科学技术，把物质世界结构的多样性和复杂性越来越清晰地展现在人们的面前，使人们更加深刻地认识到要研究事物发展的规律，要获得自由，就离不开对事物的结构与功能的认识。只有自觉地把握事物在结构上的内在规律，才能更好地利用它为人类造福。

---

① 马克思.资本论：第 1 卷[M].郭大力.王亚南，译.北京：人民出版社，1975：363.

认识结构与功能辩证关系的原理，有助于获得科学的认识方法和研究方法。根据结构决定功能、功能反映结构又反作用于结构的基本原理，我们在从事工作和进行科学研究中，既可以根据已知对象的内在结构推测和预见对象的功能，也可以根据已知对象的功能推测和预见对象的内部结构，从而结合人们的需要，或改变结构，或改变功能，实现人们对自然界的充分利用和改造。

（二）教学方法的结构

明确结构与功能的辩证关系，对我们深入探讨教学方法的结构与功能有一定的理论指导作用。

教学方法的结构是指教学方法中各要素相互联系与相互作用的内在组织形式或秩序。从教学方法的本质中我们可以看出，教学方法的结构主要包括教师教的活动，学生学的活动，教学目的、任务和内容以及教师和学生双边活动中使用的方法和设备等几个基本要素。这几个基本要素在教学方法结构中的地位和作用是不同的。

1. 教师教的活动

在教学方法的结构中，教师教的活动是一个最基本、最主要的因素。在以教为主的教学方法体系中，教师是教学活动的主体，在教学过程中起着主导的作用，在以学为主的教学过程中则起着指导的作用。

2. 学生学的活动

学生学的活动在教学过程中是一个基本要素。在以教为主的教学方法体系中，学生相对于教师主体来说是教学的客体；在以学为主的教学方法体系中，学生成了学习的主人，是学习活动的主体，同时，学生又是教学效果与教学质量的最终体现者。

3. 教学目的、任务和内容

它是构成教学方法结构的重要因素，教师和学生的一切活动，都要服从于教学目的，为完成教学任务、传授和学习教学内容服务。所以，教学内容是教与学双方活动的重要依据，也是检查教学质量的客观标准之一。

4. 教学方法和设备

它也是构成教学方法结构的一个基本要素，是联系教师、学生和教学内容的纽带和桥梁，为教师的教和学生的学提供了客观条件。

总之，在教学方法的结构中，四个因素各有自己的地位和作用。同时，四者之间又是相互联系、相互配合、相互依存、相互制约的，从而形成了教学方法系统的结构。教学方法的基本结构如图 4-1 所示。

图 4-1 教学方法结构图

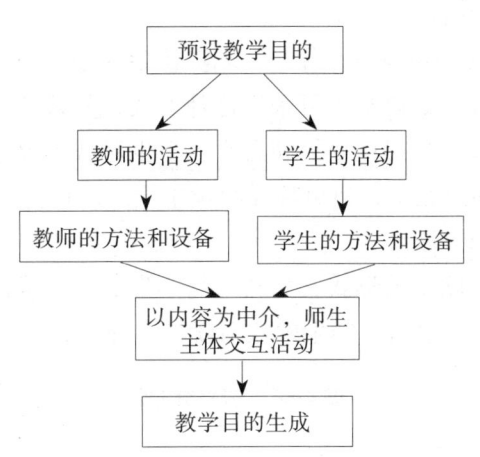

```
         预设教学目的
         ↙       ↘
   教师的活动    学生的活动
       ↓            ↓
  教师的方法和设备  学生的方法和设备
         ↘       ↙
      以内容为中介，师生
        主体交互活动
              ↓
         教学目的生成
```

在教学方法的结构中，教师教的活动和学生学的活动是两个最基本、最主要的因素。因此，为了更深入地探讨教学方法的结构，有必要认识一下教师与学生的联系形式，即师生之间的传导结构。教师与学生之间的传导结构主要有以下四种。

（1）单向传导与双向传导结构

单向传导结构就是开环结构，即：

$$\text{教师} \longrightarrow \text{学生}$$

这种传导结构只有教师向学生传递信息的通路，而没有学生向教师反馈的信息通路，通常表现为教师教完以后，不管学生的情况，有教无导。这种结构的教学效果是比较差的。相反，只有学生向教师反馈输出（交作业）等，而无教师的处理调节再输出（不看、不批）也是一种单向传导结构，其效果也是不好的。

双向传导结构又叫闭环结构，即：

$$\text{教师} \rightleftarrows \text{学生}$$

这种双向传导结构不仅有教师向学生传递信息的通路，而且有学生向教师传递信息的通路。此种结构教学效果较好。我国的孔子和古希腊的苏格拉底都是采用对话式的教学方法在交谈中进行教学，实行因材施教，实质上就是闭环结构。

（2）直联结构与串联结构

教师与学生之间直接进行信息沟通，这种结构被称为直联结构（包括单向和双向）。

$$\text{教师} \longrightarrow \text{学生} \qquad \text{教师} \rightleftarrows \text{学生}$$

当教师将信息传给学生甲,再由学生甲传给学生乙,然后依次传下去,这种联系方式就是串联结构。

教师——→学生甲——→学生乙——→学生丙

传递简单的内容,如通知等可采用这种方式,复杂的内容则不宜用这种方式,因为信息在传递中会损耗变形和失真。学生对教师提建议时也可用这种传导结构,可直接传递给教师,也可传递给学生干部,再传递给教师。

（3）单联结构与并联结构

单联结构是个别联系的形式,如教师与学生的个别谈话、辅导。当一名教师同时教两个以上的学生时,师生的联系就是一种并联结构（如图4-2）。

图4-2 并联结构图

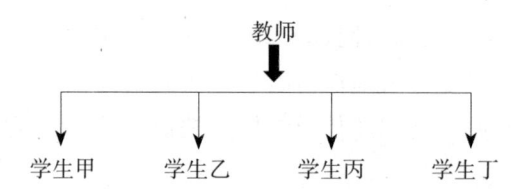

现在的课堂教学（班级授课制）,实质上就是一种并联传导结构。

（4）轴轮结构

这种师生的联系方式以教师为轴心,即学生围绕教师这个轴心,师生之间的联系方式都是双向传导结构,这种结构的教学方法效果最好,如图4-3所示。

图4-3 轴轮结构图

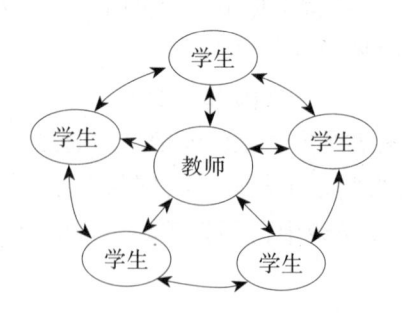

（三）教学方法的功能

根据结构与功能辩证统一的原理,教学方法的功能是由教学方法的结构所决定的。在教学方法结构中,处于最高统帅地位的是教学目的、任务和内容,教学的一切活动都是为实现目的任务和内容服务的,其中教师和学生的双边活动是教学方法结构中最基本、最主要的因素。教学方法结构的本质就是教师和学生为达到目的、完成任务、贯彻内容，在师生的双边活动中使用不同的教学手段和设备所形成的不同的教学组织形式或秩序。教学方法的结构的不同决定了教学方法的功能也是多种多样的。

师生活动的目的、任务和内容不同，采取的教学手段和设备就不同，进而形成不同的教学方法的结构。不同的结构对应着不同的功能。其功能主要有授业—学业功能、发展功能、育人功能、娱乐功能和保证教学效果最优化功能。

1. 授业—学业功能

从教学方法的结构中我们可以看出，教师的首要任务是从事授业的活动，而学生的首要任务是学习和接受知识，这样就形成了授业—学业的教学方法的结构，进而形成了授业—学业的功能。传授和学习基础知识和基本技能是教学方法的最基本功能，这是因为基础知识与基本技能是学生个体发展的基础，是学生智能开发和个性发展的基础，因而是最基本的功能。

教学的基本任务是传授和学习人类的文化遗产，年轻一代在掌握了人类文化遗产的基础上，才能承担起延续人类生存和发展的重任，并在此基础上不断创新，从而推动人类社会主义的发展。同时，人民教师的基本任务就是教书育人，即向学生传授科学文化知识，使之成为被科学知识武装起来的对社会有用的人才。

可见，授业—学业是教学的重要任务，而教学方法是为完成教学任务而采取的一系列的活动方式，所以教学方法具有授业—学业的功能。

教学方法的授业—学业功能也是由教学方法过程的客观规律决定的。在教学过程中，学生一方面通过亲身实践获得直接经验，另一方面通过学习前人实践总结出的书本知识获得间接经验。由于个人的活动范围是狭小的，无论个人如何努力，仅仅依靠直接经验认识世界愈来愈不可能。同时，由于人类在漫长的发展过程中积累了大量的知识和经验，每个人要适应高度发展的现代社会，就必须掌握人类积累起来的科学文化知识。因此，在教学过程中，学生学习的主要是间接经验。对间接经验的学习不受学生个体的时间和空间的限制，可提高学生认识的起点，缩短学生对客观世界的认识过程。教学方法的授业—学业功能是学生身心发展的前提，也是教学方法其他功能存在的基础，比如传递—接受式的教学方法结构就是适应教学方法的这一功能而存在的，并成为教学方法的最基本、最主要的结构。

2. 发展功能

教学方法不仅是由不知转化为知的手段，也是学生智能发展的手段，这就决定了教学方法具有促进学生身心发展的功能。

教学方法的发展功能取决于人类文化发展的需要。人类在和自然长期斗争中积累了丰富的知识,当代人类知识正以一种"爆炸"的形式急速扩展开来,特别是第二次世界大战以来,知识的增长速度更为惊人。美国广播教学专家希列德提出,如果知识以现有速度发展的话,那么今天出生的孩子,当他活到50岁时,他所学的知识将有97%是他出生后发现的。科学技术发展日新月异的现象表明,通过教学向学生仅仅传授人类文化遗产已远远不能适应新形势的需要,教学必须承担起启迪学生智慧、发展他们各种能力的任务。因此,教学方法必须具备发展的功能。

教学方法的发展功能也是由教学任务决定的。在教学中,一方面要发展学生的观察力、记忆力、思维力、想象力和操作能力等智力;另一方面要培养和发展学生的需要、兴趣、动机、情感信念和世界观等非智力;同时,还要促进学生体力的发展。因为智力因素属于认识过程,它反映的是客观事物本身,对知识的吸收、加工和处理起着重要作用;而非智力因素属于动力系统,它反映的是客观事物与人的需要之间的关系,它能调节认识活动,具有定向和维持等功能;而体力则是人体活动时所能付出的力量,它有助于学生智力和非智力等心理品质的发展。教学所具有的发展智力、非智力和体力的任务决定了教学方法具有发展的功能。

教学方法的发展功能还由学生本身的特点决定。在教学过程中,学生是发展中的人,在他们身上所展现的各种特征都还处在变化之中,也就是说,在学生身上潜藏着各方面发展的极大可能性,这就需要通过使用正确的教学方法,促使他们的身心获得最佳发展,成为对社会有用的人才。

教学方法的发展功能主要体现在通过教学启迪学生的智慧和能力上。此功能的有效发挥对教学方法的其他功能具有巨大的推动作用。例如,探究性学习、研究性学习的教学方法结构就是为适应发展功能而存在的教学方法系统。

3. 育人功能

培养学生良好的道德品质和帮助学生形成科学的世界观、人生观、价值观是教学的任务之一。教师在向学生传授知识的活动中,总是在一定的思想体系指导下,受一定的哲学观点和一定的阶级立场观点所支配,教师在教学过程中的一举一动、一言一行都对学生具有潜移默化的教育作用。再者,教师的基本任务是教书育人,这种任务也要求教师把教书和育人结合起来,在传授科学文化知识的同时,有目的、有意识地按照一定阶级的要求塑造学生,使其形成良好的思想品质。

另外，教学应该具有教育性，这是教学规范的要求。因为各科教材的内容从不同方面科学地揭示了自然界、人类社会和思维现象发生变化的规律，因而教材本身就具有重要的思想品德教育价值，即育人的功能。例如，语文课通过课文中的范文、文学作品中的典型人物形象、美学思想教育学生，通过阅读和训练渗透思想品德教育；数学、物理、生物等学科通过揭示自然界事物发展变化规律，培养学生辩证唯物主义世界观；艺术教育通过绘画、音乐、戏剧等教学，培养学生鉴赏美、创造美、向往美的能力和情操，陶冶学生的心灵，丰富学生的精神生活。总之，各科教学都具有育人的作用。

此外，教学组织形式和科学的教学方法也具有思想品德教育价值。自从班级授课制被采用以来，教学都是在有组织的班集体中进行的，科学的教学组织形式本身就要求学生遵守作息时间，遵守教学纪律，执行教学计划，完成学习任务等。所以，凡是组织得好的教学都在进行着组织性、纪律性和集体主义的思想教育，再配合上个别辅导、因材施教等手段，不仅能培养学生克服困难的坚强意志、责任感以及义务感，还有助于培养学生正确的工作态度和发展每一个学生的爱好和特长。教学方法也影响着学生的思维和学习方法，影响着学生的行为和思想。良好的教学方法既能有效地传递知识，又具有特殊的教育力量。例如，启发式教学有助于培养学生的积极性和创造性；而注入式教学易于使学生养成模仿、抄袭的习惯，成为思想僵化、因循守旧的人。

4.娱乐功能

教学方法的娱乐功能包括两个方面，即"乐教"与"乐学"。"乐教"就是教师应把自己的工作看成一种人生的乐趣，像孔子那样"学而不厌，诲人不倦"，像孟子那样"得天下英才而教育之，三乐也"。[①]"乐学"是指学生要把自己艰苦的学习过程当作一种享受，看成一件乐事。在这里，乐教是乐学的前提，乐学是乐教的结果，二者互相影响，互相促进。

早在南京高等师范学校任教期间，陶行知就主张将"教授法"改为"教学法"，反对教师只管教不管学的旧教育。之后他又提出"儿童手脑的六大解放"，鼓励学生独立思考、勇于创造，在学习过程中找到兴趣。陶行知的做法告诉我们，必须加深对教学方法娱乐功能的认识，重视娱乐功能的发挥，促进教和学双方的积极主动性。

5.保证教学效果最优化功能

教学方法的功能从本质上说是教学双方活动协调一致的效果反映。因此，

---

① 蔡志忠.孟子全本：历史的哲思[M].济南：山东人民出版社，2013：86.

每位教师在运用教学方法进行教学时,要把提高教学的实效作为自己刻意追求的目标,即保证教学效果的最优化。而这一目标的实现是依靠教学方法的优化功能完成的。教学方法的优化是指教师在启发式教学思想的指导下,根据学生的年龄特征、教学方法内容以及教学环境选择最易于完成教学任务的方法。教学方法的优化是一种或一套行之有效的教学方式和途经的综合。采用各种方式和方法,完成教学任务,实现教学方法的授业—学业功能、发展功能、育人功能和娱乐功能,也就保证了教学效果最优化的实现。

总之,教学方法的功能是多种多样的,各功能之间也不是彼此孤立的,而是相互联系、相互渗透、相互促进,是辩证统一的。授业—学业功能和育人功能是发展功能的基础,发展功能对授业—学业功能和育人功能有巨大的推动作用;娱乐功能是其他功能得以实现的心理保证,具有动力作用。教学方法的几种功能的最佳发挥和有机结合保证了教学效果最优化功能的实现。

第三节　课堂教学方法及其选择应用

一、常用的课堂教学方法

(一) 讲授法

讲授法是教师通过口头语言向学生描绘情境、叙述事实、解释概念、论证原理和阐明规律的教学方法。它通常有讲述、讲解、讲评、讲读和讲演五种基本形式。

讲授法是一种历史悠久的教学方法,可以说它是随着教育的产生而产生、随教育的发展而发展的。原始社会生产力低下,人们都必须从事生产劳动才能维持生存,那时没有专门的教育机构,也没有专门的教师和专门受教育的学生,教育和生产、生活融为一体,口耳相传生产与生活的经验是教育最主要的形式,这可以说是讲授法的雏形。在奴隶社会学校开始出现,由于当时的学校服务于少数人,讲授法也成了服务于特权人的教育活动方式,它主要与个别教学相联系,在运用上也带有偶然性。与背诵、抄写、谈话等相比,讲授法并不是主要的方法,且本身形式呆板,没有什么规范性和科学性。从孔子到朱熹,从苏格拉底到洛克,讲授法没有发生根本性的变化。到了工业社会,为适应机器大生产,教育必须培养大批有熟练技能的工人,因此使教育对象快速获得科技知识成为这个时期的主要任务。在这种背景下，个别教学组织形式已远远不能满足社会的需要，班级授课制则应运而生。1632年，捷克教育家夸美纽斯出版了著作《大教学论》，在书中提出"把一切事物教给一切人"的宏观构想，并对班级授课制进行了系统论述。班级授课制的确立使讲授法完成了质的飞跃并成为最基本和最主要的教学方法。后经过赫尔巴特、凯洛夫等无数教育者的探索与改革尝试，尤其是奥苏贝尔直接从理论上对它进行论述，使这一方法本身获得了迅速、本质的突破，其自身的要求与规范逐渐形成，而且与其他方法相结合，不断焕发出勃勃生机。

1. 讲授法的类型

讲授法可以分为讲述、讲解、讲读和讲演四种类型。讲述重在描述事物和现象，叙述事件发生和发展的过程，为概念或理论的学习做准备；讲解重在对复杂的问题、概念、定理和原理等进行解释、推理或论证；讲读将学生的朗读、默读和教师的解释结合起来；讲演主要由教师对某一主题进行演说论证，演说过程以教师为主，可以穿插一些互动问答。

2. 讲授法的理论依据

讲授法偏重于对知识的接受学习。奥苏贝尔的"有意义的学习"理论是该教学方法的有力支撑。在奥苏贝尔的理论中，学习者已有经验与新内容直接建立实质性关联被看作有意义学习真正发生的标志。有意义的学习的目的是在学习者认知结构中产生新的意义。运用讲授法进行新内容的教学，重点在于帮助学生高效率地在原有认知结构中建立新的意义，而且这个新的意义不是孤立存在的，而是与原有经验密切关联的。

在奥苏贝尔看来，学习者学习效果的好坏主要取决于学习者认知结构中有没有与当前新学习内容相似的原有观念以及相似的角度和程度如何，因为有意义学习的心理机制是同化，而认知同化的发生必须同时具备主观和客观上的几个条件。在客观上，学习材料本身应具有逻辑意义（遵循矛盾原则和充足理由原则，能由一个为"真"的概念推导出另一个为"真"的概念）；在主观上，学习者原有认知结构中应具有可以用来同化新知识的适当观念（包括有关的概念、命题、表象和有意义的符号），而且学习者还必须具备有意义学习的心向，表现为积极主动地把新知识与认知结构中原有的适当知识加以联系的倾向性（可以理解为学习动机）。满足这些条件，新旧知识才能建立起非人为性和实质性的联系。同化过程就是借助新旧知识相同点的"混合"连接或固定住相异点。通过同化，新知识被纳入学习者的认知结构中，丰富了原有认知结构，而原有的认知结构经过吸收新知识，自身也得到了改造和重新组织。

3.讲授法的运用

（1）讲授法的基本步骤

讲授法的基本步骤包括课前组织准备、导入新课、讲授新课、课堂练习、课堂小结、评价等环节。

课前组织准备环节的主要目的是吸引学生注意力，通过设置若干活动，如呈现图片、音乐、视频、模型、案例、悬疑等，使学生做好学习的心理准备。

导入新课环节的主要目的是引导学生注意力，在新旧知识之间搭建桥梁，使新旧知识的异同点明确显现，由原有认知推导到新的认知。导入新课的方法有很多，如复习导入、悬疑导入、实验导入、问题导入、故事导入等。讲授法的导入应注意所呈现的材料应具有较大的包摄性（能涵盖即将要讲授的新课内容）。另外，导入的设计还要注意应能引发学生进一步学习的兴趣。

讲授新课环节主要是通过讲述和讲解的方式，帮助学生改造和重组认知结构。讲解新课的过程一定要注意命题、概念、原理等在推导过程中的一致性。虽然这一环节以教师讲解为主，但并不排斥运用多媒体、模型、实物等认知工具辅助学生认知。

课堂练习环节主要是对新的认知联结进行巩固强化，同时加深学生对新旧知识之间联系的理解。

课堂小结环节是对认知结构改造和重组的确认、升华和反思。虽然课堂小结所花费的时间不过1～2分钟，但是意义非常重大。

评价环节的目的是使学生和教师都清楚学习的效果如何，学习目标达成多少，还要在哪些方面进行改进。

（2）有效应用讲授法的六项原则

①每天复习。上课前教师组织复习上堂课所学内容。在多数情况下，教师要留意课堂作业，弄清学生容易混淆的知识点，并对学生需要注意的知识和技能做额外的练习。

②引入新知识。教师首先让学生明确学习目标，然后把新知识分解为若干小部分，一步步学习。教师可以用具体例子讲解主要的知识点，频繁提问以了解学生的掌握情况，并确保学生已经有能力用新学的技巧和知识独立解决问题。

③指导练习。学生在教师的直接监督下运用新知识、新技巧解决问题。教师在指导学生练习的过程中，可以提出一些与内容相关的问题（如"这一段的主要内容是什么？"），还可以提一些关于过程的问题（如"你是怎样找到一段内容的主旨句的？"）；教师检查学生的理解程度，进行提示并做出正确的反

馈。指导练习会一直进行下去，直到学生回答的正确率达到70%~80%。

④有针对性的反馈。教师应该给回答正确的学生明确的回应，这样学生便会知道什么时候他们的答案是准确的，什么时候需要修改答案。当教师对学生的答案有所怀疑时，应该为学生提供过程性的反馈。在错误成为习惯前，教师应立即补充完善不完整的回答。学生在回答问题时频繁出错，是他们尚未准备好独立学习的一个信号，教师应继续给予学生指导。

⑤独立练习。独立练习和指导练习类似，指学生在自己的座位上学习或者在家里学习以外的学习。学生的独立练习应该一直进行，直到他们找到问题的正确答案，能迅速作答，并且正确率达到95%。合作学习和学生间互相学习也是进行独立练习的有效策略。

⑥周复习和月复习。有规律的复习给学生提供了更多练习的机会，这一复习策略与高的学业成就相关联。洛森西因提出，学生应该在每周的周一进行周复习，每月的第四个周一进行月复习。讲授法在教师讲授学科知识、技能，如语法、数学或者帮助学生掌握事实性知识时效果很好。讲授法尤其在学生学习新的、复杂知识的第一阶段很有帮助，但是需要学生运用想象力和创造力解决问题时，这种教学模式的效果就不是很理想了。

（3）综合运用

虽然许多教科书上都会对教学方法进行归类，如讲授法、讨论法、任务驱动法、范例教学法、讲读法、探究学习法等，但是在实际教学实践中，很少有教师单纯只用一种方法进行教学。所谓"教学有法，教无定法，贵在得法"，就是说教学方法有很多种，但是根据教学内容、学生实际情况、教学条件等因素，对教学方法的选择并不是一成不变的，最重要的是根据实际情况，为取得最佳教学效果随机应变。也就是说，有经验的教师经常在一堂课中综合运用多种教学方法。

总之，运用教学方法，包括讲授法，首先要清楚所选方法的适用范围，然后根据实际情况综合运用。

（二）多媒体教学法

1. 多媒体教学法的概念

所谓多媒体教学法，是指利用多媒体技术，在现代教育思想、理论以及现代教学方式的指导下，教师为完成教学目标和教学任务而采取的一系列手段的综合。多媒体教学法是20世纪90年代以来在教学中广为盛行的一种教学方法。

多媒体教学法有广义和狭义之分。广义的多媒体教学法强调的是多媒体技术与传统教学媒体的有机结合。在教学中充分利用 CAI 课件等现代化教学媒体，同时结合投影、挂图、模型、教具（包括黑板、粉笔）等传统教学媒体，再依靠教师的讲授，使课堂教学信息量增加、效率提高，实现最佳的教学。狭义的多媒体教学法则注重利用多媒体环境完成教学任务，如利用网络进行协作学习、网络课程、在线答疑等。广义的多媒体教学法适用于课堂教学，而狭义的多媒体教学法特别适合学生的自主学习。

多媒体教学法与过去的幻灯机、VCD、录像机、电影辅助教学法有些类似，但又有较大的区别，它综合了幻灯机、VCD、录像机、电影辅助教学法的所有功能，具有知识信息容量大、交互性、实物投影的真实性、灵活性、不受时空的限制、直观先进的科学技术和容易引起学生兴趣等特点，是现在比较先进的辅助教学方法之一，在教学中灵活运用它能起到事半功倍的作用。

2.多媒体教学方法的类型

（1）多媒体计算机演播式教学方法。该教学方法是指在多媒体 CAI 教室中进行班级授课教学时，运用教室内的多媒体计算机及大屏幕投影系统进行有关教学内容的演播教学。

（2）多媒体计算机网络教室集中教学方法。采用这种教学方式需要在一间教室内装若干台多媒体计算机，运用局域网将其组成一个小型教学网络。在教室里运用多媒体 CAI 课件（可以是课堂演示型，也可以是交互式学习型）进行教学，教师可以控制整个教学过程。教师与学生之间、学生与学生之间可以进行小组学习或讨论协商学习，在教师机的控制下，学生可以进入脱机状态，从而实现个别化学习。

（3）多媒体计算机远程网络通信教学方法。这里的远程网络通信是指利用多媒体计算机网络进行教学，不同于函授大学、电视大学、卫星电视教学。具体来讲，就是利用互联网进行教学，可不受时空的限制，世界各地的学习者可以在一个虚拟教室中进行协作学习。

3.运用多媒体教学方法时应注意的问题

多媒体教学方法有其自身特有的优势，但也有其无法克服的不足之处。因此，教师在利用多媒体教学手段进行教学时，不能把多媒体当作唯一的教学手段，一定要吸收传统教学方法的优点，实现优势互补，这样才能充分发挥多媒体教学的优势，克服其不足，实现最佳的教学效果。在运用多媒体教学方法时，应注意以下几点。

（1）在教学过程中，要始终体现教师是主导、媒体是工具这一基本策略。多媒体课堂不应只是各种媒体的堆积，教师不只是各种媒体的操作者，媒体也不是教师传播知识的代言人，而是教师讲课的辅助工具。在课堂教学过程中，不是媒体牵着教师走，而是教师牵着媒体走。然而，在有的多媒体课堂上，学生大部分时间都是对着大屏幕上的图像和文字，听到的都是音箱里发出的各种声音，不见多媒体的丰富性，反而体现出其单一的教学手段。整节课学生就像看电影一样，教师丢掉了作为主导者的地位，未体现出教师传道、授业、解惑的职业风范。更为甚者，有的多媒体教室把讲台移到了教室的一角，把屏幕放在教室的正中央，其结果是多媒体屏幕"喧宾夺主"，从形式上使教师失去了课堂上的主体地位，影响其主导作用的发挥。

（2）教师既要使用多媒体教学手段，又不能放弃传统教学手段。教师在利用多媒体手段进行教学时，也要充分利用黑板这一传统的教学工具，写适当的板书不仅弥补了演示文稿画面对文字显示的有限性以及一页一页显示画面的唯一性，更重要的是提高了教学内容的整体性和层次感，突出了教学重点。同时，教师在讲课过程中，不要完全受制于事先已准备好的多媒体教学课件，要充分意识到教学是一门艺术，课堂教学需要教师的激情，需要教师的即兴发挥，需要教师动用全身器官，包括语言的、非语言的、肢体的、表情的，充分展示教师生动活泼的教学风采，体现教师这一职业的魅力。

（3）教师在讲课过程中，要注意掌握讲课的节奏。在利用多媒体教学手段扩大课堂教学的信息量、提高教学效率的同时，要考虑学生的接受理解能力和反应能力。实际上，多媒体教学信息量的扩大和教学效率的提高，必然受学生理解、接受能力的限制。目前，学生对多媒体教学的普遍反映是演示速度太快，来不及记笔记，有时屏幕转换过快，学生来不及反应。与传统教学相比，利用多媒体手段进行教学，讲课的节奏明显加快，但这并不等于说学生的思维节奏和接受速度也同步加快。教师的讲授宜慢不宜快，教师要适当控制讲课的节奏，将教学内容一步步地呈现出来，并给学生一定的时间进行思考和记录。

（4）实验教学不能用多媒体教学代替。在教学中，不少教师为了使用多媒体教学手段，用多媒体模拟实验。做实验的目的是让学生通过观察研究获得知识，因为实验能真实地再现变化过程，有极强的说服力和感染力，也可以让学生更直观地看到操作过程与操作技巧。用多媒体虽可以模拟一些实验，例如模拟一些不易观察、有危险性、无法或没有条件实现的实验，这的确有画龙点睛、事半功倍的效果，但它毕竟是模拟实验。因此，可以通过实验解决的问题就没必要再用多媒体模拟了。借助实物投影仪、显微投影仪让学生清楚地观察到实验细节，是非常好的解决方法。

（5）实施多媒体教学不能华而不实，哗众取宠。使用多媒体为教学注入了活力，使长期困扰教师的某些教学问题迎刃而解，教师在感到惊喜之余，往往会将它们都用到教学中，但有时用得不当和过度，反而会成为教学的干扰源，分散学生的注意力。所以，在使用多媒体教学时，绝对不能华而不实、哗众取宠，应有目的、有计划地用好。

（三）程序教学法

程序教学法来源于美国鲁莱西设计的一种进行自动教学的机器，他企图利用这种机器，把教师从教学的具体事务中解脱出来，以节省时间和精力。这种设想在当时并没有引起重视和推广。1945年，被美国心理学家斯金纳重新提出时，该设想才引起广大心理学和教育界人士的重视。斯金纳是美国著名的教学心理学家，他通过动物实验提出了操作行为主义的学习理论，并据此提出了程序教学论及其教学模式，给20世纪50年代的美国和其他国家的中小学教育带来广泛影响。

程序教学法是根据程序编制者对学习过程的设想，把教材分解为许多小项目，并按一定顺序排列起来；每一项目都提出问题，并通过教学机器和程序教材及时呈现出来，要求学生做出构答反应（填空或写答案）或选择反应，然后机器提供正确答案并进行核对。这一系列过程都是通过特制的教学机器与学生之间的活动进行的。可以说，程序教学是针对不同的教学对象与教学目的，考虑到学生的能力和学习心理特征与状态，用预先编制好的程序指导或控制学习某一学科或某种技能的教学形式。

这种教学机的结构，通常包含输入、输出、储存和控制四部分。它的主要功能是储存与呈现教材，并向学生提出问题；接受学生的反应或答案，并立即指出反应或答案的正误；根据学生的反应或答案，调整教学程序。当学生一直答对而成绩优良时，它可以跳过一些同类型的题目，呈现更难更深的题目；当学生答错时，它就反复呈现类似题目，直到答对以后再呈现新的教学内容。它能控制学生的学习行为，如当显示一个问题时，学生看不到前后的问题或陈述而未作答之前，不显示答案；它还能进行计分、计时、显示成绩。应用程序教学机可以把教师从批改作业、指导练习等繁重的任务中解脱出来，使他们有更多的时间和精力备课、进行科学研究，不断提高教学工作的质量。由于程序教学机能适应学生的个别差异，因此它也适用于学生的自学。

程序教学法的基本要求如下：

（1）教师要编写一系列刺激（问题）—反应（答案）框面，这些框面以由易到难地小步子呈现教学内容。

（2）要求学生必须主动地学习，即要求他们对每个框面所呈现的内容（问题）做出积极的反应。

（3）给学生的每个反应（答案）提供即时的反馈（指出正确答案）。

（4）尽量安排好问题，使学生能经常做出正确的反应，并得到及时强化。

（5）让每个学生按照自己的进度完成整个教学程序。

（6）给勤奋和学习效果好的学生提供大量支持性强化物。

程序教学法的优点体现在以下七个方面：

（1）程序教学法是根据逻辑学的顺序原则选择教材，并在仔细分析的基础上建立起来的。它能严格控制教学过程，任务具体明确，有利于区别对待。

（2）程序教学法能使学生主动地、生动活泼地学习。因为程序教学法以学习者为中心，在学习过程中，学生可以选择适宜的速度进行，掌握快的学生可提前进入下一步学习，这样有利于提高不同水平的学生的学习积极性。在学习过程中，学生的思维始终处于高度活跃状态，学生每完成一步作业，就感到高兴，激发了做下一步作业的兴趣；如果发现错误，就迫切要去寻找正确的答案，充分发挥了学生的主动性。

（3）程序教学法能充分发挥教师的主导作用。在程序教学过程中，教师根据教学要求编制程序作业，然后由教学机器或教师本人进行教学。教师只有具有广博精深的知识和娴熟的教学法，才能编制出符合学生认识规律并有一定科学质量的程序问题。

（4）程序教学法有利于因材施教。程序教学实际上是个别教学，或集体中的个体学习，水平较高的学生除了完成基本程序作业外，还可完成附加程序作业，而水平较低的学生也能完成基本程序作业，达到基本的教学要求。也就是说，程序教学法可以根据学习者自己的条件，采用不同的学习速度，灵活地学习。在练习过程中遇到困难时，学生可通过积极的思维活动、重复学习、教师辅导、相互讨论、寻求帮助等形式找到解决方法，这样能培养学生的自学自练能力，学生能通过思维活动可求得新知识、新技能。

（5）程序教学法要求学生对程序教材的每一个小框面（步子）所提示的问题或练习逐次作答，在确认解答正确以后，再转入下一框面的学习，这样，通过一步步积累而达到完成学习任务的目的。根据程序，从一个框面进入下一个框面学习的过程实际上起着不断强化学习效果的作用，因此运用程序教学法能大大提高学生学习的实效性。

（6）分组教学时，在学生人数较少的情况下，教师可以根据学生本人条件、掌握知识和技能的实际情况，区别对待，这样有利于教师进行个别指导。

（7）程序教学法有利于发展学生智力，培养学生能力。由于完成程序作业时，学生必须独立思考、独立解决问题，因此有利于发展学生智力，培养学生能力。

程序教学法虽然有许多优点，但不是所有学科，也不是某学科的全部教材都能采用。程序教学法要求教材的内容具有比较严密的科学系统和逻辑顺序，否则难以实现程序化，甚至会把程序教学变成由教师出题、学生看书和做作业的形式，从而失去了程序教学的本来意义。对自然科学来讲，许多感性知识的教授和实验技能的训练也是程序教学无法实现的。

1. 程序教学法的理论依据

程序教学法的理论核心是人类的行为，这是一个有序的过程，可以借助自然科学的方法，通过有序选择教学信息、改善学生的学习活动，有效地控制学生学习的过程。

斯金纳的理论发现是从动物学习的实验开始的。他设计了一个被称为"斯金纳箱"的实验装置，里面装着一只饥饿的老鼠，一根手柄连着食物箱。老鼠在箱子里活动，每压一次手柄就能得到一颗食物，老鼠不断地压手柄，不断地得到食物，不久就"学会"了这种取食方法。在这里，取到食物就是对老鼠操作手柄的一种强化。随后，斯金纳重复对鸽子、猫等动物进行类似的实验。实验都证明，及时地给予报酬强化是促进动物学习的主要因素。

由动物推及人，斯金纳认为，人类的学习也是一种操作反应的强化过程（"强化"在他的教学理论中占有核心的地位）。通过操作性强化，一个比较完整的新的行为单位可以被学会，或者一个现存的行为单位可以被精炼。而要使教学或者训练获得成功，关键是要很精确地分析强化效果，并设计操纵这个过程的技术，建立一个特定的强化系列。也就是说，要根据学习的目标，在促进学习者学习时，不断地给予强化，促使学习者向着学习目标迈进。

斯金纳的操作性条件反射理论认为，机体的行为分为两大类：一类是应答性行为，另一类是操作性行为。前者是由认知刺激所引起的反应；后者则由机体本身发出。与此相对应，又有反射学习和操作学习之分。斯金纳把大多数人的行为，甚至几乎所有人类的学习都看作操作。在这种操作条件作用中，反应经诱发后，随即被强化，形成刺激—反应联结。据此，斯金纳主张，为了使学生对刺激做出符合要求的反应，必须将教材"程序化"；为了形成符合要求的刺激—反应联结，必须尽量避免不符合要求的反应，要将教材尽量细分为"小步子"，以便能在每个小步子中诱发出正确的行为；为了最有效地强化学习者的反应，必须在反应发生后即时强化。

2.程序教学法应遵循的原则

根据操作行为主义的学习理论，一名教师要实施程序教学，首先要仔细地考虑在特定的时间里计划的教学内容是什么，这些教学内容最终要通过学生行为的获得来表示。其次要考虑有哪些可以利用的强化物，这类强化物包括两种：一种是学习者在学习过程中对所操纵的材料具有强烈的兴趣；另一种是在学习过程中给予学生的奖励，如教师的一个善意的微笑、一句肯定的赞语、一个奖品等。再次要强化最有效的安排，即教师要把非常复杂的行为模式逐渐精致地做成小的单位或步骤，也就是把教学目标进行具体分解，确定每个步骤所保持行为的强度，以使强化的效果能提高到最大限度。编制学习程度的流程时，一般要遵循以下五个原则。

（1）积极反应原则。一个程序教学过程必须使学生始终处于一种积极学习的状态。也就是说，在教学中使学生产生一种反应，要给予强化或奖励以巩固这个反应，并促使学习者做出进一步的反应。

（2）小步子原则。程序教学所呈现的教材学习已被分解为一步一步地学习，前一步的学习为后一步的学习做铺垫，后一步的学习在前一步的学习后进行。由于两个步子之间的难度相差很小，因而学习者的学习很容易取得成功，自信心就会增强。

（3）即时反馈原则。程序教学特别强调即时反馈，即让学生立即知道自己的答案正确，这是树立信心、保持行为的有效措施。一个学生对第一步（学习的前一个问题）做出正确的反应（回答）后，程序便可立即呈现第二步（第二个问题），这种呈现本身便是一种反馈，它告诉学生：你已经掌握了第一步，可以展开第二步的学习。

（4）自定步调原则。程序教学允许学习者按自己的情况确定掌握材料的速度。这与传统教学在课堂传授中一般以中等水平的学习者为参照点的教学法不同，传统教学法使掌握快的学生被拖住，而学习慢的学生又跟不上，致使班级中学生之间学习水平差距越来越大。程序教学法显得相对比较合理，每个学生可以按自己最适宜的速度进行学习，由于有自己的思考时机，因而学习较容易成功。

（5）减少错误率原则。程序教材需要不断修改，以使学生产生的错误减少到最少限度。程序教学的设计当然要按照教材内部的逻辑顺序进行，既要保证学习者在学习中把错误减少到最低限度，又要合理地设计教材，使每一个问题（每一小步）都能体现教材的逻辑结构。

3.程序教学法的模式

斯金纳认为，程序教学是一种类型的学习经验，在这种学习经验中，在学生看来,"程序"代替了教师,"程序"通过一套事先设计好的有一定顺序的特定行为,使学生按照教师期望的方式行动。它的基本模式如图4-4所示。

图 4-4　程序教学法的基本模式

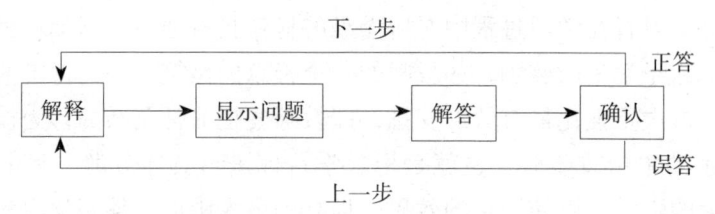

```
        ┌─────────── 下一步 ───────────┐
        │                              │  正答
    ┌───┴──┐   ┌──────┐   ┌──────┐   ┌─▼────┐
    │ 解释 │──▶│显示问题│──▶│ 解答 │──▶│ 确认 │
    └──────┘   └──────┘   └──────┘   └──┬───┘
        ▲                              │  误答
        └─────────── 上一步 ───────────┘
```

程序教学的形式主要有机器教学、课本式的程序教学、计算机辅助教学等,其模式基本上分为两大类(直线式程序和分支式程序)三种类型。

(1)直线式程序。直线式程序(图4-5)由美国斯金纳首创,其特点是把学习材料由浅入深地进行直线式编排,并把这些学习材料分成许多连续的步子,然后呈现给学生。在呈现每一个步子时,学生需要进行构答反应。如果答对了,机器就呈现出正确的答案,然后再进到下一步。每个学生都要按照机器规定的顺序学习,不能随意跳越任何步子。以"电流"教学内容为例,可以设计成如下小步子:

①电灯泡发亮的原因是灯丝(发热)。
②电灯灯丝发热的原因是灯丝通过(电流)。
③电灯变亮的原因是电流强度(增大)。
④电灯变暗的原因是电流强度(减小)。
⑤当电压增大时,电流强度就(增大)。
……

括号里是正确答案。一个学生如能给出正确答案,教学机器就能显示出来,并启动开关进行第二步学习。如此一步一步地展开学习,直至达到学习目标。

图 4-5　直线式程序

① ⇨ ② ⇨ ③ ⇨ ④ ⇨ ……

(2)分支式程序。分支式程序(图4-6)由美国克洛德创立,采用多重选择反应,以适应个别差异的需要。因为各个学生的学习能力及已有知识的基础是不一样的,另外,学习材料本身也有难易程度的区分。

图 4-6　分支式程序

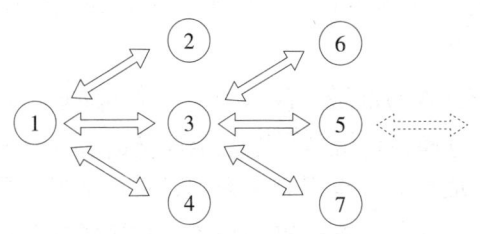

这一模式同样把学习材料分成小的逻辑单元，但步子比直线式程序的步子要大，每个项目的内容也较多。当学生掌握一个逻辑单元之后，机器会立即对他进行测验。测验题下提供几个正误的选择答案让学生选择，学生如果选对了，机器就引进新的内容让学生继续学习；如果选错了，便引向一个适宜的单元，让学生再继续学下去，或者回到先前的单元，让学生再学习一遍，然后再引进新的学习内容。

通过学生的选择，分支式程序走向不同的支线，以适应个别差异的需要。答案选择完全正确的学生，一直沿主支前进，学习进度就快；选择不正确的学生，走向错误的分支，或进入亚分支，待复习完这部分基本知识之后，才能回到主支继续学习下去，他们的学习速度比较慢。

（3）莫菲尔德程序。这个程序是美国心理学家凯在莫菲尔德大学任教时提出的一种程序教学模式，如图 4-7 所示，它将直线式程序和分支式程序原则进行了结合。这一模式遵循的始终是一个主序列，它与直线式程序不同的是，只有一个支序列补充主序列；它与分支式程序不同的是，学生通过支序列的学习不再回到原点，而是可以前进到主序列的下一个问题上，这样有利于提高学习效率。在这种程序里，不同的概念有不同的解释。比如，学生学习概念 N 后，按顺序应进一步学习 N+1。但如果在学 N 概念之后学生做了错误的回答，他就应该转向 Na 或 Nb，这里会提供概念 N 的补充材料。学生学习 Na 或 Nb 后，如果已经掌握了概念 N，就可以转向 N+1 的学习。在设计 N 的分支时，程序编制者要充分考虑到学生学习时可能产生的各种典型的错误。

图 4-7　莫菲尔德程序

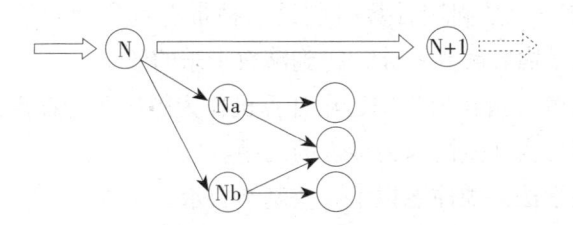

这种程序的优点是安排了一个主程序，当回答错误时，就转入子程序，通过子程序的学习还可以回到主程序。它吸收了直线式程序和分支式程序的优点，但编制时困难较多。

程序教学受到一些人的推崇，被认为是未来教学的方向，但实际推行起来有相当大的困难。一方面，在编制程序、添置设备上有困难；另一方面，也是更主要的，程序编制地再精细也很难考虑到各种可能发生的情况，要想用程序教学代替教师的教学，目前还有一定的距离。程序教学只能是一种辅助性的教学模式。

计算机辅助教学的程序是由人编写并储存在计算机中的。计算机的储存量很大，由许多分支或补充教材组成的许多变式程序均可以储存在计算机里。学生坐在学习台前学习，每个学习台都通过一个电视机或电传打印机呈现程序，学生运用具有标准打字机的键盘与计算机相互传递信息，用光笔或键盘打字回答多重选择，填充或写出答案。此外，学生也可以向此计算机提出有关问题，要求计算机解答。这样，不仅学生在回答计算机提出的问题后，能立即知道对或错，而且计算机也能把这些结果储存起来，加以分析和综合。当学生学完一个单元后，计算机可以判断是继续前进还是返回原来的程序，或是给予补充的程序学习。这是计算机辅助教学最大的优点。

4.程序教学方法的应用模式

（1）操练与反馈。教师通过计算机向学生呈现一系列由易到难的习题，学生在计算机上解答后，计算机立即给学生反馈，告诉学生回答是否正确，或给予适当的评价，或提供正确的答案。

（2）个别指导。个别指导指模拟一定的教学情景，计算机扮演教师的角色，通过与个别学生对话而开展教学活动。教学过程被划分为许多小步骤，计算机向学生呈现一定的教学信息供学生学习，并安排一定的练习题要求学生回答，经计算机确认学生回答正确后，学生才能进入下一步学习，否则计算机会提供适当的帮助。

（3）模拟。指利用计算机模拟自然现象和人类活动。利用计算机模拟时，其模型必须是一个算法，能用某种计算机语言写成程序并在计算机上运行。

（4）教学游戏。是利用计算机创设一种带有竞争性的学习环境，把科学性、趣味性和教学内容融为一体，得到寓教于乐的效果。

（5）问题求解。指在教学中运用计算机作为解决各种计算问题的工具，使学生能解决一些与实际生活较为接近的问题。

运用程序教学法必须注意以下一些基本要求：

①选用或编制恰当的课件。一个好的课件应具有人工智能的特性，即在人机对话过程中，能从学生的应答反应中了解其掌握知识的情况，从而做出有针对性的教学决策，以提高运用程序教学进行学习的效果。

②在运用程序教材进行学习前，学生必须懂得计算机操作要领。因此，事先必须对学生进行培训。

③应有明确的学习目的，注意与传统文字教材结合起来；用程序教材学习要求学生有较高的自主精神和负责态度。

④注意与常规教学方法结合起来。

程序教学法固然有许多优点，但也有一些不足，如严格规定了学习的小步子，使学生创造性的发挥受到一定的限制；个别学习削弱了师生之间、学生之间即时的信息交往等。因此，在运用程序教学法时，必须与常规教学方法有机地结合起来，使之相互补充、相互促进。例如，学生在使用程序教材学习之前，可在教师的引导下掌握所学内容的知识背景、基本概念、术语，理解学习目的和思路，然后通过上机学习，内化所学知识或形成技能等。

（四）案例教学法

案例教学法是教师根据一定的教育目的，以案例为基本教学材料，将学生引入某种实践问题情境中，师生共同参与对话、研讨，从而对案例中所呈现的问题加以认识、理解并形成解决方案，以此提高学生对复杂问题情境的决策能力和行动能力的一系列教学方式的总和。案例教学法中所用的案例通常是为了达到一定的目的而对具体事物和现象及其发生过程所进行的描述，它在教学实践中的价值在于为学生认识事物提供真实而典型的素材，供学生分析研究、总结规律，从而提高学生分析能力、理解能力以及对所学知识的综合应用能力。

建构主义强调教学内容的真实性、复杂性与开放性，强调学习者的主体性以及知识的建构性；人本主义强调人的主动性、独特性等。二者都对案例教学有深刻的影响。研究表明，专家思考和解决问题的能力主要依赖于有关学科领域的大量知识。但是，专家的知识是围绕重要概念而联系和组织起来的，它"有条件地"指明了知识可使用的场合，靠理解和迁移（到其他场合）获得，而不仅仅靠记忆能力。

现代案例教学兴起于19世纪70年代的美国，是由哈佛大学兰德尔提出的，他强调法律教育中的课程应该主要由案例组成，构成学生学习材料的案例应主要来源于法律实践，来源于各级法庭的判决，他期望在对这种案例的讨论中追寻真正法律意义的演变，从而引出法律原理。与此同时，哈佛大学医学院引入实验法，确立了一种与其他医学院教学传统不同的教学模式，即"让学生花两年的时间学基础学科，获得医院护理等方面的知识"。案例教学法有助于学生将理论知识转化为实践能力，后来被广泛运用于法学、军事学、教育学、管理学等专业教育学科。

案例教学法对我国教育思想和教学方法的全面改革有着重要的推动作用。随着基础教育改革的开展，案例教学法已不仅仅在高等教育领域受到重视，在基础教育领域也得到广泛的重视和应用。但考察当前的案例教学现状会发现，由于种种原因，一些教师对案例教学法的运用还存在着一些误区，没能充分发挥其培养学生时所能产生的积极作用。

案例教学法并不是一种单纯的教学方法，它实际上以教学内容的变革为前提，形形色色的案例使案例教学成为可能。案例教学法也不是一种单纯的教授法，它实际上以学生行为的转变为条件，如果学生仍热衷于自己先前的角色，把自己置身于教学过程之外，只是一个旁观者，案例教学法就失去了意义。由此可见，案例教学法是一系列教学方式的总和，它强调教师的教，更强调学生的学，在案例教学过程中，教师和学生的角色相对于传统教学来说，都有相当大的改变。它不仅仅是一种教学方法、教学模式，更体现为一种教学理念，对于我国教育体制来说，案例教学法更是一种教育思想和教育观念的更新，是对传统课堂教学模式的更新。

1. 起源

案例教学法起源于1920年，由美国哈佛大学商学院所倡导，当时是采取一种很独特的案例形式的教学。这些案例都来自商业管理的真实情境或事件，此种方式有助于吸引学生主动参与课堂讨论。该方法实施之后，颇为有效。到了1980年，这种案例教学法受到师资培育的重视，尤其是1986年美国卡耐基小组提出《准备就绪的国家：二十一世纪的教师》的报告书中，特别强调案例教学法在师资培育课程中的价值，并将其视为一种相当有效的教学模式。国内教育界开始探究案例教学法则是在1990年以后。

2. 范围

案例教学法有一个基本的假设前提，即学员能通过对这些过程的研究进行学习，在必要的时候可回忆出并应用这些知识与技能。案例教学法非常适合于对开发分析、综合及评估能力等高级智力技能的培养。这些技能通常是管理者、医生和其他专业人员所必需的。案例教学法还可使受训者在个人对情况进行分析的基础上，提高承担具有不确定结果风险的能力。为使案例教学法更有效,学习环境必须能为受训者提供案例准备、讨论案例以及分析结果的机会,必须安排受训者面对面讨论或通过电子通信设施进行沟通。但是,学习者必须愿意并且能够分析案例,然后进行沟通并坚持自己的立场。这是因为受训者的参与度对案例分析的有效性具有至关重要的影响。

3. 案例教学法的特色

(1) 鼓励学员独立思考。传统的教学只告诉学员怎么做,而且其内容在实践中可能不实用,且非常乏味无趣,在一定程度上损害了学员的积极性和学习效果。案例教学法会告诉学员应该怎么办,而且要求学员自己去思考、去创造,使枯燥乏味变得生动活泼。在案例教学的稍后阶段,每位学员都要就自己和他人的方案发表见解。通过这种经验的交流,一可取长补短,促进人际交流能力的提高,二可起到一种激励的效果。一两次技不如人还情有可原,长期落后者,必有奋发向上、超越他人的内动力,从而积极进取,刻苦学习。

(2) 引导学员变注重知识为注重能力。管理者都知道知识不等于能力,知识应该转化为能力。管理的本身是重实践重效益的,学员一味地学习书本上的死知识而忽视对实际能力的培养,对自身的发展有着巨大的障碍,也不会使其所在的企业直接受益。案例教学法正是为此而生、为此而发展的。

(3) 重视双向交流。传统的教学方法是教师讲、学员听,听没听、听懂多少,要到最后测试时才知道,而且学到的都是死知识。在案例教学中,学员拿到案例后,先要进行消化,然后查阅各种他认为必要的理论知识,这在无形中加深了他对知识的理解,而且是其主动进行的。捕捉到这些理论知识后,学员还要经过缜密的思考,提出解决问题的方案,这一步应视为能力上的升华。同时,学员的答案随时由教师给以引导,这也促使教师加深思考,根据不同学员的不同理解补充新的教学内容。双向的教学形式对教师也提出了更高的要求。

4. 案例教学法的作用

(1) 案例教学法有助于培养学生的创新意识。传统教学方式以教师和教材为中心,以灌输的方式从书本到书本,从概念到概念,关注的是向学生灌输了哪些知识,忽视对学生创新意识的培养。而案例教学法十分注重学生主体性、主动性、自主性的发挥,注重引导学生通过对案例的分析,运用概念较好地解决实际问题。在案例教学的过程中,教师一般要求学生发表看法,这就迫使学生多动脑筋独立思考,发挥其主观能动性。在这个过程中,学生还要学会收集各方面的资料和信息,学会对已有的资料进行多方面的分析,这能促使学生的思维不断深化,促使他们在力图对问题寻找多种解答的过程中形成创造性思维。

（2）案例教学法有利于提高学生分析问题和解决问题的能力。区别于传统的注入式教学方式，案例教学是一种动态的、开放的教学方式。在案例教学中，学生处于特定的案例情境中，要对复杂多变的形势做出判断和决策，无形中提高了综合运用各种知识和经验分析问题和解决问题的能力。

（3）案例教学法有利于促使学生学会学习。学会学习是学习型社会对人们能力的基本要求。传统教学方式教给学生的是运用概念解决现成问题的方法，学生获得的是靠背诵、机械记忆而得到的知识。而案例教学告诉学生，答案不止一个，答案是开放的、发展的。在案例教学中，教师通过有意识的引导，让学生自己查资料，通过个体独立或群体合作的方式进行分析和判断，积极寻找多种答案。经过多次训练后，学生就会获得自主学习的方法，学会学习。

（4）案例教学法有助于提高学生与人沟通、合作的能力。案例教学是一种群体活动，通常要经过小组、大组合作思维的撞击，学生要在合作中互相沟通，在沟通中增进合作。大家在一起讨论，取长补短，集思广益，既要正确看待别人的观点，也要正确评价自己的表现，尊重他人，关心他人，树立理解和包容的意识，心平气和地与人合作。这样，在说服他人以及聆听他人的过程中，学生自然就提高了处理人际关系的能力。

5.运用案例教学法的注意事项

（1）精选教学案例。案例教学以案例作为教学的起点，所以选好案例是做好案例教学的前提和基础，案例选择是否恰当，直接影响案例教学的效果和质量。运用案例教学法，不管是以教师讲解为主，还是以学生讨论为主，都应该精心选择具有典型性、代表性、能说明问题的案例。案例选得好，教学就成功了一半。教师在选择案例时要注意以下几点。第一，相关性。教师选择案例的目的是使学生获得某方面的知识或提高某种技能，案例分析的目的是使学生加深对所学理论知识的理解和运用理论知识解决实际问题的能力，因此所选案例必须符合教学目标。第二，可信性。所选案例要来源于生活实际，或是从生活中筛选、提炼出来的，而不是胡编乱造的。第三，典型性。要紧密围绕所要传授的核心内容和基本理论选编一些有代表性的案例，以达到通过案例讨论使学生加深理解基本理论的目的。第四，启发性。教学案例按功能分为两大类。一类是描述类，例如教师为说明理论内容运用事例进行说明，其作用是帮助学生认识和掌握实践资料，丰富专业知识。另一类是分析类，这类案例本身具有启发性的特点，既叙述情况，又提出问题或隐含问题。这些引而不发的问题，要求学生积极开动脑筋，运用所学的专业理论知识去发现、分析和解决。

（2）积极的课堂引导。要实施案例教学，教师必须发挥积极的引导作用。

在案例教学课堂上，教师要从头到尾与学生互动，以促进学生学习。教师要指导全班讨论案例，并保证讨论不偏离主要方向及教学目标，同时向学生提出质疑，回答学生知识方面的问题，维持课堂秩序，促使学生缜密分析并做出合理的决策。

教师要营造气氛，使现场讨论既热烈生动，又轻松自然，形成宽容平等的气氛。当观点对立、争论激烈时，教师要注意沟通和理解；当出现视野狭窄、观点平淡、精神松懈时，教师要善于挑起话题、激发争论；当讨论出现冷场时，教师要善于打破僵局；当学生背离正题时，教师要及时引回正路；当学生发言过多或过少时，教师要及时加以控制和引导；等等。

在讨论案例内容时，教师应认真倾听，并做简要的记录。因为每个人的发言都是经过思考后提出的，对教师来讲这是一个学习的机会，可以从中受到启发。另外，认真倾听是对学生的尊重，也是一种无形的激励，学生会因此更积极主动地参与教学活动，实现教学的双向交流。

在案例讨论的过程中，学生提出的观点有的正确，有的偏激，这就要求教师加以引导、点拨，提出自己的看法或补充意见。教师在总结的过程中，要注意以下事项：第一，对于学生讨论交流的内容，应以鼓励为主，哪怕对于一些怪异的观点，也不要急于批评，而要积极引导，以防挫伤学生的积极性，不利于此后的教学；第二，教师不要将自己的观点强加给学生，而应当通过引导、说理等方式让他们自然接受；第三，教师的总结要紧紧围绕教学目标，以帮助学生完成学习目标为出发点，同时要善于总结成功经验，为今后的教学服务。

（3）多元的评价考核。对学生的学习成果进行考核是任何一种教学法必不可少的环节，也是展示学生学习、进步的一个重要环节。

考核主要有两个基本途径。首先是教师对学生进行评价考核。教师要将学生课前的准备及讨论的参与情况列入考核目标，以增强学生学习的动机。另外，教师还要让学生不断地省思学习的过程及个人的成长情况，检视个人在案例教学中的学习收获。从内容上讲，对学生的评价考核应从以下两个方面考虑：第一，在认知思维方面，评价在案例教学活动过程中，学生的思维品质、方法和能力是否达到期望的高度；第二，在技能方面，考核学生能否理解案例的丰富内涵，在表达意见、分析信息及问题解决等方面的能力是否得到发展，是否具有运用理论解决实际问题的能力，对事物的分析是否具有独到的见解。

其次是教师帮助学生自我评价考核。可以采取个人学习历程档案的方式或利用学习者行为剖析图评价学生的学习成效。学生自我评价可以帮助他们从依赖教师的评价中解放出来，提升学生独立学习的能力，让他们自己成为自己的教师，培养学生缜密思考、诚实而合理的自我省思能力。自我评价可以建立学生的自信心，有效消除他们的从众心理和过度依赖他人的思想。

6.案例教学法运用中教师需要注意的几点

（1）学生学与教师教的关系。案例教学把以教师为主转为以学生为主，学生成为教学过程的主体、活动的主角。学生不但要自己独立阅读案例和材料，慎思明辨，而且要和同学交换看法，深入探讨。这些活动把理论和实践联系起来，把个人钻研与集体切磋结合起来，使学生个人与集体的学习主动性和积极性都得到发挥。为了确保学生的活动顺利而充分地展开，教师要给学生足够的活动时间，要照顾不同类型学生的实际需要，不要过多干涉学生的活动过程。当然，案例教学也并非让学生盲目地进行分析活动，他们的探索活动需要教师的启发指导。所以，案例教学中的教师，要真正从单纯的教法安排转到学法指导上，在案例教学的各个环节中发挥点拨、引导作用。

（2）理论知识传授与案例教学的关系。这是案例教学的难点。案例是对一个或一组问题所做的客观描述，所以较多的基础理论、基础知识难以通过案例进行系统传授。对案例的分析研究是对各门学科知识的综合应用，只有掌握了必要的基本理论和基础知识才能采用案例教学。教师要避免案例教学之不足，应首先加强课堂系统理论知识的传授，并引导学生学习相关的理论知识。正确处理理论知识和案例教学的关系，一是要处理好案例与原理之间的关系，二是要处理好案例的特殊性与原理的普遍性之间的关系。要处理好这些关系，教师就应精心策划、全盘设计案例教学的内容。

（3）认知活动与非认知活动的关系。教学主要表现为阅读、思考、交流等认知活动，也有兴趣、情感、意志等非认知活动。好奇、兴奋、愉悦或冷淡、厌倦、不安等非认知因素时常伴随着认知过程并对案例教学产生制约作用。比如，在实施案例教学的初期，案例教学本身独特的活动方式常能引起学生浓厚的兴趣，使之产生一种新颖感，获得愉悦的情绪体验，因而能获得较理想的教学效果。但是，随着案例教学的持续进行，教师不断要求学生研读案例和教材，进行紧张的思维活动，参与集体的交流，就会对学生产生一种外在的压力，诱发部分学生对案例教学的厌倦心理。不改变学生的这种心理状态，案例教学的良效就会昙花一现。为此，教师在组织案例教学的认知活动时，应记住对非认知活动的调节和控制，以促进案例教学的有效进行。教师要利用新奇的案例材料激发学生的兴趣；要解释案例教学的目的和任务，提高学生学习的自觉性，以使学生形成稳定持久的学习兴趣；还应随时肯定学生在活动中取得的每一个细微成绩，让学生感受成功、体验愉悦，保持已有的活动热情；一旦学生遇到挫折，要及时提供指导，激励学生克服困难。只要教师重视对非认知因素的调控，学生熟悉了案例教学的结构和学习方式，积累了一定的案例分析、交流的经验，就会消除对案例教学的过分焦虑，从容地投入到案例学习之中。

（五）合作学习法

合作学习法是目前在世界范围内被广泛运用的课堂教学方法之一。虽然各国对合作学习法在具体称谓上不太一致，如欧美国家称为"合作学习""协作学习""合作授课"，苏联称为"合作教育学"，我国称为"合作教学"或"合作学习"，但是它们有着许多共同的教学理念，都是为了达到同一种教学目标而采用的一种教学方式。我们知道，课堂教学目标体系大致可以分为三大类：个体化目标体系，即完成任务体系不需要与他人互动，与其他人表现好坏无关；竞争性目标体系，即其他人不能实现目标，只有自己才可以实现目标；合作目标体系，即只有与自己相关联的其他人实现目标，自己才能实现目标。合作学习法就是为了满足合作目标而采用的教学方式。

"合作学习法"这个名称虽然被提出来得比较晚，但是作为一种理念，它很早就存在了。早在两千多年前，《礼记·学记》中就有"独学而无友，则孤陋而寡闻"的记载，强调学习者在学习过程中的合作。在西方，公元1世纪，古罗马昆体良学派就指出，学生可以从互教中受益。合作学习法于20世纪60年代末70年代初在美国兴起，这种学习方式的提出主要有两个背景。第一是寻求机会均等的尝试，当时美国社会反对种族歧视的呼声不断高涨，改善处境不利的少数民族的学生（主要是黑人）的地位、改善不同种族的学生在学校、课堂中的人际关系的呼声也不断高涨。为此，合作学习法的倡导者认为，仅在教材中增加有关内容是远远不够的，因为课本本身不能代替人际交往，切实可行的办法是在校内、班内建立起不同种族间学生积极的、建设性的人际关系，这样才能消除种族间的隔阂、歧视和冷漠等现象。第二是通过改变教学方式提高学生的学业成绩。班级授课制在发挥自身优势的同时，显示出某些不足之处，在这种状况下人们提出各种改进的办法。合作学习法的倡导者主要关心在课堂教学的过程中如何体现教师与学生的相互作用。最终于20世纪70年代初在美国兴起了现代合作学习理论，并在20世纪70年代中期至80年代中期取得实质性进展。由于它能改善学生的合作技能与行为，加强学生对多元文化的理解，大面积提高学生的学业成绩，因此很快就引起了世界各国的关注。

我国自20世纪80年代末开始在课堂教学中引入小组活动，并由此引发了对合作学习法的探讨。从浙江杭州大学教育系的合作学习小组教学实验，到20

世纪 90 年代中期山东教育科学研究所开展的"合作教学研究与实验",以及近年主体性教育实验组对小组合作的探讨,这一系列的教育科学研究和教学实践活动推动了合作学习法在我国的发展。2001 年,国务院发布的《关于基础教育改革与发展的决定》中又专门提及了合作学习法,指出:"鼓励合作学习,促进学生之间的相互交流、共同发展,促进师生教学相长。"接着,各科课程标准中也明确倡导合作学习方式。目前,合作学习法在我国已被广泛运用于中小学的各科教学中,但由于合作学习法在我国仍属新生事物,要想真正科学有效地运用合作学习法,就需要教师正确理解其基本内涵,把握其精神实质。

在我国的教学实践中,经常可以看到这样的教学场面:教师一说"合作学习开始",几个学生便围坐在一起进行讨论;讨论后,教师依次听取各组汇报;汇报完毕,合作也宣告结束。那么,讨论和合作是不是一回事呢?是不是合作学习时就必须讨论呢?事实上,学生围坐在一起进行简单的讨论,不一定会出现合作的效应,合作学习也不一定都要坐在一起讨论。据专家分析,只要具备以下几个要素,才构成合作学习:相互积极地支持与配合;在完成共同任务的过程中积极承担个人的责任;所有学生能进行沟通,小组成员之间相互信任;小组对个人完成的任务进行完善,对活动成效进行评估。

笔者认为,合作学习和讨论的主要区别在于,讨论只是为了解决某一个问题,而合作学习更多的是为了培养学生的合作意识;讨论不需要对学生进行严格的分工,也不严格要求成果共享,讨论过程中组员之间的依赖性没有合作学习中那么强;讨论是合作的一种形式或者说是一个环节,合作学习除了讨论这种形式外,还有其他的形式。

在国外,合作学习有很多具体的形式,这里主要介绍几种运用得较为普遍的合作学习形式。

1. 拼接式

拼接式是由美国社会心理学家艾略特·阿伦森于 1978 年提出而由斯莱文完善的。阿伦森先把学生划分为小组,并且只给每个小组成员一部分学习材料,所有学生只有把所得到的学习材料拼凑起来才能形成完整的学习材料。这样,学生为了要拥有整个课业的完整内容,不得不将他们的学习材料拼凑起来。假若有一个小组成员没有分享他的材料,那么学习就不可能是完整的,此种形式因此而得名。这种合作形式最根本的目的在于通过类似于拼图的学习过程,培育学生之间的互赖性,让他们更好地享受学习、体验学习。一些实验证明,在同样的任务中,运用了拼接式合作学习方式的人更自信,更善于表达自己的看法。

拼接式合作学习适用于描述性的学习材料，所学的内容最好是可以分解的事实性、分析性的知识，而不宜为某种技能。

拼接式合作学习的具体步骤如下：

步骤1：将学习内容分成相对独立的几个部分。

步骤2：对学生进行分组。组员数和学习材料份数相同。合作学习被提出来后，出现了许多不同的分组形式，但不管是哪一种形式，首先都要根据"组内异质，组间同质"的原则进行分组。

步骤3：假若是第一次运用拼接式，教师要在教学开始前向学生介绍拼接法进行的步骤，以便学生有序操作。

步骤4：组成专家组。小组内每个成员先按要求通读教师布置的学习材料，熟悉基本内容和有关名词。接着，小组中的每个成员被分配一部分学习材料并负责研读该内容。然后，让不同小组中学习相同部分的成员组成"专家组"，这些成员就构成了学习这部分内容的"专家"，他们共同学习和研讨。期间，教师可给予一定的指导。待这些"专家"对所负责的部分内容形成清晰的理解之后，这个临时"专家组"的使命也就完成了，"专家组"解散，这些"专家"需要回到各自原有的小组中去。

步骤5：轮流教授。"专家组"活动之后，"专家"回到各自的小组，轮流教授自己负责的那部分内容，设法指导小组中的其他成员掌握自己所精通的那部分内容，直到所有成员都掌握整个学习内容。

步骤6：小组和个人成绩测评。在各个小组活动都结束后，教师对全班学生进行测试，测试的内容包括学生本次合作学习的全部教材内容。测试后对学生的成绩进行个人和小组评定，学生的个人成绩并非原始测验的分数，而是与过去相比的进步分数，即由原有的学习成绩确定各自的基分点，基分点则是过去成绩的平均值，然后由测验分数与基分之差计算提高分数，作为个人成绩。这样测评有两个好处：一是使学生意识到自己的学习成果和其他组员的努力是分不开的，同时意识到自己对同伴学习所应担负的责任，培养学生的责任感；二是在这样的评价过程中，个人成绩的评定采取的是自我纵向评价，这样能使学生觉得自己只要努力就能取得成功，无论原先的成绩好坏，对小组的贡献都是相同的，不仅增强了学生的自信心，使他们有成就感，而且避免了个别学习成绩不好的同学在分组时不被接纳的尴尬。

2. 小组调查式

小组调查式最初由西伦提出，后来特拉维夫大学的沙若和他的同事扩展并重新界定了这一方式。小组调查式可能是合作学习中最复杂、最难实施的方式，它与拼接式不同，它不但要求学生拟定学习的主题，还要求他们计划调查的方式。与以教师为中心的教学方式相比，这种方式需要制定更严密的课堂规范和组织。

运用小组调查式的教师通常把班级学生分成若干小组，每组组员5~6人，多数情况下采取异质分组，在有些情况下，基于成员间的友谊或对待特定问题的共同兴趣分组。学生自己选择学习主题并展开深度调查，然后进行准备面向全班作报告。沙若和他的同事描述了实施小组调查式的六个步骤。

步骤1：选择主题。学生选择一般领域中的具体主题，这个领域通常由教师限定。然后，学生组成2~6人的任务型小组，小组的构成要考虑成员成绩与种族的异质性。

步骤2：计划合作方式。学生与教师设计适合步骤1所选主题的具体学习程序、任务和目标。

步骤3：实施。学生实施步骤2中的计划，学习中应涉及大量不同的活动和技能，还要利用校内外的各种资源。教师紧密关注每一组的进展情况并在各组需要帮助时提供帮助。

步骤4：分析与综合。学生分析、评估在步骤3中所获得的信息，并计划如何以有趣的方式进行总结，向全班展示。

步骤5：陈述最后的成果。部分小组或所有小组就所调查的主题进行有趣的陈述，其目的是使各小组了解彼此的工作，并对教师界定的领域有一个广泛、全面的认识。小组展示需要教师协调。

步骤6：评价。在小组探寻同一问题的不同方面的情况下，学生和教师评价的是每个小组对整个班级工作的贡献。评价包括对个体的评估或对小组的评价，或二者兼有。

3. 思考、配对、分享式

"思考、配对、分享"方式源于合作学习研究与等待时间研究。这一方式最初由马里兰大学的弗兰克·莱曼和他的同事提出，是改革课堂讲述模式的有效方式。这一策略对"必须以全组为单位组织复述或讨论"提出质疑，并提出了固定的教学程序，给学生更多的时间思考、回答和互相帮助。比如，假设教师已做过简短的陈述，或者学生已经理解了教师分派的任务、提出的问题，现在教师希望学生能更充分地考虑他所解释的内容，他选择使用"思考、配对、分享"策略，而不是让整个小组回答。思考、配对、分享式的操作步骤如下：

步骤1：思考。教师提出与课程相关的问题或观点，要求学生用·分钟时间独立思考答案或观点。教师需要告诉学生在思考时间内不要讨论。

步骤 2：配对。教师要求学生配对并讨论他们思考的内容。如果教师提出了一个问题，那么这段时间学生可以交流答案；如果教师提出了一个具体的论点，那么学生可以交流观点。通常教师会给 5 分钟的结对探讨时间。

步骤 3：分享。教师要求小组与全班分享他们讨论的内容。教师只需要走到各组中让他们发言，一半或者四分之一小组都有发言的机会。

4. 小组竞赛式

小组竞赛式是由霍普金斯大学的迪沃里斯和斯莱文共同提出的。运用小组竞赛式的教师每周直接为学生呈现新知识，有时是口头讲授，有时是发放文字材料。固定班级的学生被分为由 4～5 个成员构成的学习小组，每组都有不同性别、种族的学生，成绩水平高、中、低不等。小组成员用工作表或其他方法掌握学习资料，通过指导、互相评价或其他方式帮助其他成员学习材料，然后每周进行一次学业竞赛，教师根据竞赛的结果对学生进行学业评定，具体步骤如下：

步骤 1：分组。按"组内异质，组间同质"的原则对学生进行分组，每个小组由 4～5 个学生构成。

步骤 2：教学。教师按教学计划讲授新课，通过讲授、演示、辅导或讨论等形式介绍新的学习内容，这是以班级授课的形式进行的，时间大约 40 分钟。

步骤 3：小组学习。在教师讲授新课之后，每个成员在小组中按照学习作业单进行学习，以掌握学习内容。教师通常发给学生两份作业单和两份答案。

步骤 4：竞赛。其主要任务是使能力相似或过去有相似学业成绩记录的学生在 3 人"竞赛桌"旁展开游戏竞赛活动（4 人也可）。游戏通常由涉及教学内容的问题构成，旨在测验学生对课堂上所呈现知识的掌握情况。游戏是以 3 人一张"竞赛桌"的形式展开的，每一张竞赛桌的学生都代表着不同的合作小组。

为保证竞争的公平性，这种方法有一个不断调整的程序，每周依据竞赛成绩对竞赛桌进行一次调整。为保证这一活动顺利进行，需要事先准备一些相关教学材料：一份竞赛桌安排情况单；每个竞赛桌放一份游戏问题单和一份游戏问题答案单；一套数字卡片，其数字应与游戏问题单上的数字相对应。

在游戏竞赛开始之前，教师要向学生公布竞赛桌的安排情况；在学生到达各自的竞赛桌旁就座后，分发给每个竞赛桌一份游戏问题单、一份答案单、一套数字卡片和一份游戏得分单，然后就可以开始游戏了。根据约定的规则，依次由一个学生选出一个带有数码的卡片，并在问题单上找出相对应的题目，先朗读题目，然后进行回答，如对问题的答案拿不准，可以猜，然后由同一竞赛桌的其他人先后进行质疑。每个人都给出了答案，也进行了质疑后，由第二质疑者检查答案单，朗读正确答案，答对题者保存卡片。质疑者中，谁答错了题，谁就得把先前赢得的卡片还回一张（如果他们有的话）。如果对于某个问题都没有答对，那么这张相应的卡片也得还回去。游戏做完后，参赛者要把赢得的卡片数填写到游戏分数单的第一栏第一局中。如果时间充足，学生可以重新洗卡，进行第二局游戏，直至结束。根据每个学生所获得的卡片数，计算每人的竞赛得分。具体积分方法视情况而定，如在3人桌竞赛不等分的情况下，得卡最多的学生得60分，第二名得40分，得卡最少的学生得20分。当每个学生都得出了他们的竞赛分后，请一个学生收齐游戏分数单。需要注意的是，竞争过程中不允许小组成员之间互相帮助，这样可以保证个体责任的落实。

步骤5：小组认可。在竞赛结束后，要尽快把每个学生的竞赛得分转移至其所在的小组概况表上，将所有组员的分数相加，用所得总分除以参加游戏的小组人数，得数即为小组平均分数。成绩优异的小组获得认可或其他形式的奖励。比如，根据小组平均得分，教师可依据一定的标准，将奖励水平分为三个等级：超级、优秀、良好。对于获得认可的小组，教师可颁发证书以示激励。一般情况下，证书只颁发给超级组和优秀组，而对于获得良好的小组，教师在全班表示祝贺即可。

为了避免小组之间的小集体主义倾向，应在学习每一单元或4～6周后更换小组成员。

（六）演示教学法

演示是指利用实验或实物、图表把事物的发展过程显示出来，使人对其有所认识或理解。也就是说，演示是一个把抽象的、复杂的事物变得直观、易于理解分析的过程。演示教学法是指教师在授课时，运用实物或教具，对学生进行展示或向学生做示范性操作，来印证、阐明所传授的知识或技能的一种教学方法。这种教学方法能够给学生直观的感知，使学生从中获取理性知识。在运用演示教学法时，教师不仅仅需要演示，还需要配合语言加以解释说明，促使学生从演示观察中掌握知识，提高知识传授和思维训练的效果，从而提高教学质量。

演示教学法在许多学科领域中都得到了广泛应用，它不仅可以用于传授新知识，也可以用于巩固旧知识；它不仅对生物、化学、物理等教学有着特殊的意义，在其他学科中也经常被运用。例如，教师可以演示解答一道数学题目的步骤，或者演示制作视频的操作步骤等。演示的内容多为技能类的、程序性的概念或实验等，演示的材料多是具体的图片、视频、模型、教具等。

以前使用演示教学法时，特别是涉及实验操作的程序时，都是由教师亲自演示，教师处于主动地位；学生在旁边观察学习，但不参与实践操作活动，处于被动地位。随着教育理念的发展，现在的演示不再是教师在讲台上演独角戏，而是常常根据教学内容，要求学生在观察演示后进行模仿，或者回答相关问题，从而增加学生的参与度，使学生在动手实践中获得真知。

演示教学法在演示过程中一定会伴随讲解、讲授。也就是说，演示教学法是一种辅助性的教学方法，绝不会单独存在，它要和讲述教学法、问题教学法等结合使用。

1. 演示教学法的作用

演示教学法自古就有，在教育产生的初期，人们就是通过演示来传递生产技术与生活经验的。演示教学法能沿用至今，是因为它具有以下独特的教学作用：

（1）为学生提供学习观察的机会，有利于其对知识形成正确的理解。在传统教学模式中，教师往往只顾盲目地灌输知识，很少给学生提供直接的感知机会。而演示教学法注重学生的观察，要求学生在观察中学习。演示教学法为学生提供了大量观察具体实例的机会，提供了不同的学习经验，使学生在观察中激活了思维，提高了观察问题、分析问题的能力。教师把直观的事物、教具、实验等提供给学生观察、认识、探究，使学生从直观感知开始，逐渐过渡到感性认识，再上升到理性认知。演示教学法能够把许多抽象的问题简明化、形象化，使学生更容易接受。演示教学法既让学生获得了丰富的感性材料，从而在感性的基础上形成对知识理性的、正确的理解，又加深了学生对学习内容的深刻印象。

（2）有利于唤起学生的学习兴趣。伟大的科学家爱因斯坦说："兴趣是最好的老师。"人一旦对某一事物产生了浓厚的兴趣，就会主动去求知、去思考、去探索，并在这个过程中产生愉快的情绪，满足自己的需要。传统的教学方法比较单调，教师只顾着给学生大量地灌输知识，容易使学生产生厌倦之感。而演示教学法通过丰富多样的方式来唤起学生对学习内容的兴趣，能集中学生的注意力，从而提高学习效率。与讲述教学法相比，演示教学法能够有效地活跃课堂气氛。沉闷、单调、乏味的课堂是没有活力的，学生的注意力难以集中，也没有多少学习动机可言，所以经常出现走神、开小差等情况。而运用演示教学法教学，教师能够及时调动学生的学习兴趣，集中学生的注意力，使学生产生热烈的反应，并给予教师及时的反馈。

（3）有利于培养学生的实践能力。实践能力是当代学生最缺乏的能力之一。一些学校只注重提高学生的考试分数、提高学校的知名度，而把学生培养成了一个个考试机器。这类学生能够脱口成章地讲出一堆知识,但是实际操作起来屡屡失败。而演示教学法给学生提供了实际操作的机会,能够锻炼学生的实践能力。如果涉及实验操作或操作程序方面的知识,教师一般会要求学生在观察后自行模仿练习,在自我实践中加深对操作步骤的熟悉和对知识的理解。学生对教学内容产生兴趣后,自然而然就会由被动学习转化为主动学习,从"要我学"转化为"我要学"。从另一个角度来看,学生在实践操作过程中探索真理,不仅培养了其实践能力,还有利于发展其探索精神和创新思维,从而在实践中检验真知。

(4)有利于缩短理论与实践的距离,增加科学理论的说服力。理论知识一般都是抽象的、笼统的,不容易被具体体验到。学生之所以难以掌握理论知识,就是因为理论与现实生活距离较大,在日常生活中难以遇见,无法获得具体的体验。当知识脱离了现实生活,学生就很难得到较好的理解;而经过演示,学生便能够获得直观感知,这样就比较容易获得某种行为技巧的能力。通过演示实践,一方面增强了学生对学习的信心,激发了其学习动机;另一方面缩短了理论与实践之间的距离,加深了学生对知识内容的理解。更重要的是,它还可以促使学生更好地形成能力,提高学习效果。

有时学生会对教师讲解的知识提出质疑,教师如果只是机械地重复讲述,对学生来说是毫无说服力的。如果运用演示教学法,将理论转化为现实,将真理切实地展现在学生眼前,不但能够增加科学说服力,还能帮助学生形成正确的概念。

2.演示教学法的应用技巧

任何事情都具有两面性,运用不当,很有可能造成反效果。因此,在运用演示教学法时,教师要认清其优势和弊端,掌握技巧,扬长避短。

(1)制订详细的计划,准备材料。演示计划主要包括演示目的、演示内容、演示方式。演示是为教学目标服务的,如果没有明确的教学目标,一切都将是毫无意义的。因此,教师要根据新课程标准和教材的要求,理解演示的目的,结合学生的实际情况,考虑演示材料获取的难易程度,选择易于学生接受、理解的演示方式。

有了详尽的演示计划,教师就要准备充足的演示材料,特别是涉及实验演示的材料。当一切材料准备充足后,教师应梳理好讲解的思路和演示的步骤,熟悉整个操作流程。必要时,教师应先自行预演一次,找出演示成功的关键,避免在演示教学中出现突发情况。

(2)演示与讲解相结合。在演示的过程中,教师要注意每一个步骤的演示，速度要尽量慢一点，使学生的思维能够跟得上演示的节奏。在学生都观看清楚的情况下，再进行下一个步骤，并且应该伴有提示语言，如"接下来""下面我们要进行下一个步骤"等。教师的演示动作、语言一定要标准、规范，并且能够让在场的所有学生听清楚、看明白，使学生在脑海中形成鲜明深刻的印象。必要时，教师可以要求学生使用多种感官，如用手去触摸、用鼻子去闻等，使学生充分地感知事物，建构对事物的完整表象。

某些演示的程序是较为复杂烦琐的，是教师教学的重点，是学生学习的难点。这时，教师可以把演示拆分成几个小模块，逐一进行演示，特别是对学生难以理解的步骤，可以反复进行演示，直到所有学生都明白为止。

解说是演示过程中非常重要的组成部分，只有演示没有讲解，就会变成一种教师流于形式的表演，毫无价值。演示教学法不是单纯地操作表演，在演示的过程中，教师要注意配合讲解和谈话，做到演中有解、解中有演。解说词要生动、准确、恰当，要使学生的认识不是停留在事物的表面，而是由直观感知上升为理性认知，实现认识的质的飞跃。

（3）布置观察任务。演示既然不是教师的独角戏，那么就应该要求学生积极参与其中。教师演示时要告诉学生应该观察什么现象，注意事物的主要特点和与其他事物的关系。演示教学法是一种需要学生配合的教学方法，如果学生不配合教师的工作，就有可能影响到教学，如一些自我控制力较弱的学生，在观察的过程中可能会无心听课甚至趁机起哄；在进行演示的过程中，可能需要学生离开自己的座位进行观察模仿，在这种情况下，课堂纪律可能会混乱、失控。面对这种种情况，教师应该布置一定的任务给学生，将学生的注意力集中在观看演示上。教师可以对任务完成得较好的学生进行奖励或表扬，以激发其他学生观察的积极性。

（4）总结归纳，处理时机、时间问题。教师要针对演示的结果和要点进行概念性的总结，点明重点、要点，促进学生对相关知识的理解，帮助学生建构完整的、清晰的知识体系。演示结束后，教师要注意检测学生的观察结果。例如，对演示的知识进行提问或者请学生复述演示的程序等，也可以要求学生进行模仿实践。

另外，在教学过程中，教师要把握好演示的时机，控制好演示的时间。若演示过早，学生对知识并没有认知基础，会有"吃不消"之感，容易使学生分散注意力，对演示失去兴趣；如果演示部分占据了课堂的大部分时间，可能会造成拖堂的现象，因此教师要把握演示的尺度，对演示内容进行适当的处理，使之详略得当，从而控制课堂时间。

（七）探究教学法

探究学习是以问题为中心，为获得科学素养，以类似科学探究的方式进行的强调学生主动参与、重视学生学习过程及学习实践性的学习方式。在探究学习的过程中，学生在自主建构知识的同时，其创新精神和实践能力也能得到培养。

人天生具有探究的欲望。可以说，整个人类发展史便是人对自己所处其中的世界进行探究的历史。在18世纪末至19世纪初的欧洲，卢梭便提出了"探究欲望是人与生俱来的"这一观点。这种观点使教师注重激发学生的学习主动性，鼓励学生独立思考，对现代探究性学习的研究和实践具有启发意义。

对探究学习进行系统研究始于20世纪初的欧美国家。美国教育家杜威最早提出了在学校科学教育中要运用探究的方法，概括出科学探究的五个步骤，并在此基础上创立了"问题学习法"。而后，杜威进一步提出了探究法的模式，使探究学习从观念层面向实践层面推进了一大步，为探究学习的正式提出奠定了基础。

20世纪50年代末至60年代初，在欧美诸国及亚洲的韩国、日本等国，对"探究学习"的研究再次掀起浪潮。以布鲁纳、施瓦布、费尼克斯为代表的一些研究者在理论上系统论证了"发现学习""探究学习"的合理性，并在科学学科领域推动了以培养智力超群的社会"精英"为目的的课程改革运动。芝加哥大学施瓦布教授1961年在哈佛大学演讲会上做了题为《作为探究的科学教学》的报告，首次明确提出"探究学习"的概念，使之更实用、更具体、更易操作。施瓦布的研究不仅深化了对探究学习的理论研究，也提供了具有操作性的实践模式，为探究学习模式提供了展开具体建构的契机。在施瓦布等人的推动下，探究学习模式在英美等国得到了蓬勃的发展。

1. 探究教学法的目的

传统的教学重视结论性知识的获得，而轻视得出知识的探索过程，在这样的教学中，学生缺少高水平的思维活动，他们可能记住了很多表层知识，但是在灵活运用知识解决实际问题方面往往缺乏上佳的表现。而应用探究教学法则有助于改善上述局面，这种教学方法更多地指向以下目标：

（1）增强学习动机。布鲁纳指出："好奇心可以说是典型的内部动机。我们的注意力常常被那些不明晰的、未完成的，或是不确定的事情所吸引。我们一直关注着，直至这些事件明晰了、完成了并且确定下来了。探明事物的真谛或仅仅是追求这一目标的过程就足以让我们感到满足。如果有人用表扬作为奖励，我们会觉得可笑。无论外部奖励多令人愉悦，无论我们多依赖它，外在奖励终究是外部附加的。"① 在探究教学法中，问题情境中的不协调因素和未知因素会吸引学生的好奇心，增进学生学习的内部动机，使学生表现出更高的积极性和主动性，真正把解决问题视为己任，而不像在传统教学中那样，总期望教师给他们一个解决问题的方案。

（2）增进学生对知识的理解。"为了理解而教"是当今教育界中经常被提及的说法。在探究教学法中，学生不是被动地接受知识，而是通过观察、提问、测量、实验、推理、解释、预测等活动全身心地投入到学习活动中去，从而完整地经历知识的建构过程。因此，学生通过探究教学，更易于实现知识的内化，也就是把经过自己探索而自行发现的新知识有机地纳入原有的认知结构中去，使之成为被真正理解的、有活力的知识。

（3）提高学生的各项能力。美国教育心理学家加涅曾将学习分为八个层次，其中最高的三个层次是：概念学习，即通过概念来了解事物的性质；规则学习，即懂得概念与概念之间的联系；问题解决学习，即运用概念和规则来解决问题。这三种高层次学习，尤其是问题解决学习，正是探究教学法的追求。这种教学方法能让学生直面各类真实的、开放性的、复杂的问题，并要求学生围绕问题的解决去收集信息、进行推理、提出假设、开展实验，最终设计出最优的问题解决方案，在此过程中，学生的各项能力都会得到发展，具体包括：搜集资料的能力、观察能力、建立假设的能力、实验能力、表达能力以及实际操作能力等。

（4）培养学生的科学素养。开展探究教学能引导学生掌握科学探究的技能，如提出和发现问题的技能、收集资料和数据的技能、实验的技能、解决问题的技能、检验问题解决的技能、调查研究中的调查技能、观察研究中的观察技能、分析研究资料的技能、合作性的科学探究的合作技能等。此外，还能促使学生形成尊重事实、独立思考、敢于创新、精益求精等科学精神。

2. 探究教学法的实施条件

根据对探究活动机制的考察以及探究教学经验的分析，可以得出应用探究教学法必须具备的如下几个条件：

（1）丰富的、有挑战性的学习材料。相较于其他教学方法，应用探究教学法往往需要更为丰富的学习资源，除了必要的实验设施，教师还必须确保学生能接触可用的文献资料以及网络资源等。另外，现代心理学研究成果和教学实践表明，简单易学的学习材料不能引起学生的学习兴趣，也不需要采用探究的

---

① 布鲁纳. 教学论[M]. 郭安，姚梅林，译. 北京：中国轻工业出版社，2008.

方式来学习。也就是说,开展探究教学的一个条件就是学习材料应具有一定的难度,即学生现有的认知结构和认知方式无法直接同化吸收这些学习材料,学习者要想真正掌握、内化这种学习材料,必然要经过一番探索并有所发现。

(2)学生感兴趣并具有一定的知识基础。经验表明,只有当教师设置的问题情境具有适应性和新异性时,探究教学才能取得理想的结果。适应性指问题的难易程度要适合全班同学的知识基础。杜威早就意识到探究离不开知识,任何知识的学习,既可以为某一理论提供依据,又是形成新理论的条件。他指出,知识绝不是固定的、永恒不变的,而是作为另一个探究过程的一部分,既作为这个过程的结果,同时又作为另一个探究过程的起点,始终有待再考察、再检验、再证实,如同人们始终会遇到新的、不明确的、困难的情境一样。新异性指问题的设计和表述具有新颖性、奇特性和生动性,在学生心理上会造成一种悬而未解但又必须解决的求知状态,激发学生强烈的学习愿望。

(3)融洽的课堂气氛以及充裕的探究时间。融洽的课堂气氛是探究教学的重要条件,因为只有在民主、愉快、安全的课堂气氛里,学生才能独立地探索、大胆地发表见解,并在这个基础上自主探究和自由创造。实践表明,教师和蔼的态度、亲切的语言,会消除学生害怕失败的心理障碍,使学生情绪高涨、思维活跃、学习积极主动,敢于大胆探索;相反,教师对学生的失误冷言冷语,甚至挖苦嘲笑,会造成课堂气氛紧张,挫伤学生的自尊心,打击学生探究的积极性,甚至使其与教师产生对立情绪。

另外,教师必须营造一种容许学生犯错的、安全的课堂气氛,即教师必须意识到,学生对问题的探究很可能会误入歧途,但是这种错误犯得有价值,正如 Linda Torp 所言:"有的时候,学生确实会出错或者走弯路,但是,他们在错误的经历中同样可以学到很多东西,这也是一种必要的、有意义的学习。很多时候,知道什么不行、什么不好和知道什么行、什么好一样有价值。真实情境中的问题往往是复杂并且结构不良的,解决这样的问题通常会走很多的弯路,因为它不像结构良好的问题那样有很明确甚至唯一正确的解决方法,但是即使在走弯路途中,学生同样可以学到许多。"[①]

在探究的过程中,学生得有时间去进行观察、搜集资料、深入思考、开展讨论、实验操作,因此如果过于追求教学的高效率,则是不适宜采用探究教学法的。

---

① Linda Torp. 基于问题的学习——让学习变得轻松而有趣[M]. 刘孝群,李小平,译. 北京:中国轻工业出版社,2004.

（4）教师明确自身的角色定位。在探究教学中，教师的主要角色是促进者和指导者，其首要任务是分析学生要学习的内容主题，然后根据内容主题设计一定的问题情境，把知识变成问题，以问题引导学生探究；教师还要负责提供资源以及必要的协助与指导。另外，探究教学要促成学生的理解，但这并不是一蹴而就的事情，那种"铺天盖地"式的教师只适合于记忆水平上的教学。

3.探究教学法的操作程序

探究教学法的操作程序主要包括三大环节：创设问题情境，激发学生的好奇心与求知欲；教师引导学生围绕问题进行探究，发现概念、原理；归纳总结，拓展应用。

（1）创设问题情境，激发学生的好奇心与求知欲。创设问题情境是开展探究教学的第一步。问题情境是指学生在问题探究教学中所面临的一种"有目的但不知如何达到"的心理困境。问题情境就是一种心理状态，是一种当学生接触到的学习内容与其原有认知水平不和谐、不平衡时，急需解决疑难问题的心理状态。问题情境作为一种心理困境，包括当前学习任务中的新的未知东西、学生探究新知的动机和学生解决当前任务的潜在可能性等成分。探究教学法的实施要以引起学生理智上的困惑为基础。为了引起学生理智上的困惑，就必须向学生提供疑难的问题情境。

一个好的问题情境具有怎样的特点呢？

布鲁克斯从建构主义角度提出，判断一个问题解决情境是否良好的标准有五个：在问题情境中，学生能提出一个可以检验的假设；学生能充分利用各种可获得的资源；问题应该是复杂的，有多种解决办法也有多种答案；如果大家合作，解决问题的效率应该提高，而不是降低；无论是学生自己发现，还是经过教师提示，学生最终能发现问题情境与实际生活的联系。

阿兰兹认为，一个好的问题情境应至少满足五条重要标准：第一，问题应该是真实的。这就是说，问题应该与学生现实世界的经验紧密联系在一起，而不是与具体的学科原理相联系。第二，问题应该比较模糊，且能造成一种神秘或使人困惑的感觉。模糊的问题就不会只有一个简单的答案，它通常要求学生提出多个可供选择的解决方案，且每个方案都有自己的优势和劣势。当然，这又为对话和争论提供了素材。第三，问题对学生来说应该有意义，应该适合学生的智力发展水平。第四，问题范围应该足够宽泛，以允许教师完成教学目标，但是也要有必要的限制，以使课程在规定的时间、空间和有限的资源内切实可行。第五，一个好的问题应该能使学生从团体的努力中获益，而不是受到团体的阻碍。

奈特认为，一个好的、有创意的问题应符合以下六项原则：①是一个开放的问题。这一问题没有一个确定的答案，可能有多种不同且相互矛盾的回答。②是一个破坏性问题。这一问题能破坏学习者的基本假设，质疑那些习以为常的、似乎是不证自明的观念，从源头上对其进行考量。③是一个丰富的问题。这一问题必须能涵盖丰富的内容，且这些内容对于理解人类以及周围的世界是必不可少的，学生不经过认真的、长期的研究，就不能回答这一问题，并且此类研究倾向于将这一问题进一步分解为一些子问题。④是一个关联问题。这一问题与学习者、学习者生活的社会以及他们正在学习的学科领域紧密相关。⑤是一个吸引人的问题。这一问题具有伦理、情感、社会和政治上的意义，具有驱动探究和学习的潜力。⑥是一个实际的问题。这一问题能被置于由学习者、促进者以及学校机构构成的脉络中研究，并能从中产生出研究问题。

综合以上观点，一个好的问题情境应具备如下特征：

首先，问题应是模糊的、复杂的、结构不良的问题。

在设计问题以引导探究时，教师首先要考虑的是，该问题是否一定需要学生通过收集资料并检验假设才能解释。也就是说，问题不能过于简单，不能是不需要学生专门研究就能解决的问题。在此有必要先对结构良好的问题（良构问题）和结构不良的问题（劣构问题）进行区分，因为劣构问题更适合引导探究。良构问题是指问题具有严格的定义，解决问题的方法和思考问题的途径以现有的知识和经验为基础，问题的答案指向明确，学生可以从某一特定的角度、时间和空间去思考问题。良构问题具有以下特点：①问题已为师生所知，教师知道该问题及其解法，有已知的确定答案（即教师知道问题的正确答案）且问题的答案一般只有一个；②教材和教师提供了思考问题所必需的信息；③教材和教师提供的信息都是真实的、正确的，而且是经过提炼和筛选的；④一般都有明确的思考程序和步骤；⑤一般都有充裕的时间可以从容思考。在课堂教学中，这类问题往往占大多数。解决这类问题主要靠已经掌握的知识和方法，以记忆为主。劣构问题是指问题可以有不同定义，不受已有知识和经验局限、不受现有答案局限，可以从不同的角度，不受时间和空间的局限去思考的问题。这类问题具有以下特点：①有些问题要素是未知的或在某种程度上是不确定的；②有多种解决方案、方法、途径，或者根本就没有什么解决套路；③评价问题解决方案的标准不止一个，因此哪些概念、规则和原理对解决问题是必要的以及它们是如何加以组织的，都有不确定性；④常常需要学习者对问题做出个人判断和表达个人观点或信念，所以是一种需要人类自身相互交流的独特活动。因此这类问题放松了对学生思维的限制，有助于学生形成扩大思维的机会，鼓励学生突破传统、权威，进行创新，发挥自己的新见解，进行思维的移植和重新组合。

以"良构—劣构"为维度，构成了一个问题连续体，处于劣构与良构问题之间的是适构问题，是需要变化策略并适应特定情境的问题，通常拥有多于一个的可接受的解决方案策略与答案聚集，所需要的信息必须通过相应的收集才能获取。

为什么要把劣构问题作为探究教学的学习材料呢？对此，Linda Torp 做了细致的解释："解决结构良好的问题，学生不必自己去收集、组织资料，甚至不必自己去设计方案，对学生思维能力的要求相对要低一些。但是，解决这样的问题，学生在知识获得、问题理解和实际应用方面的收获都要小得多。"[①] 她还指出，相较于良构问题，"杂乱的、结构不良的问题往往会吸引我们的注意，促使我们去调查、去思考，一步步深入理解问题，最终解决问题。这些问题都是以综合形态出现的，它们涉及的范围很广，因此解决这些问题需要我们具有多方面的知识和技能。这些问题往往促使我们批判地、创造性地思考，让我们学会按照合理的标准做决定，也教我们学会调整利益冲突"[②]。由此得出结论：结构不良的问题对学生思维能力要求比较高，但是，解决问题后，他们在各方面得到的提高也很大。

其次，问题应契合学生的经验与兴趣。

问题应该来源于现实世界，并与学生的经验联系在一起，这样的问题既易为学生所接受和理解，更能产生迁移，以培养学生解决实际问题的能力。另外，问题越贴近学生的日常生活，越贴近学生所关心的事物，学生就会越努力地研究问题和解决问题。

最后，问题应与教学内容相结合。

探究教学围绕着一定的问题展开，但并不是说这个问题可以是信手拈来或突发奇想的问题，它必须服务于整个学科或科目的教学要求，应该从学科知识的核心问题中选取，即学科知识中的重点、难点问题才是探究教学法最为瞩目的问题。

在创设出一个问题情境后，创设者还必须注意对所创设的问题在应用前

---

① Linda Torp. 基于问题的学习——让学习变得轻松而有趣[M]. 刘孝群，李小平，译. 北京：中国轻工业出版社，2004：32.

② Linda Torp. 基于问题的学习——让学习变得轻松而有趣[M]. 刘孝群，李小平，译. 北京：中国轻工业出版社，2004.

给予不断地分析、修改和调整,并追问诸如"这个问题是具有代表性的问题吗""它是否为教学目标的实现提供了足够的机会""问题是否太难,以至于学生无法解决,或是是否太简单,学生可能学不到什么东西"等问题。

(2)教师引导学生围绕问题进行探究,发现概念、原理。在明确了问题之后,教学的中心由教师转向学生。学生在教师抛出的探究性问题的驱动下,基于已有的经验与能力,独自或小组合作展开操作、交流、实验等各种探究活动,以寻求解决问题的方法。在此过程中,学生不断地进行信息加工与经验整合,逐步实现知识的抽象与概括,从多种可能的解决问题方案中找到最佳方案,然后检验与论证最佳方案,得出一般性的结论。此时,教师要扮演组织引导者的角色,促进学生思考和探究,发现学生在解决问题时的困难和障碍,并及时提出建议,给予引导和帮助。在引导学生开展探究的过程中,教师要做到:倾听;对学生所表达的思想做出反应;让每一个学生参加;与群体中所有成员共享信息;把观点汇集起来;及时发现集体是否要做出决定;使每个人和每个小组都有响应的责任和权利。

在此环节,教师需要灵活地安排教学活动。

第一,在合作交流中探究。

探究可以是个人化的,但更多的是合作性的探究。合作探究至少有以下四大优势:一是探究者在相互交流中,能明白其他同学对某个问题可以有不同的解释,有利于他们摆脱以自我为中心的思维倾向;二是在合作、探究、相互表达与倾听中,探究者各自的想法、思路被明晰化、外显化,探究者可以更好地对自己的理解和思维过程进行审视、监控和自省;三是在讨论中,探究者之间相互质疑,其观点的对立及相互指出对方的逻辑矛盾,可以更好地引发探究者的认知冲突和自我反思,深化各自的认识;四是探究者之间交流、争议、意见综合等有助于激发彼此的灵感,促进彼此建构出新的假设和对问题更深层的理解。

第二,通过观察、实验和操作进行探究。

在教学中教师还可以为学生提供一定的实验资源,引导学生通过动手实验来进行探究,这在理科教学中尤为普遍。

第三,猜想—验证的探究方法。

在教学中,教师还可以引导学生进行猜想,然后通过对猜想进行验证来完成探究过程。

(3)归纳总结,拓展应用。在探究得出结论后,教师要进行适当的归纳和总结,同时还要让学生运用所学的知识和结论去进行应用,以提高学生解决问题和分析问题的能力。

二、选择课堂教学方法的原则

课堂教学方法的选择是决定课堂教学效果和效率高低的一个重要因素。有关课堂教学的方法不计其数，因此教师面临着一个重要又困难的问题，即如何选择合适的教学方法。教师在考虑教学方法自身因素、学科特点、教学内容、学生实际情况、教师本身素质和个性等因素的同时，要将各种教学方法进行优化组合，使各种教学方法互相配合、互相支持，才能在教学中发挥积极有效的作用，达到最好的教学效果。

（一）重视讨论和交流

对于课堂教学来说，效果最好的方式不是传统的单向传授，而是加强教师和学生之间以及学生和学生之间的讨论与交流。灵感与灵感的碰撞，产生的火花不但是绚烂美丽的，更可以创造奇迹。

教师在选择课堂教学方法时应重视教学过程中师生、生生之间的交流。在用讲授法进行教学时，教师不应一味地受限于教材和大纲，而要及时把自己的科研成果以及最新的科研信息和心得体会甚至是经验教训讲给学生听，让学生在接受知识的同时，随时参与科研、讨论科研，用学生广阔的思维打开教师的教学和科研思路。教师可以根据课程需要要求学生个人独立或由学生小组合作，根据听课笔记整理出比较完整的教学讲义或专题报告，并拷贝给同学们使用，同时把课堂讨论、交流的内容作为成绩评定的重要依据。

对于学生来说，课堂讨论是课程学习的重点和难点，又往往是各类考试的主要内容，因此学生不得不花更多的时间和精力去准备，最终全身心地投入讨论。通过讨论，学生可以相互交流各自的学习情况，介绍自己的分析和研究成果，能相互启发、相互促进，从知识运作、技能训练、语言表达、归纳总结等方面得到充分的锻炼和表现。教师参加学生的这种讨论也主要是提出问题、设置障碍、启发思路和引导争论。在讨论过程中，教师可将学生的不同观点分列在黑板上，及时跟踪记录争论的问题，使学生通过争论后得出各方都能接受的结论。课堂结束前，教师要进行简短的总结，提出自己的看法，并总结这种看法的理由供学生参考。

通过课堂讨论这种方式教学，师生之间、学生之间的交流更加密切，思维更加活跃，可培养学生探究问题的兴趣、自学和独立思考的能力。

（二）重视合作学习

现代社会要求人们在进行激烈竞争的同时进行广泛的合作，即愈来愈强调学生之间合作的重要性。"合作学习法"就是一种具有"合作"特点的现代教学方法。学生间的合作不仅能有效地提高学习成绩，而且能有效地改变学生的学习态度，帮助学生正确认识自己和他人，培养正确的竞争观、合作观，使智力因素与非智力因素和谐发展。"合作学习"以小组活动为主，其活动特点是"组内合作，组间竞争，各尽其能"。如国外有一种交错搭接的合作学习法，它将程度参差不同的学生混合编为小组，先让各小组阅读所要学习的材料，了解内容，然后组内的每个人分得学习材料中某方面的内容，对这部分学习材料承担起"专家"的责任。在每个人熟悉各自的材料后，各组接受同一材料和任务的学生再联合组成一个话题小组，就所承担的内容进行对话。这样做的目的是让所有成员都能接受和消化所学的全部材料，然后进行考试。考试结果标志着小组每个成员的努力程度，也标志着小组每个成员的整体成绩。这种教学方法会使小组每个成员不但期望自己的伙伴努力，也对自己提出更高的要求，大大刺激了学生的学习积极性，能有效地帮助师生完成教学任务。

(三) 重视探究和创新精神的培养

重视培养学生的探究精神和创新精神是现代教育的重要思想，也是世界各国教学方法改革的一个重点和趋势。创新教学强调问题是新理论、新技术产生的基础，是知识转化为能力和知识的潜在价值。培养学生的探究精神和创新精神不仅要改革课堂教学方法，还要在教学过程中注入启发式的教学思想，并建立与之相适应的考核方式。在加强理论课教学时，更重视实验课的教学。

要培养学生形成问题意识，综合利用知识，以灵活创新的思维活动、求实创新的实践活动去尝试错误、克服困难、解决问题，就应该重视学生参与科研的程度，使学生掌握科研的基本知识，培养学生的研究兴趣，提高研究意识与研究能力，为日后的科学研究打下扎实的基础。

在课堂上，教师也应积极鼓励学生形成问题意识，进行批判思维；教给学生正确的观点、意见、或证据，并做出自己的判断或决定，将有助于学生获取真知；主张用组合技巧，如推理、假设、求证等帮助学生思考。

在实验教学中，教师对设备、仪器的使用一般不作详细介绍，而是由学生自己从实验设备说明书中去了解掌握使用方法。教师应鼓励学生在合理操作的条件下，去接触、摸索、调试和使用各种设备、仪器，而不是怕出问题而不敢动手。只有这样，才有利于学生动手意识和能力的培养，同时使学生的创造自由度得到充分的发挥，而这种可以发挥学生创造力的教学方法也必然会激发学生的学习兴趣。

（四）重视个性化教学

现代教育教学发展的一个突出特点是更强调不同个体的个性特征和认识特点，更注重因材施教。各国的教育都主张教学方式多样，认为如果只用一种教学内容和方式来教学，就会抹杀个体差异，限制个体发展。因此，课堂教学不需要强求教学内容和过程的统一性，应当由每位教师各自独立地组织教学，发挥各自的教学特色，教学氛围一般较为随意和开放。在教学过程中，教师应该十分重视并采用"启发式"教学、"讨论式"教学和"分层次"教学。

课堂教学方法的选择应注重学生的不同认知方式和个性特征，由此从适应学生的不同认知方式和个性特征来调整教师自己的教学策略，将正确的知识和观念内化为学生自己的知识系统和观念系统。对于课程教学方法改革，作为教师，必须能够根据课程特点灵活运用各种教学方法，正所谓"教学有方，教无定法"，教学应不拘一格，多探索创新的有效的教学方法。

（五）重视采用现代教学技术

近几年来，以计算机为代表的现代教学技术已开始在各个国家的高校教学中广泛应用。各高校把部分教室改建成与卫星和因特网连接的多媒体演播室，将网络延伸到校园的各个角落，让学生广泛接触先进的通信手段，培养他们独立获取信息资料的能力。计算机系统应用于教学过程的主要方式是计算机辅助教学，辅助对象主要是学生，可为学生提供教学资料和各种问题，对学生予以直接帮助。作为一种直接教学工具，计算机可直接向学生传递教学信息，指导学生学习进度，帮助教师管理教学过程；作为学生学习时的智力辅助工具，学生在学习过程中可利用计算机文字处理系统、扩展页软件、交互式视盘系统、数据库系统及远程距离通信网络等进行资源的收集、处理、储存和交流。

现代教学技术的应用是现代教学发展和教学方法改革的方向和重要标志。它激发和提高了学生的学习兴趣，提供和解决了由直接感觉到形象思维、直觉思维到抽象思维的过渡，克服了学习的厌烦心理。采用现代教学技术有利于因材施教，学生可以按照自己的水平选学教学内容，选择难度适合的练习，并可请计算机辅导和检验，这样不仅提高了学生的自学能力、应用能力和创造能力，还可以使学生根据自己的需要选择学习材料。利用多媒体综合教学技术，扩大了教学内容的传递方式，沟通了课堂与外界环境的联系。

三、选择正确的课堂教学方法

从课堂教学方法的运用上看，教师首先需要转变观念，由课堂的主导者变为教学活动的引导者,把学生从被动的知识接受者转变为主动学习的参与者和探求者。中国传统教育强调知识传授,当前在教学方法的改革上,可以适当借鉴西方国家大学课堂教学方法,在讲授的基础上安排一定比例的讨论课、学生合作学习、项目教学、专题辩论等形式;还可以选拔高年级的学生担任低年级课程的助教,参与课堂教学改革,以解决师资不足的问题。随着国家对高等教育投入的大幅度增加,在教育教学资源短缺的状况逐步得到改善的前提下,减少大班授课,可使师生在课堂上充分交流。

(一)确立以学生为主的课堂教学理念,突出学生学习的主体性

学生的主体性指的是学生在教育活动过程中具有主体地位和作用的属性,其核心是学生的能动性、自主性和创造性。学生能动性主要指学生在教学过程中学习的主动性、积极性;学生自主性主要指学生在学校环境中学习的选择性、独立性和自觉性;学生创造性主要指学生在学习中的独特性、批判性、自由性、生成性、超越性及其有个性特点的意义建构。

高校教学过程是大学生独立性、自主性和探索性逐步增强的过程。因学生的智力、个性、后天的影响各不相同,教师在教学方法的选择中应当因材施教,发挥每个个体的"比较优势",因此教学本身并没有现成的、固定的方法。尊重学生的个性特点,遵循教育规律,因势利导,是每一位教师必须做到的,因此,教师在进行教学方法的选择时,一定要树立以学生为本的原则,突出学生学习的主体性。也就是说,教师在教学中应该退出主角的位置,留给学生充分发挥和自学的空间,应该把教学的主要精力放到教授学生学会学习上,而不是仅仅教给学生知识而已。教师必须重视对学习方法的指导,把认知策略作为一项重要的教学内容,让学生学会如何学习,即掌握学习的方法。教师应当培养学生自主学习的习惯和能力,提供给学生自助学习和思考的机会和舞台,由此,在进行课堂教学方法的选择时,可以考虑以下四个方面。

1.选择能够引导学生归纳、总结的教学方法

思维图式总结、联想对比来区别异同、纵向归纳、横向归纳、全面归纳总结等方法能够帮助学生更好地理解知识和掌握知识,因此教师在教学中应教授这些归纳总结的方法,并采用能够引导学生自己进行归纳总结的教学方法。

2.选择能够让学生自己动手寻找课堂重点的教学方法

以往在教学中都是教师告诉学生课堂的重点是什么,学生只是被动地接受,这种方式不利于学生能力的提高,因此必须改革。以学生为主体,就要让学生自己通过阅读课本来找出重点难点。教师要多选择能够让学生自己动手寻

找课堂重点的教学方法，如可以通过要求学生进行课后复述或者课堂练习来达到这一目的。

3.选择能够帮助学生发现新旧知识结合点的教学方法

对教师来说，重要的不仅仅是传授新知识，而是引导学生从原有知识中得到启发，悟出不同道理。比如，帮助学生构建单元知识树、绘制知识要点图、从旧知识引申新知识、从新知识联想旧知识等等。

4.选择能够启发学生思考的教学方法

教师讲课的目的，应该是启发学生通过所学内容形成自己的思考，得到自己的答案。教师选择的教学方法应该能启发学生思考，应该能使学生学习课本知识但不盲从课本，应该能引导他们主动寻找教材中的真空地带去独立探索。

（二）根据课程特点灵活运用各种教学方法

目前，高校的教学方法一般可以分为三大类：第一类是教师主要运用语言来传授获取知识和技能的方法，如讲授法、问答法、讨论法等；第二类是教师指导学生通过直观感知获得知识和技能的方法，如实验实习法、演示法、参观法等；第三类是教师指导学生独立获取知识和技能的方法，如自学指导法、练习法等。

作为教师，必须能够根据课程特点灵活运用各种教学方法，正所谓"教学有方，教无定法"，教学应不拘一格，多探索新的有效的教学方法。课程不同，教学方法也应有所不同，要体现学科和课程特色。

1.相对较简单的课程可以采取讲义公开法

采用此法不仅应视各学科内容而定，而且要选择精华部分，要突出重点部分来公开讲义。公开讲义只是课堂教学的一个辅助手段，要想取得良好的教学效果，必须要求学生课前做好预习，在确定学生听懂的情况下，教师还应随机点名提问以掌握学生的虚实，鼓励学生在标准答案之外寻找个性答案，并结合实际讨论最佳方案。

2.文科课程可以采取激发想象法

文科的学习常常需要学生将个人和社会共情、联想和融会贯通，需要有充分的想象力，因此教师可以通过巧设疑问、运用多媒体引导、要求续写后传、出示相关物件等方式来一步一步地牵引学生迸发出所有美丽的遐想，帮助他们完成学习任务和获得创造性的个人成果。

3.理工科课程可以采取逆向思维法

教师可以假定所要探讨的问题已经解决，让学生分析得到这些结果需要什么条件、有什么特点。如果学生分析的条件不存在，就要引导学生考虑用其他方法，通过其他途径来创造或发现这些条件。这种教学法就是鼓励学生大胆谈出自己的奇思妙想、大胆怀疑，使学生相信每一道题的答案都不仅仅是一个。

4. 法哲课程可以采取观点烹调法

法哲课程非常注重学生的思考和论证，而观点烹调法正为这种特点提供了发挥的机会。观点烹调法是指教师编选案例或最新观点印发给学生，学生在课下阅读材料和参考资料，在课堂上教师不讲课，只简单介绍情况，主要让学生发言讨论，而教师对学生发言的见解、风度、能力等做计分考核。

（三）注重培养学生的创造性思维

创造性的提高是知识、技能和策略几方面同时发展的结果。创造性培养的基本策略，是在专业知识教学中进行发散思维训练，将发散思维与聚合思维相结合进行智慧活动的训练。创造性培养的最好场合和手段应该是日常教学活动。高等教育培养出来的应该是具有独立思考能力、掌握知识精髓的真正的人才，而不应是大量的人云亦云的背诵机器，即教师在运用教学法的过程中，应该注重培养学生的创造性思维，如此才能造就出适应社会、建设社会的真正的人才。

1. 创设创造性环境

教师应为学生创造一个能支持或高度容忍标新立异者和偏离常规者的环境，让学生感受到"心理安全"和"心理自由"。尊重与众不同的疑问，尊重与众不同的观念，向学生证明他们的观念是有价值的，这样的指导思想应该贯穿教师运用教学法的始终。

2. 允许课堂不同声音的存在

也就是说，在集体解决问题的课堂上，禁止教师提出批评性意见，鼓励学生提出各种改进意见或补充意见，鼓励学生的各种想法，追求与众不同的、关系不密切的甚至离题的想法。通过这种方法，可开拓学生的思维，达到对创造型人才的培养的目的。

（四）推广个人魅力教学法

教师的个人魅力在教学中的适时和良好使用也是一种有效的教学法。一位受欢迎的教师肯定能让学生很好地学习，假设学生不喜欢这位教师的话，还会有多大热情去听课学习呢？在学生看来，教师的个人魅力直接影响到对他们的教学效果。因此，教师应努力提高个人魅力，做一名受学生欢迎的教师，这对于教学会有意想不到的作用。

1. 美的着装

教师要有美的着装,才能使学生认知美、追求美,让他们在获得美的享受的同时,身心愉悦地去接受知识、主动学习。

2. 好的第一印象

教师给学生的第一印象很重要。好的第一印象能够激发学生对教师的喜爱,进而激发学生对于所学课程的喜爱和学习热情。

3. 合适的课堂语言

教师讲课的语言必须抑扬顿挫,视不同的教学目的,有时舒缓徐慢,有时高亢激奋,应有时停顿间歇,有时一泻千里,以创造课堂气氛,牵动学生思维,叩击学生心弦。

4. 良好的肢体语言

拍拍学生的肩,给一个会心的微笑;与学生击个掌,让学生充满成就感;和学生握握手,鼓励学生的精彩表现;学生说话声音较轻时,把手放到耳边侧着头,提醒学生读得稍重些;轻轻地拥抱,让学生的内心充满喜悦……这些良好的肢体语言,能够帮助学生理解知识、促进教与学的沟通,从而加强教学效果。

5. 幽默的课堂表现

不爱学习的学生随处可见,不爱听笑话的学生少之又少。因此在课堂中根据教材内容即兴穿插故事或笑话,可以激发学生学习的兴趣。可以在一堂课开始用故事引题来导入新课,也可以在讲课中穿插某个故事来让学生集中注意力,还可以在讲课快要结束时导入一个故事,制造悬念并激起学生对下节课的渴望。因此,教师应当多读一些中外幽默小品、名人趣事、歇后语等,使自己富有幽默感,以丰富课堂内容。

6. 诱人的开课课程

一个诱人的开课,可以很好地集中学生的注意力,对于一节课的教学至关重要。教师可以用一个实物、一个视频片段、一个故事、一个事件、一个问题、一个小实验甚至是身边的一些现象作为一堂课开头的素材,要有一定的伏笔,也要有一定的趣味性。通过这个素材可引出多个问题,引导学生思考的方向,并和其原有认识结构发生联系。

7. 进行赏识教育

教师要善于挖掘学生不明显的优点加以赞扬,让学生得到一些新的肯定,但表扬不宜太多,频率不宜过高。对差生要优先表扬,只要他通过努力达到了要求就要及时表扬。教师要赞扬学生的行动和品性而非个人,要多对学生微笑。

8.充满回味的课堂结尾

结尾无定法,妙在巧用中。教师应根据教学内容和学生心理等情况,创造具有回味性的结尾,这样不仅可以强化本节课的教学效果,还能激发学生对下节课的渴求。

任何一种教学方法都不是万能的,每一种教学方法都有其适用范围和局限性,教师在选择教学方法的时候要扬长避短。如发现法可以很好地启发学生的思维,培养学生的创造力,但有费时费力的缺点;讲授法对概念教学具有良好的作用,却很难发挥学生的主动性。因此,教师在选择教学方法时,要考虑该方法的优势和缺点,选择最合适、最能发挥作用、最能达到最好教学效果的方法。

第五章　大学教学方法改革创新的理论基础

创新一般包括思想理论创新、方式方法创新和制度保障创新三个环节，观念乃至思想理论的突破是创新的根本所在。高等学校教学方法创新虽然是一个教育实践活动，但长期的教学方法改革实践证明，没有理论基础的实践是盲目的改革实践。教育活动实践是以培养人为根本目标的，每一个受教育者都有成功的权利而无失败的义务，所以，教育改革实验不容许毫无把握的"试验"，必须以相关理论为依据，精心设计教学方法等教育教学改革方案。进行高等学校教学方法创新理论研究的目的在于分析工具论、机械认识论等既往教学方法改革理论的局限，提出价值论的教学方法理论，并建立以价值论为基础、创新高等学校教学方法的若干基本范畴。

第一节　基于认识论的教学方法

教育与哲学有着千丝万缕的联系，很多教育问题归根结底还是哲学问题，也只有回归到哲学层面才能发现教育问题的症结所在。我国对于高等学校教学方法的本体性与实践性的认识与研究相对不足，其中最直接的表现在于对高等学校教学方法本质的理论探究相当薄弱，以"借"为标志的研究路径直接导致了当前的境况。这些被"借"的教学方法理论和教学模式与高等学校教学方法有本质的区别。无论是从高等学校教学方法自身发展角度，还是从深化对高等学校教学方法认识的角度，建立以价值论为基础，以价值实现为核心的高等学校教学方法是推进高等学校教学方法创新的理论原点。

一、认识论的理论

1. 经验主义

经验主义者声称知识是人类经验的产物。朴素经验主义者认为人们的思想和理论需要在现实中论证，然后依据它与事实的匹配度来决定是否应该持有此理论。

经验主义与科学有密切关系。虽然科学的效力毋庸置疑，但在哲学上，科学"是怎样"和"为什么起作用"引起了争论。科学方法一度因为其能保证科学实验的成功而被人所钟爱，但现在科学和哲学中所遇到的问题使人们更加偏向于连贯主义。

经验主义经常与实证主义相混淆，但后者更强调人对现实的看法，而不是人在现实中的经验本身。

2. 观念主义

观念主义认为我们感知到的世界只是我们的观念构造。乔治·贝克莱、康德及黑格尔持不同的观念主义观点。

3. 朴素现实主义

朴素现实主义，也就是通常意义上的现实主义，认为存在一个真实的外在世界，并且我们的感觉由那个世界直接引起。它以因果关系为基础，认为一件事物的存在是导致我们看见它的原因。这样，世界在被人们认知的同时保持着原样——与它没有被人们感知时一样。相反的理论是唯我论。朴素现实主义没有将心理学上的感知考虑进去。

4. 现象论

现象论从乔治·贝克莱的观点"感知到的便是存在的"中发展而来。根据他的观点，我们不能认为我们看到的事是独立于我们感官存在的个体。他认为真正存在的只有感官本身。

5. 理性主义

理性主义者相信有并不来自感官经验的前知或先天思想。这一点可从很多经验中看出。这些思想可能来自人类脑的结构，或者它们独立于大脑存在。如果它们独立存在，当它们达到一个必要的复杂程度时就能够被人类所理解。

理性主义者的观点可以被浓缩为笛卡尔的"我思故我在"。斯宾诺莎建立了其中只有上帝一件事物的理性体系。莱布尼茨建立了一个有无限多他的单子的体系。

6. 具象主义

具象主义或表现现实主义，与朴素现实主义不同，意为我们看现实时只可以感知到它的表现。换言之，我们看到的世界及事物并不是它们本身，只是内在的虚拟现实的复制品。所谓的"感官之纱"使我们不能直接感知世界。

7. 客观主义

客观主义是艾茵·兰德的认知理论，与朴素现实主义相类似。她也认为我们通过感官从外在世界获得知识。客观主义认为未经加工的感觉信息会自动地成为被大脑融入感知的对象，这时是意识去感知信息，而不是以任何方式创造或发明信息。一旦我们意识到两个实体彼此相像，而与其他不同，我们就可以将它们看作一个种类，这个种类可以将同种类的所有实体囊括，这样我们的意识就可用一个词将本无限的实体包含。客观主义拒绝纯粹的经验主义，认为我们可以借助客观的概念从而超越感官的层次。客观主义也不承认纯粹的具象主义和理想主义，认为我们感知到的才是现实，谈论感知不到的知识是没有意义的。

二、认识论与工具论的盛行和局限

（一）工具论教学方法

毫无疑问，教学方法就是用来实施教学的工具。这种通俗的认识在一般教育学和教学论文献中非常普遍，且影响深远。我国最早学习借鉴的苏联《教育学》著作中指出，"教学方法是教师和学生为完成教养任务而进行理论和实践认识活动的途径"，"教学方法是指教师的工作方式和由教师领导的学生工作方式，借助于这些工作方式，可以使学生掌握知识、技能和技巧，还可以形成他们的共产主义世界观和发展他们的认识能力"，"教师和学生在教学过程中为解决教养、教育和发展任务而展开有秩序的、相互联系的活动的办法，就称为教学方法"。即使到了20世纪80年代以后，西方学者对教学方法界定的研究讨论纷纷出现，其中也免不了工具主义的认识。比如，"教学方法是教师为达到教学目的而组织和使用教学技术、教材、教具和教学辅助材料以促成学生按照要求进行学习的方法"，"教学方法是指大多数教师能够充分加以运用并适合于多学科反复使用的教学步骤或程序"，"教学方法就是教师发出和学生接受学习刺激的程序"，"教学方法是促进学生学习，教师组织班级，向学生提出意见及使用其教学手段的各种方法"……这些认识不论被引入我国时间的先后如何，都属于工具论的观点范畴，这些观点对我国教学方法理论与实践的影响非常强烈，有学者说是"一锤子定了音的"影响，以至于国内学者的很多理论研究也难脱其窠臼。王策三认为"教学方法是指为达到教学目的，实现教学内容，运用教学手段而进行的、由教学原则指导的、一整套方式组成的师生相互作用的活动"。王道俊、王汉澜认为"教学方法是为完成教学任务而采用的办法，它包括教师教的方法和学生学的方法,是教师引导学生掌握知识技能、获得身心发展而共同活动的方法"。

这些在一般教育学、教学论中关于教学方法的观点在高等教育的延伸研究中比较多,其中最直接的结论就是"高等学校教学方法就是教学活动中教师所采用的工具",但工具的属性没有好坏之分,只有先进与落后之别。如果在教学活动中大量推行现代信息技术与手段成为时尚,其结果只能是器物层面的游戏,不可能在本质上得到改观。有时操之过急还会起反作用,不仅教学效果达不到期望值,还经常让教师沦为技术的奴隶,比如没电就不能上课,从而影响正常教学秩序。

(二)认识论教学方法

致力于从根本上揭示人生、社会、世界、宇宙及其相互关系的可能面目,构建关于它们的认识论原则的认识论,对教育尤其是高等教育的影响由来已久,但对教育教学活动的影响是相对迟缓的。长期以来,人们对教育活动的认识就是传授知识,而缺乏对教育活动本身具有认识社会和世界、探究社会和自然规律的功能的认识和理解。随着后现代主义、建构主义对传统教学观的发难,对本质主义教学方法定义方式的批评,引起了用描述特征的办法展示教学方法以及活动的无限复杂性的盛行。因为教育是复杂的社会实践活动,社会发展要求对教学方法本质和规律的认识也必须是一个不断深化、发展的过程。教学方法概念的表述应该反映教学目的、教学内容的内在的本质的联系,以及师生双方相互联系和相互作用的关系。在一般教育学及教学论领域,理论认识视野更加开阔。比如有学者认为,教学方法是在教学过程中教师和学生为实现教学目的、完成教学任务而采取的教与学相互作用的活动形式的总称。也有学者认为,教学方法是教师和学生在教学过程中,为达到一定的教学目的,根据特定的教学内容,共同进行的一系列活动的方法、方式、步骤、手段和技术的总和。

这种基于教学活动复杂性和教学对象层次性的理论倡导开启了高等学校教学方法研究的新境界。首先是正视高等学校教学活动与基础教育教学活动存在明显差别,然后是按照建构主义所极力主张的适应和体现高等学校教学活动特点,用描述特征的方法来揭示教学方法的内涵。于是,徐辉教授等提出了高等学校教学方法五个特点;薛天祥教授认为高等学校教学方法的特殊性主要有三个表现;潘懋元教授则言简意赅地将高等学校教学方法的特殊性概括为明确的专业指向性及科学文化发展过程和研究方法的接近性;别敦荣、王根顺教授则指出高等学校教学方法更多地体现了学生的主体性、探索性更强,具有鲜明的学科专业特色。这些关于高等学校教学方法的比较分析和内在刻画,尽管没有直接回答高等学校的教学方法是什么,但已经提示了高等学校教学方法的适用主体、基本特点、目标指向等,有利于我们进一步把握高等学校教学方法本质。

(三) 工具论和认识论教学方法的局限

工具论教学方法是适应基础教育教学活动需要的,因为它的理论来源就是从儿童心理学到人类文明知识沉淀的状态。最简便高效的知识传授方式就是教师讲授方式(最原始的工具主义解释就是教师的口和学生的耳),这种高效率、低成本的教育活动无疑是人类社会的重大进步。但是,它从一端走向了另一端,即使教学活动彻底脱离了人类认识自然和社会的实践活动。

工具论教学方法对基础教育教学活动基本适应也无可厚非,但对中国传统教学方法以及高等学校教学方法具有严重影响。中国传统教学,无论是书院还是古代官学,几千年的教学方法应该是授课、辩难、游历相结合的。辩难应该就是现在的讨论式教学方法,游历应该就是现在的实践与观摩相结合的教学方法。辩难与游历的教学方法在我国的逐渐消失,不能不说是工具主义教学思想在近代学校教育演变中的重要"功绩",让"讲授法"一家独大,特别是一些实践性教学内容、实验性科学课程都可以被"讲授"。因此,工具主义教学方法观实际上是一种狭隘的、偏执的工具主义。高等学校教学方法从根本上讲不能适用工具论教学方法观,因为高等学校教育已经不再是纯粹教授既有的人类文明知识,学生的主要任务是学会认识社会和自然规律,学会利用和改造社会和自然。这时,教师的角色、工具的价值、学生的地位不能完全用工具主义来支配。实际上,工具主义教学方法在高等学校大行其道,结果便是导致高等学校没有沿着自身本来的轨迹培养人。

传统认识论在教学方法上的表现是时代发展进步的必然,尤其是现代学校教学方法经过工具论的片面引导之后本质的回归。但是,这种回归与一系列的工具论教学方法起源有本质的不同,我们姑且把工具论教学方法看作是自下而上的发展路径,甚至是以儿童心理学乃至动物实验心理学为发轫,从最低层次开始建树,进而向高等学校教学方法蔓延。认识论教学方法与此相反,它是从人类教育活动的本源或高等学校教学特征出发,深刻揭示人类本源的教学活动以及高等教育阶段的"终极教学活动",是为了认识、探究、利用社会和自然及其发展规律。以此为理论基础建构的教学方法更加适应和接近高等学校教育教学，但由于世界性高等学校教学方法研究活动匮乏，也由于高等学校教师的研究活动以学科为主要对象，以致这种本可以得到大力弘扬和进一步开拓的教学方法理论研究和实践探索沦为简单机械的认识论层面而遭到漠视，因而对高等学校教学方法的影响力非常不足。

倒是在基础教育领域，由于长期浓厚的教学方法研究氛围，以及长期被工具主义隔阂了学校教育与教育本源的觉醒，使得这种教学方法很快受到欢迎。但客观地说，认识论的教学方法观对基础教育教学方法改革创新仅仅是一点兴奋剂，难以畅行通达。因为，无论是哪个国家的基础教育，其现实使命已经远离认识的两端——不再需要所有人都从原始方式亲自开始尝试性认识社会和事物，这是人类社会进步的必然，否则就是逆人类社会发展进程的举动；接受完基础教育（主要是指各国规定的义务教育）培养的人尚不是现代社会所需要的去进一步探索和认知社会发展规律、自然奥秘的当然对象，现实社会肩负这些使命的主要是接受过高等教育的人。所以说，基于各种认识论基础上的教学方法尽管在基础教育阶段很受宠，但归根结底只是一时的新鲜，不能也不应该成为主流的教学方法。

认识论基础上的教学方法被从基础教育领域转借到高等教育领域时遇到了个别问题。要说认识或探究事物发展规律的高等学校教学活动，比比皆是，并不像基础教育阶段的学校教学活动那样新鲜。同时，基础教育阶段的教师与学生同为知识占有者（先占有的是教师、后占有的是学生），都不是面向事物的认识主体，仅是认识教学活动的主体，所以认识教学活动以及教学方法的比重被无限放大，甚至被称为"研究性教学""研究性学习"。但高等学校完全不一样，教师既是教学（面向学生）活动的主体，又是研究（面向事物）活动的主体，这就是高等学校教师一直面临的双重任务——教学、科研。所以高等学校教师无时无刻不在努力探究，个别教师也许因此出现"以局部代整体"的现象，忽略了对学生以及教学活动的研究热情，在教学活动中套用、承袭基础教育阶段所经历过的工具主义教学方法，图个清闲；还有教师即使认识到了自己的"双重任务"，也接受并尝试过教学活动中的认识客体是学科要适合事物发展的特点和规律，但这种认识是无止境的人类社会活动，不是高等学校教育所能完成的目标，且操作难度大，不确定性因素多，难以就这种教学方法进行考量。总之，认识论基础上的教学方法非常适宜高等学校教学创新，但由于追求"短期功效"目标的教育体制，此种教学方法推广受阻。因此，针对认识论教学方法的应用缺陷，我们提出了价值论教学方法。

第二节 基于价值论的教学方法

在工具论和认识论两大基础理论左右下形成的高等学校教学方法格局不可能依然仅仅用它们自身的理论去完成改造，必须在更加广泛的社会活动领域寻求新的理论支点。

一、价值论及强互惠

价值论，亦称"价值哲学"，是指关于价值的性质、构成、标准和评价的哲学学说。它主要从主体的需要和客体能否满足主体的需要以及如何满足主体需要的角度，考察和评价各种物质的、精神的现象及主体的行为对个人、阶级、社会的意义。某种事物或现象具备价值，就是该事物或现象成为人们的需要、兴趣的所追求的对象，就是人的需要、兴趣、目的，并随着社会环境而改变。因而，价值是通过人的实践而实现的。

价值表现在经济现象、政治观象、社会现象、生态现象及他人的认识对象之中，价值的理论为以往许多哲学家所探讨，但他们只是从不同角度，对不同对象进行分析。到了20世纪，一些哲学家把政治的、伦理的、美学的、逻辑的、有机体的等不同类型的价值做了综合的分析。

社会事物之间的相互作用在本质上就是价值作用，任何社会事物的运动与变化都是以一定的利益追求或价值追求为基本驱动力，几乎所有社会科学都或多或少地与价值论存在某种联系，都自觉不自觉地以某种价值论为假设前提。由此可见，价值论是整个社会科学的基础理论之一，价值问题是任何社会科学都无法回避的问题。

（一）价值概念与人们的生活息息相关

价值论在人们的心目中似乎是一种高深莫测的、远离尘世的"经院哲学"，价值问题似乎是只有理论家才去探索和思考的问题。事实上，价值与人们的日常生活密切相关，人的一切行为、思想、情感和意志都以一定的利益或价值为原动力，不同的价值思维和价值取向会对人的思想和行为产生巨大的影响。在人们的实际生活中，价值是一个非常普通的概念，人们的一切行为都需要考虑其实际意义。比如，在进行任何一项工作时，人们总是在不断地权衡某项工作是否有价值，是否有意义，是否值得，是否合算，是否……这些行为都是有价值学意义的。这说明价值是一个与人们的实际生活非常密切的字眼。然而，在一般的概念中，价值总是被认为是一个哲学概念或者经济学概念，离人们的生活很远。

（二）价值论的发展状况决定社会科学发展状况

价值论在整个社会科学中占据十分重要的地位，它的发展状况在根本上决定和制约着整个社会科学的发展状况：价值论的客观性决定社会科学的客观性；价值论的精确性决定社会科学的精确性；价值论的价值分类决定社会科学的基本分类；价值论的微小谬误将引发社会科学的更大谬误。这是因为价值论一旦存在某种概念上的模糊或朦胧，就会在社会科学的许多概念上引发更大的混乱与暧昧；它一旦存在某种观点上的谬误，就会以不断扩大的方式传播到社会科学的其他领域；它一旦出现某种理论上的危机，必然导致其他许多社会科学出现更严重、更深刻的危机；社会科学中所存在的许多矛盾与争论，最终都可归结为价值论上的矛盾与争论。由此可见，正确认识和圆满解决价值论上所存在的各种危机，不仅是价值论本身发展的需要，也是整个社会科学得以健康发展的重要前提。

（三）主体间性的丰富内涵和强互惠

起源于"真理标准大讨论"的我国的价值理论研究是马克思主义哲学的一个实践转向，也是从认识论角度直接切入的，从主客体关系出发探讨价值问题成为一种主导范畴。但在近十几年来，学界不断反思和批评这种研究理路，提出了以前被价值论研究所忽视的主体间性问题、被浓厚而直接的主体需要等功利色彩掩盖的超功利性文化价值等新命题。这些命题不断进入价值论，尤其是价值实现论的范畴。

主体间性是相对主体性而言的，本体论、认识论和价值论都有意识地关注主体性问题，但只有吸收认识论合理成分的价值论的建立才真正形成了"主体间性哲学"，本体论立足于存在和解释知识，是"前主体性哲学"，而认识论是"主体性哲学"。毫无疑问，人是价值的主体，只有人才具有认识主体性和价值主体性，但每个人每时每刻又可能是价值客体。这种价值实现过程中的主客体转换实际就是针对"人—人"模式而言的，与"人—物"模式、"人—事"模式无关。就某一个具体的价值实现过程而言，也可以称之为主客体间性。分析和考察"人—人"模式价值的实现，就不能回避主体间性，这也正是认识论、价值论在研究和分析人与人的关系时最感棘手的问题。

我们不妨用一个价值黑箱来表述价值实现过程中的主体间性。例如，某A具有一种价值需要，某B具有满足某A所需要的条件，二者如何实现各自的价值诉求并达到目的就是一个价值黑箱，黑箱里发生的一切就是价值实现理论所要追寻的过程、结果、机理、转化等等。我们知道，一件具有价值和使用价值的商品，一旦相对人的需要而发生价值实现之后，它在一定程度上就不再是原来的那件商品了。人与人之间的价值实现也是如此，获得需要满足的主体和付出有用价值的客体在走出黑箱时已发生了质的或量的变化。不仅如此，他们在黑箱内或者在未来另一个价值实现的黑箱里还可能在一定时点发生主客体位置的变换。这种复杂性不是用现有机械论哲学所能解释的，而只有未来兴起的复杂科学才把它作为自己的使命。

正是价值主体间的这种无限复杂性，才使人与人之间的价值实现关系大大超出了基于起源相关性和重复交互作用的人类合作规律，用起源相关性解释人类大量没有亲缘关系的个体间的合作是不可信的，用重复交往机制可使对背叛行为进行惩罚成为可能，从而维护群体成员之间的合作。但遇到人们没有意识到会有重复交互机会、群体规模和生存势力相较悬殊而奉献者个体在未来得到回报希望渺茫、人类社会高概率的多变交易和多目标交易等这些现象和问题时，重复交互机制也难以奏效和给予圆满解释。在这种情况下，超越基于起源相关性和重复交互作用的价值实现理论的强互惠理论应运而生，并解释了大量复杂的社会现象。

起源于美国桑塔费研究所的强互惠理论认为，人类之所以能维持比其他物种更高度的合作关系，在于许多人都具有这样一种行为倾向：在团体中与别人合作并不惜花费个人成本（即使这些成本并不能被预期得到补偿）去惩罚那些破坏群体规范的人，从而能有效提高团体成员的福利水平和持续稳定。因为人类社会生活中那些直接互惠、间接互惠等行为司空见惯，被称为弱互惠，而这种"无须回报"的施惠行为被命名为强互惠，以示区别。强互惠与利他、弱互惠的区别在于：利他行为是无条件的、仁慈的、善意的且不依赖于对方的行为；弱互惠行为是要依赖于别人的行为，弱互惠者愿意支付短期成本来帮助别人仅仅是因为可以从中获取长期或间接利益；而强互惠行为则是在目前和未来都不能期望得到任何回报的情况下支付成本来奖励公平和惩罚不公平的行为。

人类社会之所以能维持平稳的公平的合作秩序并持续发展，关键不在于众多的弱互惠行为以及零星的利他行为，而是得益于几近职业化的一批"强互惠者"与"强互惠组织"。

二、价值论的高等教育学意蕴

价值论是探寻人类生活理想目标的哲学分支，作为人类社会生存与发展重要组成内容的教育活动自然也在价值理论的视野之内。无论是对于个体的人还是群体的人，"以人为本"的发展理念说到底就是"以人的价值实现为本"。价值论关于人的价值实现的一系列观点和价值体系正不断校正着传统教育学的一些悖谬，更对化解高等教育、高等教育学中一些难以解释的问题和现象提供了理论帮助。

（一）高等学校教学活动中的主体与客体

我们现在的高等教育教学基本理论是认识论基础上的一般教育学。也就是说，认识论所解析的主体与客体关系范式被一般教育学所接受，形成了教学活动中的主客体二分局面。因此，出现了教师主体、学生客体或者说教育者、被教育者等一系列的概念和范畴。认识论关于主体性有更精辟的阐释，但在人与人的关系问题上仍未完全脱离本体论的窠臼。所以，一般教育学和教学论理论仍然沿袭这种哲学观点，一定要分出教学活动中的主体与客体，一定要使"教育"这个动词具有及物性。由此，一般教育学和教学论中的一个重大谬误就是建立了教育活动参与者的主格与宾格。这些"理论建树"又被简单移植到了高等教育学或高等学校教学论之中。

现在的高等学校教学活动依然存在何为"中心"的问题，这种争论没有脱离"中心主义"的框架，无论是"以教师为中心"，还是"以学生为中心"，抑或"以知识为中心"，都没有揭示高等学校教学活动的本质，其理由有二：一是这些理论基础源于一般教育学和教学论，以基础教育为主要研究对象的理论成果只能是"一般"，不能完全适用于高等教育这种"特殊"；二是高等学校教学活动中的人的地位无论是从瞬时性还是从长远性来看，是相互变化的，明确谁为中心毫无意义，其显著特征就是活动的主体间性。

从价值论观点来看，高等学校的教学活动客体就是教学活动本身。教学活动作为一种综合性社会事务，具有丰富的有用性，能够满足主体各自的需要。而且，该活动的上位主宰是制定教育目标和举办学校的人或组织，他们要实现目标和价值，就必须以教学活动这种方式来体现；活动的下位主宰就是无限的物化条件，比如人类的知识、教学设施、教学组织与管理者等，他们的价值都需要在这种活动中实现交换。

（二）高等学校教学活动是一种主体间性活动

在价值论的主体间性观点下，高等教育这种人类非常普遍的教学活动的存在实际上就是一种主体间性存在，活动中的各个主体是一种交互关系。在这个主体间性活动之中，有这样几个显著的表征：

第一,是主体的多重复杂性。高等学校教学活动的参与者非常多,按照人的文化价值实现理论,凡是"意识到"的相关需求者都可以视为教学活动的参与者,而不仅仅是教师和学生。教育目标的设计者、学校的举办者、教学管理者、学生背后的家长、将来的雇主、教师背后的家人以及教师和学生两大利益相关者群体都是高等学校教学活动的主体成分。教学活动的主体从表面看是教师和学生,这是静止的观点,从主体间性上分析,高等学校教学活动所有价值期盼(需要或满足需要)都应该得到实现,这是价值的目标规定性。当然,这些主体可以分层分级,教师和学生是第一阶梯,教育目标设计者和学生家长是第二阶梯,教学管理者和教师、学生的利益相关者群体是第三阶梯。这种分层分级只是相对的,在高等教育大众化、普及化的情况下,教师和学生这种"一线主体"也不一定有自己真实的需求或满足需求的愿望与能力,这种情况另当别论。

这些复杂主体的共同点是都是理性行为者(与基础教育不同),他们的合理诉求都应该得到尊重。所以,活动中的主体角色转换、个体差异都应该得到包容。

第二,是价值及价值关联的客观存在性。高等教育复杂的主客体关系决定了教学活动的无限丰富性。但是,我们并不能为这种丰富性所困扰、迷惑,甚至束手无策。这一切的主体以及作为非主体的物化成分,在这个活动中都具有价值,都具有价值表达功能。这就是高等学校教学活动所必须显现的特殊过程,基础教育可能不一样,可能作为主体的学生根本就没有求知需要,因为他们还是非理性的人。但高等学校完全不同,学生无论如何都是具有求知、成才欲望和需求的,这时他是主体,谁来满足这种需要?教师可以具备条件,书本可以具备条件,网络也可以具备条件,学长与同学也可以基本具备条件,而广阔的社会生活实践也可以。这说明,高等学校的价值关联不仅是客观存在的,而且是无限丰富的,满足活动主体需要的供给者不是唯一的,当然也可以多重。

第三,是活动结果的临界性。所谓活动结果就是价值实现的目的。基础教育(尤其是义务教育)阶段的教学活动结果是知晓人类的既往文明,为探究未来、利用自然与社会规律做准备。这种教育是退缩于社会生活的高效率教育。随着社会的发展进步,这种以"知晓"与"准备"为目的的阶段越来越长。但高等教育作为人类教育活动的最后阶段,前面的"知晓"目的已经退居其次,主要是面向社会与自然实际,开始尝试认识和探究、利用人类社会和自然世界的规律。这种活动一要有分工性(专业划分),二要开展直接的尝试活动。这种教育与社会生活之间的临界性是解释现行高等学校教育中"知识(教材)中心""教室中心"等弊端的有力理论武器。正因为是临界性，教学活动中的很多面向对象的认识问题都没有统一标准，尚在探索之中，所以要有探究性教学、研究性学习、讨论式教学等。一切以"标准答案"为教学效果检验依据的做法不可取。

总而言之，高等教育以上的三个显著表征一方面为研究高等学校教学活动提供了视角，另一方面也直观地驳斥了移植一般教育学和教学论的荒谬所在。高等教育教学与基础教育教学的大前提是完全不相同的，有些本该属于高等学校教学基本规定性的东西反被用到基础教育领域，这实际上是当今社会关于教育价值的混乱与无序。

（三）高等教育的价值实现

价值实现是主体论研究的一个新视角。以前的主体论重点研究价值本身，主要从价值构成、价值生成、价值变异等方面入手，解决的是价值"be"问题。现在，哲学也面临从天堂回归人间的问题，这就要解决价值"to"问题。价值实现就是突出价值的实践属性，使原有的价值如何从潜在状态变为行为表现，并可以被感知。

高等教育作为人类社会教育生活的一个阶段或直接就是一种人类社会生活（不从属于教育生活范畴），其根本目的就是价值实现——主体的价值实现、对象的价值实现、活动的价值实现。就主体的价值实现来说，至少有学生为实现个体全面发展的价值诉求、教师为达到成就认可与事业发展的价值诉求、学校为体现社会功能与发展力的价值诉求、政府为提高国际竞争力而发展高等教育的价值诉求，以及社会有寻求人人发展、人人公平、人人贡献的价值诉求。高等教育活动对象的价值实现就是实现知识育人、功能服务，活动本身的价值实现就是培养教师与学生共同探索社会、自然和人类自身的发展规律的能力，从而进行相关认识和探索实践。

因此，以往关于大学功能的三分说实际是机械主义的产物，对特定大学和一般高等教育来说是正确的，但也在世界范围内误导大学的发展，形成了大批同质化大学、模式化大学的发展思路。高等学校的价值实现就是基于自身目标的价值转化，与外在的功能规定性毫无关系，即使强加上也不可能实现目标。

由于人类文化存在中包含着许多非理性的东西，如风俗习惯、伦理道德、宗教信仰、迷信思想，有些政治、法律、礼仪、制度等也是在非理性的价值思维肯定基础上建立和发展起来的，会影响人的价值思维及价值实现，因此价值实现理论要求通过与人的教育来排除这样或那样的非理性的思想。所以，"教育者首先必须受教育，要想别人提高理性首先自己必须符合理性。即使受教育者的觉悟尚未达到理性的高度，或者他的思想、行为尚包含着非理性，你也必须尊重他、关心他、爱护他。只有先尊重他、关心他、爱护他，你才有可能启发他、教育他、改变他，而且还必须出于真诚的愿望和善良的动机。对人的非理性决不能采取粗暴无理的态度，更不能愚弄他们、戏弄他们，否则你就会陷入以非理性对待非理性的地步，那是绝对达不到理性教育的目的的"[1]。这就是高等教育的真谛所在。

三、价值论视角的高等学校教学方法

教学方法的价值问题一直有人研究，并可以把过去的所有研究（包括中小学教学方法研究）都归于教学方法价值论研究（尽管高等学校教学方法价值研究还相当不足），教学方法的价值研究是解决教学方法"有什么用"的问题，是静态的观点。而静止意义的教学方法是毫无意义的，只有价值实现的动态过程才是教学方法的真实性所在，但这方面的研究几乎没有人做，笔者把这个问题称作教学方法价值实现论研究。

（一）价值实现：高等学校教学方法的本质与核心

教学方法价值实现主要从教师的价值实现、学生的价值实现、学校的价值实现三个方面展开。其他凡是涉及教学活动的功能主体（人、物或机构）都有教学方法价值实现问题，但都不是主要的，比如教学管理者们的价值实现实际就是代表学校的教学价值实现，黑板、投影、幻灯、多媒体、网络等教学设施的价值实现是附属于教师和学生两个价值实现之中的。所以，从根本上说，教学方法分类不能细化到器物或技术层面，器物或技术层面的教学方法研究不是教学论研究的范畴，研究出了什么结论也一定是短命的。教学方法首先是教师的价值实现，这不难理解，教师的社会职业价值就是传授知识和培育人，这个价值实现得如何，就看教学方法。所以，教学方法创新是教师的传授性价值实现。学生的价值实现长期被忽视，为什么要到大学里来？要每一个学生都准确回答这个问题其实是非常困难的，或者说过去乃至当前很少有学生能够基本回答出来，很多学生可能就是"为上大学而上大学"，或者"为了有一个更好的工作"。这其实都不必非上大学不可。学生的价值就是通过接受知识和教育而

---

[1] 司马云杰.价值实现论：关于人的文化主体性及其价值实现的研究[M].西安：陕西人民出版社，2003:497.

成才，那么学生的价值实现就是如何有效接受知识和教育的问题，教学方法是最重要的媒介，可以称为接受性价值实现。学校的价值实现就是将学校设计的人才培养目标转化为现实的合格人才。相对于教师和学生的价值实现，学校的价值实现要单纯一些、中立一些。这里的单纯不是指类型与规格，而是指实现过程属性的基本要求不是瞬息万变。

教学方法中的价值实现问题是研究中的空白环节，其主要原因是忽视了教学方法应该作为学生价值实现的客观存在这一问题，一直以为学生就是教育对象，处于被动地位。大学生尽管也是学生，具备"学生"的一般属性，但毕竟是"大学生"，无论是"大学之生"还是"大的学生"，都不能与通行的"学生"画等号。一方面是大学的特定环境决定了这里的学生不能与别的学校的学生一样，另一方面是这些学生确实已经"大"了，成人了，也基本成熟了，他们被称为是"年轻的成年人"，这就决定了他们应该有自己的价值目标以及实现价值目标的个人诉求。

在教学活动的价值实现过程中，无论价值主体的变化如何，归根到底是人与人之间的关系，是主体间的关系，而这种关系是充满文化意义的。在处理主体间关系时，决不能只把对方看成客体，而必须把他也看成是主体。高等教育作为人类社会最为理性的活动，目的是建立一种理性的主体间的关系，而不是建立人与自然界的那种机械的主客体关系，即认识主体与纯粹客观对象之间的那种关系，更不是建立主仆关系、统治与被统治的关系。因此，必须克服仅从自我合理性出发而否定他人的合理性的现象。

价值实现是高等学校教学方法的评价尺度。教学方法就是教学活动主体间的价值实现。在这个过程中，主体间、主体与对象间具有不同的价值诉求以及为满足价值诉求的、达到设定目标的丰富而复杂的程序，甚至价值目标也在不断修改，主客体角色也在不断转换。

（二）高等学校教学方法的特定表现在于师生感受共轭

既然高等学校教学方法的本质是价值实现，那么在这个复杂活动中可以考量的"质"是什么？这是一个绕口的话题，就是用什么方法来知悉教学方法，用什么标准来判断教学方法。我们知道，作为价值实现的结果，可以用目标的实现程度来度量和检验，而关于价值实现过程本身状况的评判就只有用"感受共轭"来表达。

共轭（conjugate）本是一个自然科学术语，在数学、化学、物理学、生物医学等领域都有这样一种现象或规律，它们的共同点是有必须至少由两个要素构成的关联体,比较有代表性的比如数学中的共轭复数(实数部分相等而虚数部分互为相反数的两个复数)、物理学上的共振、生物医学中同时发生在同一轴上的平移和旋转活动或在一个轴上旋转或平移同时伴有另一轴的旋转或平移运动的脊柱运动现象,最典型的就是化学中的共轭——氧化与还原反应中电子供体 AH_2 氧化成 A 时电子受体 B 必须还原成 BH_2。我们常说的"有机组成部分"的"有机"关系就是指这种两个或两个以上元素间的"共轭"效应和关系,而不是无厘头的一句空话。因为,共轭效应和共轭关系是有机化学的一个重要特点,而且还具体分为正常共轭(又称 π—π 共轭,指两个以上双键或三键以单键相联结时所发生的 π 电子的离位)、多电子共轭(又称 P–π 共轭)、超共轭效应(又称 σ–π 共轭,由一个烷基的 C–H 键的 σ 键电子与相邻的 π 键电子互相重叠而产生的一种共轭现象)、d 轨道接受共轭(又称 d–p 共轭,指一个原子的 p 轨道与另一个原子的 d 轨道重叠而产生的一种共轭现象)等多种情况。

有机化学领域的这种"共轭效应"是由于分子中原子群体之间存在的相互制约、相互配合和相互影响的作用,从而使整个有机化合物的分子结构更趋稳定,内能内耗减少,分子极性增大,抗力增加,外力不容易破坏它。在有机化合反应中形成"共轭效应"的关键是使每一个原子按照其在分子结构中的相互关系和各自"角色",重新"整合定位",相互作用相互制约,"取长补短",形成结构稳定、抗力增强的新生有机体。作为反应发生的诱导效应是指在有机分子中引入一原子或基团后,使分子中成键电子云密度分布发生变化,从而使化学键发生极化的现象。根据电子云密度情况,引入原子或基团的"极化"有时是正的诱导效应,有时是负的诱导效应。

感受是人所处的各种外部情境的刺激与个人心灵反应的核心接口,一个人对外部情境乃至世界的所有理解和认知、经验的累积、思维和能力的提高都始于感受这个基本环节。感受和心灵的关系非常密切,任何的感受都会产生特定的心理活动,特定的心理活动也会产生相应的感受。教学活动中,仅就师生两个主要参与者来说,情况是各自感受着客观存在,而且作为一节课、一门课程,教学活动的目标也应该是共同的,那么联结师生感受的就是教学方法,只有师生为了共同的教学目标所怀有的教学感受达到一致时(共振或互补),这个活动才是完整的。所以说,"感受共轭"是教学方法的实际表现形式。当然,除了师生双方的感受,还有其他方面的感受,如教学管理者、教学方法观察和评判者、教学目标制定者等,他们都会对一节具体的课、一门具体的课程有着各自的感受,但不是方法的直接"共轭体",而是间接的"共轭关系"。

由于没有充分认识到高等学校教学方法的"共轭性",所以,教学方法问题长期徘徊不前，莫衷一是。因为，教学方法的好坏不知是教师的原因还是学生的原因，抑或是评价者的原因。

（三）高等学校教学方法的"小而全"性

按照价值论的视角，高等学校教学方法的实质是以师生为主要代表的多方利益关联目标的价值实现，具体表现形式是师生的感受共轭，那么它的特点是什么？从现有教学方法研究和应用成果以及实现教学方法的目标价值来看，高等学校教学方法的显著特点就是"小而全"。也必须具备了"小而全"特点的教学方法才是有效的教学方法。

高等学校教学方法的"小"是就教学方法概念本身而言的。无论在高等学校教育教学活动范畴还是在概念体系内，教学方法属于非常"下位"的概念，仅高于某个被运用的具体手段或措施。虽然"小"，内涵与要求却一应俱全，缺一不可，好比一个细胞就是一个生命体的最基本单元，教学方法就是基于教学活动范畴的"细胞级"概念。细胞因为基本结构和功能都具备才被认为是生命的基本单元。教学方法的"全"在于两个方面：一方面，它是一个具有内部环境范畴的概念，这些环境具体有哪些，也许就如人体的"经络""气脉"一般，存在而尚难具体地机械化地加以分别，就是说，在"感受共轭"环节，有无限丰富的环境因素在不断进行主客体间的转换、信息流的发生与反馈等；另一方面，它具有无限多的具体信息传递、情感激发手段和措施以及措施的组合，而且这些手段和措施及其组合又在不同的学生和教师间演变。因此，要想使一节课或一门课程"受欢迎"，必须具备"小而全"的基本特征。

以前，我们基本没有把教学方法作为一个完整的活动概念和范畴来分析。也就是说，用整体思维观点对教学方法的这个微观系统的建构还不够，现在要更深入地进行这个微观系统的创新，逻辑上缺少了一个上位环节。所以，我们在研究实践和研究"教学方法创新"这个命题时，总感觉无从下手，不着边际，所以推广不开、影响不广、价值不大。

第三节 教师的职业价值及教学方法创新主体

一、教师的职业价值

顾名思义，"教师"是一种社会职业称谓，无论是何种层次教育机构的教师，教书育人是其天职，"教书"是指教学方面的活动，"育人"是教书的根本目的所在。当然，实现"育人"目标还有其他很多途径，"教书"不是唯一途径。具体来说，"教书"关键在"教"，就是典型的教学活动，包括教学方法问题；书，只是作为知识体系的一个形象指代，但不仅仅局限于教材、课本。对于高等学校的教学来说，很多情况下没有"书"也能够教，小的可以是师生参与一次实验、实践，大的可以是探究自然或社会某一方面的现象和规律。大学教师如何对待这个"书"就大有文章可做。

（一）"三分法"职业价值缘起及其盛行

现代大学被赋予人才培养、科学研究、社会服务的职能之后，高等学校教师的职业价值取向就发生了严重分异——有的专注于教学，有的致力于科研，有的热衷于科技开发等社会服务。高等学校教师职业价值取向的这种分异也许都有一个必然的震荡期，震荡期过后必然回归。高等学校是探究高深学问的场所，高等学校教师所从事的工作就是学术职业。这种学术职业随高等学校社会功能的演化而不断分化与综合，在早期的"象牙塔"高等学校内，教师传承学问以及与学生一起探讨学问就是全部的学术活动，教师职业的主体任务比较简单。后来，随着学科的分化和社会的进步，大学的科学研究、人才培养、社会服务使命使教师进行了学术职业发展的重新定位，一部分大学教师专门从事科学研究工作，一部分重点进行人才培养工作，还有一部分专事社会服务与技术开发。即使是具有三重使命的高等学校，采取这种"三分法"的措施来实现学校整体功能也是合乎情理的策略。但很多情况下，高等学校教师是在大学的这三大功能中不断进行着角色转换，甚至是利益的博弈。

因此，端正高等学校教师的科研态度，进一步明确高等学校教师的科研价值是当务之急。

（二）重塑高等学校教师职业价值和培育职业价值感

作为一种当下的应景之策，高等学校把所有教师都作为学校社会职能的实现者加以指责规定，在管理上虽然达到了简便易行，但违背了教师职业的根本价值原则，带来了一系列的不良后果。高等学校教师的根本职业价值不能因机械的"三分法"而具有三重性，它的本质就是以人才培养为核心的学术活动，科学研究和社会服务都是为提高自身业务素质和人才培养质量服务的，也是引导学生认识社会从而成长成才的必然途径。一所高等学校可以有三个甚至多个社会职能，但高等学校教师的职业价值只有一个标准，这就是本和末、表和里的关系，相互之间不能颠倒。钱伟长早在20世纪80年代谈到高等学校教师时就有一个非常直观的表述:"你不教课,就不是教师;你不搞科研,就不是好教师。"高等学校教学活动的本质和特点决定了以探究学术为标志的科研活动是教学活动的任务之一,不能把高等学校教学活动纯粹理解为中小学那种以传授知识为主要任务的教学,教师和学生本身都肩负着学术活动任务。

明确了这一点,就要匡正和培育高等学校教师的职业价值感。职业价值感是每一个社会工作者通过对自己所从事职业的价值进行自我判断、对自身职业工作可能取得的成就进行基本估计、对社会所产生的回报和影响进行满意度评价等所形成的基本认同。这是衡量一个社会职业者是否爱岗敬业的基本标准。传统的职业价值有经济价值、安全价值、伦理价值等,而现代的职业价值则扩展到包括个人认同、自我价值实现、个人成长和成就感、人际交往等方面。简单地说,就是社会职业幸福感——作为高等学校的教师,当然是既要让自己获得各方面的幸福,也要使学生获得应有的成功与幸福。如果一名教师连自己到底要实现一个什么样的职业幸福目标都很恍惚,最后的结果自然是什么也实现不了。我们经常听到高等学校教务处处长说教师们的科研任务重、压力大,用到教学上的精力不足;又有科研处处长说现在教师的教学任务如何如何重,师生比达到了多少,没有精力搞科研。这难道就是高等学校的一个难解之谜吗?不是,这只是一个体制化的缺陷和一种逃避责任的遁词。那些科研搞得好的教师是不会说这种话的,而且就中国的绝大多数高等学校来说,其所开展的"科研"应该说由于原创不足或技术保障条件不足而毫无创新价值。高等学校教师以及教师和学生一起所进行的科学研究工作只不过是探究社会和自然规律的一点点常识,却是人才培养过程中的一个有用环节。虽然科研成果在人类发展历史上几乎不会留下什么,但这个过程是人才培养所必需的,因为教师培养出来的学生或学生的学生具有了那种探究和认识的能力,就可能会取得更加有用的成果。因此,教师的职业价值感不是来自一篇论文的发表、一个项目的获得,而主要是一种对接班人的未来创造抱有希望的期盼。

高等学校教师的职业价值不应仅仅定位于谋生的手段,也不能简单地被看作是完成任务,只有将职业的价值提升到与个体对生命价值的追求相一致的高度,才能最大限度地激发个体对职业的认同感、归属感,从而才有可能最大限度地使个体投身于教学。同时,高等学校教师也不能把职业价值局限于个人幸福之中,一种有价值的科研活动、一个学生的培养,都不是仅凭教师一己之力所能实现的。因而,要增强团队幸福意识,这会促使教师无论是在教学还是在科研活动中,始终发挥集体的力量,这样就会创造幸福、给予幸福,共同分享职业工作的幸福。

二、高等学校教师是教学方法的"强互惠者"

爱因斯坦曾对教育有过一种与众不同的定义:"如果一个人忘掉了他在学校里所学的每一样东西,那么留下来的就是教育。"这种从学生角度出发的教育定义开阔了我们的研究视野。在教学活动中,教师与学生主体间发生的价值实现,可以被明确指定的东西无非是那些"知识"的教学内容,但在爱因斯坦看来,这不是教育。可以这样理解,对学生来说,能够留下来的有用的东西就是方法——思维方法、学习方法、解决问题的工具性技能等。被称为"力学之父"的钱伟长院士自称从来也没有专门学过力学,那么一定是其在物理学中所学的一系列方法以及"国家需要"成就了他的力学建树。所以,教学方法就是在教学活动场域中能有效培育学生的看不见摸不着的方法之法,是承担整个高等教育活动根本任务的业之重器。

在传统的认识论看来,教师是绝对主体,学生与学科对象一样是教师认识和活动作用的对象,照此逻辑,高等学校教学方法的使用以及创新自然就是教师的事情。但是,价值论的观点与此不同,价值论认为学生是教学方法的需要主体,教师的方法只是满足学生需要的客体,只有这些方法满足了学生的需要,教师的价值(掌握了教学方法及其使用)才能体现。这样,似乎教学方法创新的主体就应该是学生了。这种纠结实际上是很多社会现象所共有的,也一直是人们努力探究的问题。

强互惠理论虽然才诞生10多年,但可以解释这样的一些复杂问题和现象。教育这种与人类相伴而生的复杂社会活动正是因为人类具有区别于其他物种的先天性强互惠行为倾向,才维持和提高了人类的非亲缘性和交互性的高度合作关系。教育从劳动中分离出来是人类最为成功的一次强互惠,带着这种秉性,教育活动内部主体关系也普遍存在强互惠,即一切教育活动,以及教师的一切活动都是在目前和未来都不期望得到任何收益的情况下支付成本来奖励公平和惩罚不公平的行为,其终极目的就是人类自身的发展。如果按照弱互惠观点,教师选择使用的教学方法必须依赖学生以及教学管理等人的行为,且对方愿意为教师的这种付出现实成本的选择给予直接或间接的利益回报。这显然就是过去以及当下教学方法创新不足的症结所在:教师不愿意为之付出成本或风险,学生以及教学管理者也没有承诺兑现相应的利益回报。因为教学方法本身是一个难以在眼前评说的"无形价值体",其效果的滞后性就是爱因斯坦就教育所说的在学生多少年后"所留下"的,加之学生认知滞后的惰性抵触,学校也不对教师教学方法创新风险给予保护,所以这种交互乃至重复交互性的弱互惠根本就不可能发生。因此，必须用强互惠理论来认识和指导高等学校教学方法改革创新。

在高等学校教学方法的选择和运用上，教师和学生是平等的主体关系，但无论是静态观察还是动态计量，教师以及教师群体都是少数，学生和学生群体是绝大多数，因此在教学方法的选择上，就不能按常规的"多数派民主"决定，必须由教师方承担主要责任。当然，承担责任不是逃避责任（弱互惠条件下是可行的），而是要将这种责任实施下去。因为在学生群体中，众多学生从小习惯了被安排、习惯了中小学教师的那种讲授式知识传递方法，不愿意甚至不可能提出积极的方法建议，事后也只隐隐约约地"觉得"这种方法"对胃口"或"不对胃口"，很少在教学活动现场表达"感觉"。那么，教师就要从高等教育的根本目标出发，深刻理解大学生的智力特点，主动做出教学方法改革创新。这种行为对教师来说，需要付出复杂的劳动成本和风险成本。但教师职业的社会性决定了教师就是要为人类社会培养更多具有认识社会发展和世界变化规律能力的人，丰富多彩的教学方法可能对相当一部分学生是惩罚，但一定能够达到维持和提高社会人才培养水平的根本目标，教师的个人成本付出是不需要言说或回报的。实际上，这正契合了社会对高等教育的期望，也确实符合了相当一部分学生的需要，关键是高等学校的教师们要迈出这关键性的一步，积极踊跃地充当高等教育活动的"强互惠者"。

第四节 大学教学方法创新的原则

建构高等学校教学方法创新理论是为了推进高等学校教学方法的创新实践。高等学校教学方法创新的原则是以基本创新理论为前提，按照激化矛盾冲突、假设科学有效和追求教学效率（师生的价值实现）最大化的基本规律，指导和规训创新实践的准则。以适切性为特征的创新原则和以有效性为特征的创新目标是不断发展变化着的，不是判断教学方法的唯一价值标准，它们在不同教学情境下遵循不同的要求，不可一概而论，否则就会抹杀高等学校教学方法的复杂性和丰富性。

一、高等学校教学方法创新的逻辑起点

任何原则都不是无缘无故的，对于"创新"而言，原则的形成虽然具有一定的历史渊源，但设定一个逻辑起点是非常重要的。开展高等学校教学方法创新不能捕风捉影、泛泛而谈，也应该有相应的逻辑起点。

（一）时间的起点

高等学校教学方法创新是一个中性的表达，其内在含义是对现有的高等学校教学方法进行驳回与否定。这是一件棘手的事情，至少对高等学校教师自己的教学方法是一种批判。因此，确立高等学校教学方法创新的时间起点非常必要。我国现代高等教育始于1898年，到1949年之前总体上是学习日本和美国，尽管大学进行着"科学"实验等西式教学，但经史子学等中国几千年的传统学术中的讲解法依然阵地强大，甚至几欲掩埋西式教学。这种中西之法的扞格本身就是一场斗争，无须参与创新。所以，1898年不是高等学校教学方法创新所需要的时间起点。

1949年新中国成立后，高等学校经过了简单的接管和清理之后重新开张，因为这时尚谈不上国家高等教育战略，仅是利用原有的一些高等学校培养革命干部，所以在教学方法上基本按照解放区式——苏式——自创式等三个阶段发展。"解放区式"教学实际就是在新中国成立最初几年的大学是按照革命战争年代所办的军政学校的教学方法来教学，这种方法对培养仅有初级文化基础的革命干部是有效的。后来我国全面学习苏联经验，教学理论、教学模式、教学方法几乎是机械化全盘照搬，我们称之为"苏式"教学。"苏式"教学可以被认为是精细化的"解放区式"教学，所以在新中国成立前10年，这两种教学方法得以很好地融合，并主宰着中国高等学校的教学活动。但这种教学方法毕竟与西方现代大学的教学方法以及逐渐发展起来的人才需要的实际情况格格不入，所以开展"教育革命"已是势所必然，于是诞生了"高教60条"。但是，这种由"教育革命"绵延下来的改革方式最后却事与愿违，甚至走向了反面——对于1966—1976年间既有的高等学校教学，包括"工农兵大学生"教育，我们可以笼统称之为"自创式"教学。"自创式"教学虽然只有十多年的影响，但很难对其具体定义，总体上应该属于"解放区式"教学方法的复兴，这也基本宣告了"苏式"教学和"教育革命"所设想的教学方法彻底完结。

1977年恢复高考招生制度以来，我国高等教育进入了有序发展阶段。高等学校教学方法或者说人才培养模式引起了高度重视，各种改革创新不断涌现。但是，我们不能因此就以1977年作为我国高等学校教学方法创新的时间起点。因为，最近几十多年来的我国高等教育发展虽然时间短促，但是经历了重大的阶段性变化。从20世纪80年代初开始，在高等学校教学秩序基本恢复的基础上，一批以20世纪50年代初回国人员为代表的高等学校学者们开始呼吁对教育的全面改革，其中最重要的一点就是拓宽过窄的专业口径、淡化学科专业界限、培养复合型人才,从而引起了教学方法的改革并出台了《关于教育体制改革的决定》。以此为标志,以发挥自主创新和学习国外经验并举为特点的新一轮高等学校教学方法改革创新开始启动。这场延续十多年的教学方法改革创新历程在 20 世纪 90 年代初也受到过市场经济与功利主义的侧面影响和校园信息网接入的激荡,但总体上形成了与当时高等教育格局和人才培养目标基本相适宜的教学方法体系。但是,在世纪之交,我国又开始了以 1999 年高等学校"扩招"为发轫的高等教育大众化进程,到 2003 年基本迈进"大众化"门槛,这时,以高等学校人才培养质量为"引子"的"教学质量"话题成为社会的热点,也成为高等教育界必须面对的现实问题。从前的教学观念、教学方法都是与"精英化"阶段相适应的,如今已然进入"大众化"阶段,原有的一套行之有效的方法必然失灵。这很正常,并不是教学方法本身出了问题,而是教学方法发挥作用和价值所依赖的外部条件发生了变化。因此,以 20 世纪 80 年代中期作为开展高等学校教学方法创新的时间起点是比较合适的,它既观照了我国基本稳定的高等教育"精英化"时代的教学方法,又直接面对已经进入"大众化"的高等教育的实际,特别重要的一点是 20 世纪 80 年代也是我国高等教育学科建设以及以教学为重点的教育科学研究全面兴起的时代,近 40 年来的研究成果比较丰富,对现实的教学影响比较大。在"大众化"这个阶段,我国的高等教育发展可能会有相当长的一段路程,这就决定了适应高等教育"大众化"的高等学校教学方法创新不是一蹴而就的事。

(二) 对象的起点

教学方法是可感可见的,教学方法创新也不是创造和发明新的教学方法,而是对现有方法的合理利用和优化整合。所以,要进行教学方法的改革创新,必须明确对什么教学方法进行改革,这是教学方法创新命题的落脚点。

教学方法的内涵比较复杂,有些研究者在论述教学原则时似乎就站在"教学原则"的立场,把教学方法的使用也包含了(如因材施教原则不能理解为教学内容和教学对象的因材施教,对具体的大学生或者中小学生的教学,内容基本是固定的,所不同的就是方法和手段),也有的把它泛化成"教学模式",有些又把它极端化为"教学过程"(极小的瞬间或者极大的一节课),更多研究者则是把它分化成具体形式。同时,在教学方法的分类问题上,有研究者把教学方法按照在教学活动中使用主体的偏向性分为主要服务于教师需要的和主要服务于学生需要的两类。那么,究竟针对教学方法的哪一个问题进行改革创新?对象不清,创新从何而来?

上述问题的每一个层面都有值得改进的地方，但创新所要求的是进行根本性的变化，那么属于微观改进的方面就不在创新范畴之列。对于究竟是针对教师的方法还是针对学生的方法，这种分析本身毫无缘由，是"工具理性"思维方式的结果，因此不存在针对方法使用主体的创新。实际上，教学方法的根本问题是选择和使用的问题，因此，对于教学方法选择和使用的基本指导原则、多种方法的组合关系（或称教学模式）、教学方法使用效果的评估都具有创新价值。

（三）范围的起点

高等学校是一个庞杂的体系，在这个体系中，既有不同层次和类型的学校，也有培养不同层次和规格人才的任务，所有的学校和人才培养过程中都有教学，都需要教学方法改革创新。但其中的差别是非常大的。在研究型大学和教学型大学之间，在研究生教育和高等职业教育之间，教学方法本身就不能相提并论，各有特点，相互之间的借鉴和学习也许就是一种创新行为。因此，就一般创新来说，我们的立足点是普通本科教育教学活动中的教学方法。

二、高等学校教学方法创新的原则

20世纪80年代以来，随着高等教育学研究的兴起，高等学校教学理论与实践日益丰富，也见仁见智地引进、提炼出很多"教学原则"，其中有很多属于教学方法范畴的原则。但教学原则只是关于教学方法选择和使用的一部分原则，不是教学方法创新原则。创新理论最先由美国经济学家熊彼特于1912年建立，一百多年来，人类社会的创新理论和实践也在不断发展，一般而言，创新就是在有意义的时空范围内，以非传统、非常规的方式先行性地、有成效地解决社会、经济、技术等问题的过程。它包括以下几方面的含义：①它是一项活动，目的在于解决实践问题；②它的本质是要突破传统、突破常规；③它是一个相对概念，其价值与特定的时间、空间密切相关；④它无处不在，人人可为；⑤它以成效和结果为最后的评价标准，可分成若干等级。因此，教学方法创新实际上就是教学方法选择和运用的变革问题，教学方法创新原则就是用来指导教学方法创新活动的相关规定性。

根据创新活动这样一些规定性，高等学校教学方法创新的基本原则有如下几种：

（一）科学性原则

高等学校教学方法创新无论是在方法论层面还是在具体的教学艺术与技巧层面进行，首先必须是科学合理的而不是随心所欲的，是科学性与艺术性的统一。同时，创新活动还必须同时符合相应学科规训和教育学科规律的基本要求，违背任意一方面的基本要求，创新就是为创新而创新的形式主义，不仅不能达到理想效果，还会诋毁教学方法创新的本来面貌。

为了做到教学方法创新符合科学性原则，在创新活动实施之前，就应当对创新活动的实施以及结果进行基本评估，使其尽可能更合理一些，操作更便捷一些。

（二）相对性原则

创新本来就是相对于原有状态而言的，任何创新都不可能达到绝对的最优、最佳、最美、最先进的程度。教学方法创新的相对性，是针对人类既往所使用的一切教学方法而言，都是总结和继承传统教学方法合理成分而开展的相对完美的改革，没有过去就不可能有教学方法创新的未来，无论是从具体形式、组合方式还是所产生的后果来看，只要取得了相比以前更好的效果，就是成功的创新实践。特别重要的一点是真正的教学方法创新必须是能够推广的，而不是"独门绝技"。以前的很多教学方法改革创新，虽然在个别或局部产生了比较理想的成绩，但是推广价值不大，影响面小。相对性原则是我们开展教学方法创新所必须坚持的一项基本原则。否则，一切创新都会成为过眼烟云，不会给高等学校教学留下有价值的经验和财富。

（三）适切性原则

教学方法创新的基本要求是符合教学需要，创新是实实在在的实践活动，不能有理想主义的侥幸心理。教学方法创新设想一定要适合教学内容、教学对象、教学目标以及时代与社会的需要，方法是服务于内容、服务于主体、服务于目标、服务于环境条件的，不同方法适应不同的内容、主体、目标、环境。因为高等学校的这几个基本教学要素几乎时刻在变化，这要求教学方法创新活动也必须每时每刻、无处不在。即使是同一个教学内容、相同的教学目标和同一个教学时空，学生的情况也各不相同，可以尽最大努力实施多样化教学方法或调整不同的教学进度。

（四）开放性原则

高等学校教学方法创新需要有一个开放的环境和宽容的氛围方能顺利进行，现有的各种管理、评价、考核制度不是鼓励教学方法创新，实际上是限制甚至是扼杀了教学方法创新。就教学方法创新的内在需要而言，一要有开放的视野，不能仅在教育学的圈子里也不能仅在已有的高等教育学圈子里打转，创新就是突破和超越，站在井底就超越不了井口的视野，因此鼓励多学科、多领域、多国度的学习借鉴，当然，这种学习借鉴必须是认真消化了的、切合高等学校教学基本要素需要的；二是在教学管理上对待教学方法创新也必须是开放的，不能把课堂规定得太死，课堂就是教师和学生的课堂，要提倡把课堂还给教师和学生；三是在教学方法创新结果以及评价方面也必须持开放态度，既然是创新，就要允许有多样化结果，甚至容忍失败，而不能用传统的结果观念和标准考量创新的教学实践活动。同时，在评价某位教师的某门课程的创新价值问题上，也应该科学地看待评价主体（学生）的认识能力及其当下的感受，有时当下的感受可能是不真实的，需要很长一段时间加以内化、比较以后才能做出客观的评价，所以不应一味苛求课后即时评价的如潮好评。对教师来说，所谓的教学风格主要也是运用教学方法的相对固有模式，这种模式不在于让每一次教学活动都感受深切，一定有所变化、有所改进，风格是在一届又一届的学生事后评价中产生的。

（五）公利性原则

公利即公共利益，与私有利益相对。在人类社会发展中，对负面的"私利"的研究和剖析较多，而对普通的"公利"熟视无睹。公与私是一种系统联结概念，并非对立。公的根本价值在于为私服务，在于为私与私之间的利益分配提供公平保障。公是一个相对概念，从小处说是"私之外"，从大处说有国家民族之"公"、有人类社会之"公"。利就是具有某种可用性的价值体，分自然存在物之利和人为事物或事务之利两种。高等学校教学方法属于人为的无形有用价值，无论是使用还是创新，都属于公利范畴，按照"强互惠"理论就是一种典型的公利行为，比如人类教育的产生（一些人不劳动而集中学习成长）、义务教育的规定性、高等教育大众化进程等都是宏观的公利性。教师在教学活动中的教学方法创新，必须是公利性的。

作为一个具体个人的教师，公必然源于私，但是，一定要注意处理"公心"与"公利"的关联。尽管出于"公心"，但要明确利为谁谋，不是当下的自己和学生，教学方法的评价也不是当下的评价。私心谋私利，公心不一定都是谋"公利"，为了眼前的"公"谋利，是一种有回报的弱互惠交换行为，算不上公利性。公利性也不是常见的平均主义式的公平利益，而是适宜于每个学生发展的内在的公平之利，用一种方法对付全体学生不是这里的"公利性"所要求的。

第六章 大学教学方法改革创新的策略

高等学校教学方法创新的价值在于推进教学实践的不断变革。如何改变高等学校教学方法现状，促进教学方法创新活动成为一种常态，成为提高人才培养质量的有力保障。创新策略是不可或缺的。创新的体制机制、创新的基本路径以及评价创新的原则和方法都是创新策略的重要组成部分。

第一节 体制机制创新

高等学校教学方法创新的实践价值在于体制机制创新，体制机制既是实现创新的动力所在，也是创新的任务所在。创新必须从体制机制创新开始。从对教学方法创新主体的激励和约束功效来看，高等学校教学方法创新的体制机制主要反映在人事制度与教学制度两个方面，人事制度包括教师的荣誉、劳动报酬、考评、奖励等环节，教学制度包括教师教学、学生学习、教学评价等环节。本节主要就教师的职称制度、劳动报酬分配制度加以阐述。

一、教师的职称（学衔）制度

职称是社会专有职务的名称。作为高等学校教师职称，在实施职称制度时就是考量不同资质和能力水平教师后对教师职业称呼的细化。在现实情况下，高等学校教师的职称淡化了荣誉意义、强化了实际经济价值，这主要是由评聘合一所造成的，必然会带来虚化职业本质、追求实在功利的结果，从而对教学以及教学方法的创新工作带来不利影响。

我国古代是官师合一，拜官为师，没有教师的职称制度。而学衔是世界各国高等学校教师管理专有等级制度，代表教师所具有的学术水平，反映教师从事教学和科研工作的能力。学衔制度起源于西方中世纪的大学，其本质是一种能力和水平的荣誉资格，开始时 professor 与 master、doctor 等相互参证，建立对应关系，后来 master、doctor 逐渐演化为学位制度系统名称，而 professor 则作为学衔制度的主体称呼"教授"开始分化。可见，职称的等级、名称都是学衔的外在表现，各国和各时期多有不同。我国建立现代大学之后，除在清朝末年短暂使用"教习"以及正副"教员"等称呼外，大学教师职称一直比较混乱，如《大学令》中设教授、助教授或讲师，《修正大学令》中设正教授、教授、助教授。直到1928年发布《大学教员资格条例》，我国才建立了第一个规范的大学教师职称制度，并设立教授、副教授、讲师和助教4级。

中华人民共和国成立后，尽管在职称内涵上有新的规定，并拟订了教师学衔以及职称等方面的文件草案，但教师职务提升等工作极不正常，不时停止，尽管1960年国务院发布《关于高等学校教师职务名称及其确定于提升办法的暂行规定》（以下简称《暂行规定》），但1966年后又被停止。1977年恢复高考招生制度后，主要按照1960年的《暂行规定》恢复教师职称提级工作，并明确"努力做到名实相符，教师的职务名称，既是工作的职称又是技术的职称"的原则。1986年1—3月，中共中央、国务院、中央职称改革领导小组先后转发《关于改革职称评定、实施专业技术职务聘任制度的报告》（中发〔1986〕3号）、发布《关于实行专业技术职务聘任制度的规定》（国发〔1986〕27号）、《高等学校教师职务试行条例》及其《实施意见》（国发〔1986〕11号），使我国高等学校教师职称工作走上经常化、制度化。这项制度依然相应称呼四级制度，而且继续沿袭"评聘合一"——在拟聘前提下评审、在评审合格基础上聘任。由此可见，高等学校教师职称在我国被演变为一种与实际待遇挂钩紧密而职责义务不明或履职要求含混的教师职业等级和评价标准的称谓。

经过几十年的不断实践和总结完善，国家人事部和教育部于2007年联合发布《关于印发高等学校、义务教育学校、中等专业学校等教育事业单位岗位设置管理的三个指导意见的通知》（以下简称《指导意见》），《指导意见》规定高等学校教师作为专业技术岗位设立高、中、初三档13级，也许是考虑现实实际，在高级岗位上又分正高级和高级两亚档。这样，1~4级为正高级岗，5~7级为副高级岗，8~10级为中级岗，11~13级为初级岗；在使用名称上，分别为教授1~4级、副教授1~3级、讲师1~3级、助教1~2级、教员级。在要求和条件方面，《指导意见》规定教师岗位包含具有教育教学、科学研究工作职责和相应能力水平要求的，而且高等学校可以根据实际情况探索对教师实行以教学为主、教学科研并重、科研为主的分类管理。同时，具体的任职条件一般由高等学校和其主管部门确定，包括同一档内的不同等级的任职条件也要明确并报备上级业务主管部门。这次的高等学校教师岗位职务改革既更加强调了岗位职责，又充分发挥了高等学校自主管理权限，更加能够凸显高等学校教师的培养、使用与管理的特色。

二、教师的考评与劳动报酬分配制度

教师考核评价与劳动报酬分配制度是学校对教职工履行岗位职责、兑现劳动价值的基本规定，也通过管理和使用人才资源来体现学校办学思想和发展战略。作为高等学校教师的重要劳动任务，教学工作在考评和劳动报酬分配制度上的体现反映了学校对教学工作的重视程度，能够引导教师自觉开展教学工作创新。

（一）教师考评制度

教师考评制度是以教师岗位工作职责为依据，对教师履行职责情况进行考核和评价的制度，它是人事制度中的最基本制度，也是决定教师是否适合继续从事教学岗位工作、兑现教师劳动报酬分配、提升专业技术职务以及开展相关表彰与奖励的基本依据。考评制度应该包含考核和评价两个方面：考核是以教师岗位职责规定为依据，以某一期限（通常是学期、学年或聘期的期中、期满）的实际劳动付出为基准，对完成工作任务情况的核定；评价则是通过比对规定标准和实际工作任务的数量、质量、效果后给予的评价。评价的结果一般分为不合格、合格、优秀三档。三档的人员分布应该是橄榄形的，即不合格与优秀只是少数，合格占绝大多数。否则，就应该考量职责规定的科学性，加以修改。

从考评制度对于教学工作的影响来说，重要的是考评内容和标准、方法及程序。新时期我国对于高等学校教师的考评制度是不完备的，或者说是重"量"而轻"质"的。虽然1979年教育部发布了《高等学校教师职责及考核的暂行规定》（以下简称《规定》），但很快又于1981年颁布《关于试行高等学校教师教学工作量制度的通知》（以下简称《通知》）。尽管《规定》和《通知》明确了这是一项"科学管理"的重要措施，"应贯彻以教学为主的原则"（教学工作量应占2/3左右），但在实际操作上，主要用于提职考核，更加强调工作量是提职的"硬性指标"。这样一个开局性规范，使我国高等学校教师的考评工作从一开始就没有走常规化、科学化之路：一是考评的目的不健康（仅是为了升职，前述职称制度中的不良导向根源就在于此）；二是考评的机制不健全（似乎没有考虑教学规律，教师个人除了在晋升临近才有意识之外，平时并不关注或参与考评机制建设）。

（二）教师劳动报酬分配制度

教师劳动报酬分配制度是调动教职工工作积极性、挖掘创造性的有效工作制度之一，其政策倾向能否与教师整体的主导职业价值取向趋于一致，是发挥劳动报酬分配制度、调节作用有效性的基本标准。在我国现行高等教育管理体制下，公立高等学校的劳动分配制度表现为二元结构，即按照国家行政事业单位的全民所有制性质主要由财政负担并按照有关工资政策执行的基本薪酬，依照学校办学效益支付的内部效益薪酬。由于目前所有高等学校在基本薪酬方面都统一执行国家"定价"，校际没有明显的差别，因此从分配制度角度探讨各学校的办学思想和发展战略及其与教师的职业价值的关系，主要就是考察其内部效益薪酬的分配策略。

第二节 大学教学方法创新路径与评价

教学方法创新路径与创新评价是高等学校教学方法创新活动中两个重要的实践要素。对这两个问题的研究，既可以是对过去或现存状态的追寻或总结，也可以是对未来教学方法创新的价值建构。

一、高等学校教学方法的创新路径

教学方法的工具理性决定了它没有意识形态的栓结，无论是过去已经存在的教学创新方法还是未来需要着力改进的新的创新方法，无论是各种自创的创新方法还是学习借鉴而来的创新方法，都值得被推崇，但都要客观地分析教学方法具有人文环境的适应性和技术支撑条件的差异性，不能盲目。

就教学方法创新的基本路径而言，科学性和新奇性是两个基本判据。在创新理论部分我们分析了教学方法的内在规定性是"价值实现"和"感受共轭"，这对教学方法创新实践同样具有理论指导意义，"价值"是科学性创新路径的规定，"感受"是新奇性创新路径的规定。无论是自创还是借鉴的已经存在的教学方法，其本身的价值或科学性一般不存在怀疑，因此作为"感受"所必需的新奇性要加以重视。

在具体阐述教学方法创新方法之前，作为一种教学方法创新策略，必须提示两点：一是在方法创新过程中，借鉴异域高等学校教学方法是一个有效途径，这个途径不说明哪些方法的好坏，而是提高了教学方法的丰富程度——感受性的最大特点就是丰富性，否则师生对于教学方法的感受共轭就是贫乏的；二是要重视教学方法的人文环境适应性和技术支撑条件的差异性的存在，在学习借鉴时，要根据不同对象创制并分析该方法创制的原始背景，加以利用，同时要注意克服推行过程中的技术限制因素，尝试其他途径或通过相关技术解决问题，这本身也属于创新思维范畴。

在教学方法创新实践活动中，掌握一些创新原理和方法只是能否实现创新的前提，不是解决创新的灵丹妙药。只有不断深入学习，深刻理解创造方法，积极开展创新实践，才可能有效地掌握创新方法，取得创新成果。由此，结合创新理论原则和高等学校教学方法的历史与现状，总结分析得出成功而有效的教学方法创新方法主要有如下七种。

（一）组合法

无论是在自然界还是在人类社会，组合创新非常普遍。就教学方法而言，就是将两种或两种以上的方法或方法理论的一部分或全部进行适当叠加和组合，形成新的教学方法。组合法是创新原理之一，也符合教学方法创新实践。爱因斯坦曾说："组合作用似乎是创造性思维的本质特征。"组合创新的概率与空间是无穷的。据统计，二十世纪的重大创造发明成果中，三四十年代是突破型成果为主、组合型成果为辅；五六十年代两者大致相当；从八十年代起，组合型成果则占据了主导地位，这说明组合已成为创新的主要方式之一。

（二）分离法

分离原理是把某一创新对象进行科学的分解和离散，使主要问题从复杂现象中暴露出来，从而理清创造者的思路，便于抓住主要矛盾。在创新过程中，分离原理提倡将事物打破并分解，鼓励人们在发明创造过程中冲破事物原有面貌的限制，将研究对象予以分离，创造出全新的概念和全新的产品。教学方法创新的分离法，就是把过去或原有的司空见惯的方法加以分解，按照一定逻辑关系进行整理，然后突出某一部分甚至将其扩充放大，成为一种等同甚至超越于原来方法作用的新方法。

（三）还原法

还原实际就是要避开现行的世俗规则，即将所谓"合理"的事物设定为"非"，而将事物的原状设定为"是"，就是要善于透过现象看本质，在创新过程中回到对象的起点，抓住问题的原点，将最主要的功能抽取出来并集中精力研究其实现的手段和方法，以取得创新的最佳成果。教学方法创新与其他任何创新一样，都有其创新原点，寻根溯源找到创新原点，再从创新原点出发去寻找各种解决问题的途径，用新的思想、新的技术、新的手段重新构造方法，从本原上解决问题，这就是还原创新方法的精髓所在。

（四）移植法

创新理论认为，移植法是把一个研究对象的概念、原理和方法运用于另一个研究对象并取得创新成果的创新原理。"他山之石，可以攻玉"，移植法的实质是借用已有的创新成果进行创新目标的再创造。教学方法创新活动中的移植法，可以采取同一学科领域的"纵向移植"（我国高等学校教学方法的通用手法是非理性的"下位"的基础教育教学方法"上移"，而当前基础教育教学改革中则采取了诸如研究法、实验法等更多"上位"方法"下移"），也可以采取不同学科领域、不同地域的"横向移植"，还可以采取多学科领域、多地域教学方法的理念、思维和方法等引入的"综合移植"。移植能够取得新的成果，在教学方法方面也符合"感受共轭"中的新奇性标准：没尝试过的就是新奇的。所以，在教学方法问题上，美国的许多常规方法引入到中国来就是创新，就能够产生新的效果，而中国的传统教学方法传播到美国去，也会产生意想不到的效果。

（五）逆反法

逆向思维是一种重要的创新方法，逆反法要求人们敢于并善于打破头脑中常规思维模式的束缚，对已有的理论方法、科学技术、产品实物持怀疑态度，从相反思维方向去分析、去思索、去探求新的发明创造。实际上，任何事物都有正反两个方面，这两个方面同时相互依存于一个共同体中。人们在认识事物的过程中，习惯于从显而易见的正面去考虑问题，因而阻塞了自己的思路。如果能有意识、有目的地与传统思维方法"背道而驰"，往往能得到极好的创新成果。教学方法中有一种备受推崇的"深入浅出"的方法，其实从逆反法的角度分析，高等学校教学中的很多课程内容可能并不适合"深入浅出"，而采用"浅入深出"才能引人入胜。

（六）强化法

强化是一般创新方法之一，它是基于科学分析研判基础上的一种"包装术"——合理策划。强化法主要对原本一般的方法通过各种强化手段进行精炼、压缩或聚焦、放大，以获得强烈的创新效果，给人以感觉冲击。分析国家级"教学名师"们的教学方法，很多都是采用强化法，把普通的教学方法"概念化"，或者按照分离法原则把一个普通方法的局部元素加以剥离、充实，并开发到极致、应用到极致,最终打上首创者的名号。这样获得的教学方法不仅是"新"的,也是"强"的。

(七)合作法

高等学校教学活动是典型的深度合作活动。这种认识长期没有得到推广,以至于教学方法的单边主义长期盘桓,根深蒂固。改革现行屡遭诟病的教学方法,推进高等学校教学方法创新,思路之一就应该从教学活动本源入手。有学者分析"对话教学法"是以师生平等为基础、以学生自主研究为特征的典型的合作创新方法,并由此推演出"以教师为中心""以学生为中心""师生关系平等"和"突出问题焦点"的四种对话教学模式。其实,任何教学方法的创新,从创新主体而言,合作的路径是无限宽广的。这是因为科学的发展使创新越来越需要发挥群体智慧才能有所建树。早期的创新多依靠个人智慧和知识来完成,但诸如人造卫星、宇宙飞船、空间试验室和海底实验室等,仍需要创造者们摆脱狭窄的专业知识范围的束缚,依靠群体智慧的力量以及科学技术的交叉渗透完成创新。

二、高等学校教学方法创新评价

推进和深化高等学校教学方法创新实践的一个重要命题是是否要并如何开展教学方法评价。教学方法评价的缺失或不当,是教学方法创新实践衰微的先决条件。因此,建立适合高等学校教学内容、教育对象、教学发展特点的教学方法评价机制,有利于推进教学方法创新实践活动。

教学方法创新评价的起点是教学方法常态评价,通过对教学方法的常态评价促进教师的教学方法创新,通过教学方法创新评价进一步科学引导教师的教学方法创新实践。教学方法常态评价就是分析、判断任何教学活动中教师所使用的教学方法状况及其影响,并提出建议。

教学方法常态评价的目的不在于推选出一种或几种最优教学方法,而在于促进教学方法的多元化和有效性,使学生的感受得到积极健康的满足,从而激发学习兴趣,增强学习动力,提高教学活动的整体水平和质量。"最优"教学方法是不存在的,所有有效的教学方法几乎都是组合性和适切性的产物。因此,常态评价的标准不是组织设计性的,而是一种常态模式状态下的灵活评价标准,即符合基本教学方法要素,适应不同教学内容和教学对象,教师和学生的感受趋于一致。当然,由于教学方法最后是以"感受"为评判基础的,"新奇性"创新标准经常容易被教师误用为"取宠术"——满堂取悦于学生的奇闻轶事，这是在实施常态评价时应引起关注的。另外，教学方法常态评价过程必须是动态的，不能以一两次评价代替某位教师的某门课程教学方法状况。

（一）创新评价原则

教学方法创新评价是在教学方法常态评价基础上，用来引导和规范教学方法创新活动的手段之一，评价结果反映了教学活动中教师所用教学方法的科学性、合理性及有效性。进行创新评价或者评价某个教学活动中的教学方法是否具有创新性，应至少符合以下四项基本原则之一。

1. 批判性原则

与常态评价不同，考量一位教师的教学方法是否具有创新性，首要的判据不是方法是否稳妥、正确，而是方法中的批判性成分，包括该方法对教学内容的常理的、现行结果等是否具有反思维或质疑，对学生的问题意识、探究情怀是否有暗示作用。现行教学方法中的知识讲授、灌输等方法之所以一直被诟病，就在于它使知识显得苍白而平面，不能培养学生的问题意识和探究兴趣。在评判原则之下，可以产生较多的具体方法，只要它们具备批判属性，就都属于教学方法创新范畴。

2. 挫折性原则

无论是抽象的观念还是具体的方法，举凡具有"新"的本质属性，或多或少都存在不被立即接纳和认同的境遇。人类社会在漫长的进化史中，有一个共同的经验，就是对于"新"既怀有期盼，又保持着戒备。一种新的教学方法被创设或引进到一个教学情境中，必然会有一定风险，会遇到各种阻力乃至反对，一片欢呼、推行顺畅的新方法十分罕见。这里，教师对于风险的评估以及是否决定推行被视为内阻力，而遭遇风险被视为外阻力。无论是内阻力还是外阻力，都是任何新方法所必须面临的挫折。同时，这种方法本身在实施过程中还含有"挫折"意蕴，如项目教学法就使学生在参与实施新方法的过程中体悟到探究和推演的复杂性和艰难，在挫折中寻求成功，进而体会新方法的宏伟意义和愉悦感。这种方法也是对学生进行学术品格培育的有效途径之一。

3. 丰富性原则

有效的教学方法很少是单一性的，通常是多方法的组合运用。评判一次教学活动或者一位教师一贯的教学方法是否具有创新性，应该考察其方法使用的丰富程度。在漫长的教育教学历程中，人类创造了无数的教学方法，每一种方法都没有好坏、正误之分，关键是是否适合这种方法的对象与教学内容、教学情境。具有创新性的教学方法必须具有一定的方法种类丰度，单一的方法在现今条件下即使具有创新性,也一定非常微观,无法解决常规教学层面的问题。总结教学名师们的教学方法,发现在其"品牌性"方法之外,都有非常丰富的教学方法贯穿于教学活动之中,其中还有一些是教学方案设计之外的"非设计"方法,被教师们临场发挥,服务于特殊需要的教学过程。"非设计"方法是教学方法创新丰富性的表现之一,它也准确地反映出不同教师运用教学方法的能力和水平,高水平的教师可以在教案设计方法之外游刃有余、得心应手地选择恰当的方法开展教学,而初任教职的教师可能在教案中设计了若干教学方法,或者用一些超出教学安排的计划来满足学生的一些兴趣。

4.关联性原则

高等学校教学方法的实现途径正随技术进步发生着快速而深刻的变化,多途径实现教学目的成为现代高等学校教学方法创新的革命性特征。与传统的讲授法、灌输法相比,现代技术带来的教学方法(手段)创新突出了技术性优势,从"粉笔加黑板"进化到幻灯、多媒体以及网络课堂,有效地提高了教学效率,为交互式教学提供了时空与技术保障,师生教学灵感也及时得到了捕捉和储存。但这只是教学方法创新关联性的一个方面——方法与手段的关联。级联递增式的关联性在一定程度上否定了教学方法的技术元素,完全依赖现代教学技术推进教学方法创新也不妥当,因为人类的教学活动从产生到现在,从来就不是技术的"奴隶"。因此,关联性创新原则要求教学方法不能在技术面前无所作为,也不能搞"唯技术论",应回归教学活动中"教"与"学"的本位开展创新。人是社会生活中最活跃的因素,离开先进技术设备条件依然可以开展教学方法创新活动,如很多大师成长经验或教学经验中的"点化法",就屡试不爽,成就了不少人才。

(二)创新评价主体

在对教学方法及其创新性的评价中,主体必须是多元的,任何单方面的结论都不足信,尤其是从教学管理角度开展的教学方法及其创新性评价更是有违教学方法的本质要求,正如下一节要论述的,教学方法创新属于学术文化范畴,因此对于教学方法的评价不属于高等学校的行政管理而属于学术管理。学术性评价的主体应该是多重多元的,只有这样才能逼近教学方法以及教学方法创新性的本质,否则就是对教学方法的机械性误导,会极大地扼杀教学方法运用的灵活性和教学方法创新的积极性。

教学方法创新评价主体,首先是教学活动的直接参与者——教师和学生这个二元主体。而且学生这一方面的情况还是动态变化的,即某位教师的某一门课程的教学对于某一年级的学生一般只有一次，待教师重复进行教学时，学生已经全然改变。因此，教师的教学方法改革为什么尤为滞后，关键就在于学生对某门课程的学习以及对教师教学方法的"感受"是唯一且不可重复的，即使有一些中肯的建议，但检验这些建议是否被采用的是下一届学生。所以，对教师教学方法创新评价主体中的学生界定必须持续几个年级学生。或者，对于通用性强的公共课程、专业平台课程等，要把多课头学生全部纳入评价主体的范围，但这对大量专业性课程并不适用。

教学方法创新评价主体的另一方面应该是教学团队成员。无论这个团队是否形成建制，或者规模大小、关联强弱，通过这个团队，可以从"方法适应内容"角度准确界定教师教学方法的使用及创新状况。

至于很多高等学校已经组建并运行的"教学视导"机构的人员，是教学方法创新的评价主体之一，但由于学科专业的巨大差异，他们只能从通用性方法，即从符合教学一般规律性的方法入手加以评价，不能代替教学团队的评价。

教学管理部门参与教学方法创新评价是间接的，只能从程序设计、持续推进、结果反馈和分析等方面着手。

第三节　大学教学方法文化创新

从基本职能和主要活动特征分析，高等学校属于社会的"文化和旅游部类"。而在内涵宽泛的文化概念中，学术文化是高等学校一切活动的内在属性和外在表现，它既包括科学研究，也包括教学活动，还包括社会服务中的成果转化与技术革新。创新是学术文化的生命元素，建设高等学校教学学术文化，必须高扬创新旗帜，为教师开展教学方法创新提供良好的环境和精神指导。

一、高等学校学术文化与教学紧密相关

现在，人们一提到"学术"似乎就指向了专门的科学研究活动。但在高等学校，这种认识是不准确的，或者说这种观念是在长期的"以偏概全"误导下对高等学校活动本质特征的误解。这主要是由于这种狭义的"学术"活动是很晚才出现的，而且它似乎还排斥科技应用，使"学术"陷入了一个非常狭窄的范畴。

追溯高等学校主要活动的起源,教学活动无疑是最为悠久、最为本质的大学活动类别,它与大学的出现同步或者更早。

高等学校发展到今天,已然形成人才培养、科学研究、社会服务三大基本社会功能。美国高等教育的"功能创新"也许给高等学校自身发展带来了预想之外的麻烦:教学或人才培养活动逐渐丧失其学术探究性特征,教学甚至被淡出"学术"视域,这显然不利于大学基本功能人才培养工作的开展。因此,20世纪80年代后期,曾任美国教育部长的卡耐基基金会主席厄内斯特·博耶首先提出了"教学学术"的概念,从"学术"的内涵出发,反诘了学术不只是专业性的科研,而是既有探究性也有整合性的学术,还有应用知识、传播知识的学术,在这个完整的"学术架构"中,"传播知识的学术"被称为"教学的学术"。自此,教学的学术性引起了关注,学术文化被引入教学改革创新活动。

学术文化被引入教学活动不是"外来"的,而是高等学校教学活动本质的复归。高等学校教学活动从来就与学术探究活动密不可分,即使现在大学功能得到分化,也不能剥离教学活动的学术特性。具体来说,教学与学术探究有以下三重血脉联系:

其一,高等学校教学活动总体上与基础教育教学活动重在"传播知识"不同。其从教学目标出发,注重培养学生的探究和创新能力,亦即不仅让大学生知其然,还要使大学生知其所以然。基础教育教学是沿袭基础教育方式,在一般教育学、教学论指导下的"知识本位"教学观,高等学校教育活动则是从高等教育自身特点和规律出发的"能力本位"教学观。

其二,高等学校教学活动要培养大学生的创新思维、批判精神等内在素质,这种思想素质不是通过"传播—接受"模式可以实现的,纯粹的"传播式"教学达不到这个目的,必须在有关学术探究活动体验中让学生逐步"养成"。教学活动与学术探究活动的有机结合,有利于培养学生的学术精神。

其三,高等学校教学活动自身的教学内容和方法途径必须具有探究性。教学所需的知识信息要及时更新并按照教学传播实际需要对知识进行再加工,以适应教学对象,而不是某个已有知识的"原生态"。高等学校教学活动中对教学内容的选择还有一个"未定型"知识的纳入问题,长期以来,其对教学内容的选择基本是"定型"知识,所以方法手段要随技术发展不断改进。

二、创新是高等学校学术文化的核心

建立高等学校教学学术文化的根本在于以此引入学术的创新特征,促进教学以及教学方法的改革创新。一段时间以来,教学活动游离于学术之外,学术的创新特质也远离了教学活动,导致教学以及教学方法创新举步维艰。

整个高等学校文化的重要标志就是以创新为轴心的学术文化,按厄内斯特·博耶的界定,就是探究的学术文化、整合的学术文化、运用知识的学术文化和传播知识的学术文化。创新,无不植根其中。即使是按照大学功能划分,创新也蕴含在每项功能的发挥过程之中。高等学校的社会服务功能,其实是从转化高等学校科研成果,以及求解社会的生产、技术、管理等领域的问题起步的,这实际与科研工作一脉相承,甚至就是科研工作的延续或场所转移。因此,运用知识也是需要创新的。

在人才培养方面,尤其是作为人才培养核心环节的教学活动中,创新元素一直存在且非常普遍。比如,教学内容,最早的教师几乎就是教学内容的化身,没有教材等知识载体,教师日益更新积累的思想学说就是教学内容,被应用于教学活动中。这是教学内容的创新,思想有多远,学说就有多深。但随着信息载体的日益丰富发达,教师的思想学说反而相对减少,有的只是更新而非创新。因此,在当下意义上说,创新是高等学校学术文化的核心,而从起源上说,创新更是高等学校人才培养活动的核心。也就是说,教学具有以创新为特质的高等学校学术文化属性。

三、重振高等学校教学学术文化

高等学校教学活动是占绝对主体地位的高等学校活动。教学的文化生态样式决定了教学的价值走向。从创新元素的有无来评判,当今的高等学校教学文化生态缺失了"学术性",也就缺失了"创新"这个灵魂,从而演化成一种几近功利甚或颓废的"应景文化"——学生参与教学活动是应付教师的某些机械化要求,教师参与教学活动是为了完成学校规定的工作量以便获得报酬,消极应付是其共同特点。几乎同时,高等学校里的另外几种文化活动——学生的文体活动、社团活动、社会活动等和教师的科研活动、研发活动、社会兼职与服务活动等,其积极的、忘我的甚至疯狂的价值体现与教学文化完全不同。

以创新为魂,重振高等学校教学学术文化是推进高等学校教学方法改革的"招魂"之举。教学方法创新不是凭空捏造新式工具,而是要构建一个适当的环境氛围。富有创新内核的高等学校教学学术文化既是曾经的教学生态样式,也是现在需要大力恢复和重建的教学生态。追溯教学文化传统样式的失衡,很可能是高等学校科研、社会服务两大后发功能的冲击导致的,现在重振高等学校教学学术文化是否要削弱这两大功能或淡化这两大功能中的创新元素呢?显而易见不是,而是要强化三者之间共同核心的渗透与通融,尤其是现代研究型大学的强大科研功能和大批应用型大学的社会服务功能，可以为教学活动注入无限的创新基因。

在已然被分化且独占名分的学术文化面前，高等学校教学学术文化应该如何重建？如何赋予其创新特性？综览高等学校教学活动的几个关键方面，首先要重建教学创新思维（回归高等学校教学价值本源）；其次要创新教学内容（空间并不大，尽管现在的教师热衷于科研，但他们的成果能够被纳入教学内容的可谓凤毛麟角）；再次要创新教学手段（由外界技术主导，高等学校以及师生能力有限）；最后要创新教学方法（这是大有可为的）。由此可见，以创新为核心重振高等学校教学学术文化，最可能的实现途径就是从创新教学方法打开突破口。

四、重构高等学校教学管理文化

教学学术文化的建设是一个系统性工程，也必然是一个长期的过程。作为重要推力之一，重构高等学校教学管理文化也是一个有效的推进选择。长期以来，在"教学非学术"语境下所形成的一系列教学管理制度与文化就是高等学校教学学术文化建设或教学创新的首要障碍。

通过对一系列管理制度的分析，无论是主要针对学生的教学管理还是主要针对教师的教学管理，基本上可以归并于三种属性：机械管理、规范管理、科学管理。这三种层次不同的教学管理，是现代以来高等学校教学管理文化的基本进化路径，但在不同国家和地区，不同高等学校有时间先后差别。机械管理曾经作为"科学化"的代名词，取代了千百年间一直沿袭下来的"自由教学"，这对教学规模的扩大，尤其是开始组织班级教学是有重要贡献和意义的管理革命。规范管理并非新生物，而是机械管理的改进升级版，无论就教学对象还是就教学方法而言，机械管理和规范管理都是扼杀创新、忽略个体差异性的。在教学方法创新上，二者形成一对阻抗——越是强调规范，创新越难以实现；越是创新的教学方法，越是打破规范的约束。科学管理注意到了各种特殊性的存在，在方法上具有一定的伸缩性，与教学方法创新可以相容。所谓科学，就是要尊重规律，尊重教学方法的规律进行教学管理是可以发挥教学方法创新作用的。

重构高等学校教学管理文化，就应该走科学管理的道路，更加注重教学学术文化特性，使教学管理更趋于学术管理（尽管现在的高等学校学术管理也严重存在"不科学"现象），不能过于规范，从而违背高等学校教学的学术精神。仅从教学方法及其创新角度来看，自由是创新的根本源泉，无论是现代意义上的科学研究还是教学改革,管理过于机械、规范的,自由度就越小,产生创新成果的概率就越小。因此,要呼吁教学自由。教学自由又必须从教学管理的变革开始,使教学管理富有自由创新色彩,在适度控制前提下可以分开教学自由,尤其是教学方法自由是完全可以分开的。有人回忆西南联大的成功之处就在于坚持了"学术自由、教学自由"。如果没有以教学管理文化改革为先导的教学自由局面的出现,教学创新和人才培养质量的根本提高就是一句空话。

第七章 我国大学教学方法改革的实践探索

第一节 我国高等学府教学方法改革的实践探索

一、北京师范大学的教学模式与方法改革探索

北京师范大学（Beijing Normal University）是中华人民共和国教育部直属、中央直管副部级建制的全国重点大学，是国家"七五""八五"首批重点建设十所大学之一，"九五"期间被首批列入"211工程"建设计划，"十五"期间进入国家"985工程"建设计划，2017年进入国家"世界一流大学"建设A类名单，11个学科进入国家"世界一流学科"建设名单；2018年，学校成为首批学位授权自主审核单位；入选"珠峰计划""强基计划""2011计划""111计划""卓越法律人才教育培养计划""国家大学生创新性实验计划""国家建设高水平大学公派研究生项目"等，是一所以教师教育、教育科学和文理基础学科为主要特色的著名学府。

学校前身是1902年创立的京师大学堂师范馆，1908年改称京师优级师范学堂，独立设校。1912年改名为北京高等师范学校，1923年更名为北京师范大学，成为中国历史上第一所师范大学。学科点覆盖了除军事学以外的12个学科门类，形成了综合性学科布局。进入21世纪以来，学校积极推进战略转型，在学科结构、专业设置和人才培养体制改革等方面都取得了重大进展——学科结构实现综合化，专业设置更加适应国家和社会需要，新兴学科和交叉学科成为新的增长点，人才培养模式多元化。

学校高度重视本科教学，确立了本科教学工作的中心地位，坚持以高水平学科建设和科学研究促进本科教学，通过完善本科教学管理制度、加大教学投入、深化教学改革等措施保障本科人才培养质量。学校教学改革不断深化，开

展了教师教育的"4+X"模式的研究与实践,构建多元化教师培养体系;开办了励耘实验班,实施"励耘优秀人才培养计划",进行跨学科人才培养模式改革;实行了按院系或专业大类宽口径招生的改革;实施了通识教育基础上的宽口径专业教育。

(一)北京师范大学教学指导思想

在全球化时代,随着中国与世界各国在诸多领域交流合作的日益频繁,具备国际竞争力的人才越来越受到重视和青睐。在知识经济时代,经济要发展,社会要进步,对创新人才的需求不断增加,而新一代大学生的身心发展水平和大学教育的特点决定了大学必须进行创新教育,才能培养出合格的高级专门人才。而在教育领域,不仅需要培养学生的学习能力和水平,更要求学生通过学习具备专业素养和专业交流合作的能力。因此,高等学校必须破除传统的教学理念,转变传统的灌输式教学模式,用新的更适合社会发展的教学模式来保证教学质量和人才质量的全面提高。

1.北京师范大学人才培养的目标定位和主要任务

北京师范大学根据学校办学目标和创新型人才培养目标定位,把本科生人才培养目标定位为培养具有良好的人文与科学素养、宽厚的专业基础、开阔的国际视野、勇于实践的创新型高级专门人才。学校的人才培养战略,就是要以学生发展为本,统筹各类人才培养工作,推进人才培养体制改革,依托学校深厚的人文底蕴、多学科的综合平台、高水平的科学研究、优质的国际教育资源等,努力构建研究型大学的创新型人才培养体系。

"十三五"时期是我国全面建成小康社会的决胜阶段,是我国基本实现教育现代化的决定性阶段,也是学校实施"世界一流大学"建设战略的关键时期。学校到2020年,世界一流学科数量取得较大突破,初步形成大数据资源、网络技术与教育教学深度融合的人才培养体系,师资队伍整体水平显著提升,自主创新能力不断加强,在社会服务、文化传承方面的支撑引领作用更加突出,国际影响力和竞争力不断提高,学校综合实力大幅提升,进入全球前200名,稳居大陆地区前8位,为实现21世纪中叶跻身"世界一流大学"前列目标奠定坚实基础。学校教育工作的重点任务是深化管理体制机制改革;创新学科组织模式;提高人才培养质量;提升师资队伍质量;深入开展协同共建合作;完善考核评价激励机制。

2.北京师范大学教学指导思想

在全校师生员工的积极参与和支持下,学校研究制定了《北京师范大学

"十三五"发展规划纲要》,进一步明确了办学指导思想和发展目标。坚持以习近平新时代中国特色社会主义思想为指导,落实立德树人根本任务,培养创新创业人才,提升自主创新能力,支撑创新驱动发展战略,服务经济社会发展,实施"双轮驱动""信息化""国际化"和"协同共建"战略,以体制机制创新、一流师资队伍建设、"智慧校园"建设、"平安校园"建设、党风廉政建设为支撑,大力提升办学水平,引领教育综合改革,助力国家教育现代化进程,为国家进步和区域发展提供有力支持。

3. 北京师范大学教学模式与方法改革指导思想

鼓励教育创新,探索构建研究型大学本科教学的新思路、新体系、新模式,结合教育部及北京市"质量工程"建设要求,大力加强教学建设和教学改革,提高教学质量;通过各类教学建设与改革项目的实施,大力加强课程及教学队伍建设,落实本科教学工作水平评估整改措施,促进教学质量的提高与教师教学能力的提升;更新教学管理理念,在建立教育教学新模式、新体系的过程的同时,建立与之相适应的教学管理新措施、新模式、新机制。

(二)北京师范大学教学模式与方法改革的主要措施

学校围绕人才培养目标,继续推进多元化人才培养模式改革,进一步完善了本科人才培养方案,并结合落实"质量工程"建设要求,进一步加大了课程建设与教学改革的力度,积极实施人才培养模式改革实验区、特色专业、精品课程、精品教材、教学团队、双语示范课程、大学生创新实验计划等项目,取得了一批突出成果。为建立教学质量保障的长效机制,学校进一步完善了教学管理规章制度,明确了教学各个环节的质量标准,完善了教学质量控制体系,进一步夯实了本科人才培养工作的基础。学校结合师范生免费教育政策的贯彻落实,进一步发挥教师教育的优势和特色,积极探索创新型教师和未来教育家的培养机制,建设教师教育创新与教学平台。

学校制定了《北京师范大学教学建设与改革项目管理办法》,在不断推进教学改革的过程中,以教学建设和改革立项等方式鼓励教师及教学管理人员开展研究,加强教学建设,促进人才培养模式、课程体系与实践教学体系、教学内容和教学方法手段等改革。

1. 不断完善人才培养方案与创新型人才培养体系

(1)体现时代特征,优化培养方案。学校根据不同时期形势发展的要求和人才培养规律,不断优化人才培养方案。1985年,北京师范大学制定和发布了《关于本科教学的十二项基本规定》,提出"加强基础,重视应用,培养能力,扩大知识面，完善学生知识能力结构，提高人才培养质量"的指导思想，并对逐步实行学分制、主辅修制、双学位制做出了明确规定。1987年、1993年和1998年，学校先后对本科教学计划进行修订，形成了符合教育、科技和社会发展要求的培养方案。

迈入21世纪，为适应现代教师教育发展的新形势，学校关注社会对人才的要求，在人才培养过程中尊重学生的个性选择，坚持知识、能力与素质协调发展，并于2002年秋季启动新一轮本科教学计划修订工作，着力构建研究型大学与创新型人才培养体系。

学校于2003年9月起实施的教学计划具有如下特点：第一，体现新世纪育人观，贯彻"以学生全面发展为本"的思想，树立知识、能力、素质协调发展的目标，以先进的教育理念培养多规格、个性化的高素质创新型人才；第二，构建"平台—模块式"课程体系，以"学校—院系—专业"三级平台课程夯实学生专业基础，以可供学生自主选择的模块式课程设置，较好地处理了教学计划的相对统一性与人才培养的多样性的关系；第三，贯彻"课内—课外""显课程—潜课程"有机结合的课程模式，实现教学形式的多样化，培养学生自主学习能力、实践能力和创新精神；第四，突出学校教师教育特色，顺应国际教师教育与教师资格认证制度的发展趋势，独立设置教师教育课程模块，各专业学生均可自主选修；第五，基于研究型大学的本科生教育是高素质创新型人才培养的基础阶段的思想，注重本科教育与研究生教育的整合、衔接与贯通；第六，体现弹性学习要求，在课程模块内设置选修课程，允许学生跨校、跨院系、跨专业、跨年级选课，实行辅修双学位制度。

（2）适应社会需求，改革人才培养模式。社会需求的多样化和学生发展的个性化，决定了人才培养模式的多元化、需求的多样化和学生发展的个性化。学校积极探索人才培养模式多元化改革，并取得显著成绩。学校推进"4+X"模式改革，突显教师教育特色；大力推进"4+X"教师教育人才培养模式改革，构建多元化教师培养模式。多元化教师教育模式主要有三种："4+0"模式、"4+2"模式、"4+3"模式。

（3）开办"励耘实验班"，推行通识教育基础上的宽口径人才培养模式。为适应中国高等教育改革与发展的大趋势，探索如何处理好大众化教育与精英教育、专业教育与素质教育、学科高度分化与学科综合化的辩证关系，学校从2001年开始先后开办励耘实验班、理科实验班、人文科学实验班和文理综合班，以多种形式探索大众化教育时期从通识教育阶段到个性化专业教育的高水准对接，同时开展创新课程开发、弹性教学管理、本科生全程科研训练等方面的教改实验。

励耘实验班强调加强基础和因材施教，同时把科研训练贯穿始终，形成"三段一体式"人才培养模式。"三段"指的是通识教育、专业学习、专业方向教育三个阶段。通识教育阶段，采用集中培养的方式，重点夯实数理和人文社科基础；专业学习阶段，学生自主选择分流到各理工或人文社科专业，在导师指导下按个性化培养计划进行学习；专业方向教育阶段，是研究型大学共性的本硕衔接贯通培养阶段，学生在继续完成本科专业学习的同时，选修部分研究生课程，并进一步加强科学研究的基本训练，为继续深造奠定基础。与"三段"模式并行的，还有贯穿始终的科研训练，通过本科科研基金资助以及学校启功先生捐赠的"励耘发展奖学金"，鼓励实验班学生实践创新。

实验班实行弹性教学管理，尊重学生个性选择，培养学生自主选择能力和创新能力，形成集中课程（学科基础课程）和个性化课程（跨院系、跨专业、跨年级自主选课）有机结合的弹性学习计划，同时在质量监控和实验效果分析等方面积极探索，使实验班学生在学习策略与综合素质等方面的培养成效显著。

2004年，学校在总结以往人才培养改革实践经验的基础上，启动了新的"励耘优秀人才培养计划"。新生入校一年之后，经过测试选拔，前5%的优秀学生可进入该培养计划。入选学生除在本院系完成专业教学计划课程外，还参加学校实施的专门培养计划，内容包括"名师面对面"、科研创新能力培养、社会实践训练、信息技术素质和能力培养、提前选修研究生课程等。这些培养环节为励耘实验班学生充分发挥潜能、全面发展提供了良好的条件。

2.深化课程体系改革

在课程设置及各教学环节的安排上，学校均强调学生对基本理论、基础知识与基本技能的学习和掌握，建立了校、院（系）、专业三级基础课程平台体系。公共基础课程包括政治理论、思想品德、大学外语、信息技术、体育等，院（系）平台包括本学科和相关学科基础课程，专业平台包括专业基础课和选修课程。通过课程体系和教学内容的整合优化，夯实了学生的基本理论，提高了学生的基本技能。

（1）加强公共基础课程改革，着力提高学生综合素质。"十五"以来，学校以加强分类教学、因材施教、提高学生自主学习能力为主，全面推进学校平台公共基础课程和公共选修课程的改革与平台建设。学校重视应用基础课程的教学改革。大学英语课程实行分级分类、必修选修相结合、课内课外相结合的教学模式，建立了网上学习平台，实施基于信息技术的大学外语教学改革，开展了丰富多彩的课外英语学习活动，有效地提高了学生外语综合应用能力。大学英语实行分级分类教学、目标管理、必修与选修结合的课程设置及管理模式改革，形成了"基础课＋提高课＋双语和专业英语课"的贯穿本科学习过程的英语课程体系。2003年学校成为教育部大学英语教学改革试点单位后，进一步开展基于网络和多媒体的外语教学，学生利用网上学习平台自主学习，学校为学生提供学习软件和相应免费课时，同时鼓励学生参加英语冬令营、课外俱乐部等多种形式的英语课外活动，使学生掌握英语交际能力。

学校还加强了对学生应用信息技术能力的培养。现代信息技术课程构建了"1+3+N"（即计算机应用基础＋程序设计语言、多媒体技术与网页制作、数据库＋选修课）的课程体系。除设置信息技术公共基础课程外，学校还根据不同专业的不同需求，设置了各种类型的选修课程，同时重视信息技术与大学生活、专业学习的相互渗透，并在网上学习平台基础上举办"IT应用及思维扩展"活动等，促进了学生信息素养与能力的提高。

体育与健康课程构建了"形体与健美＋体育文化＋三自教学（自选项目、自选时间、自选教师）"体系。大学美育课程实施了"大学美育理论课程＋艺术俱乐部"的教学模式，在培养学生鉴赏能力的同时，鼓励和指导学生体验艺术现象并进行艺术创作。公共基础课程建设与改革获得广泛认可，在大学英语、公共体育、信息技术、大学美育以及公共课程体系等方面的改革成果，均获得国家级或北京市级教学成果奖。

学校充分发挥学科门类较齐全、文理基础学科实力雄厚、师资队伍力量强的优势，进一步丰富和完善了公共选修课程体系，加强学生综合素质教育，为学生个性发展创造条件。通过聘请校内外专家开设系列讲座的方式，学校设置了综合交叉学科课程，包括人文科学教授讲坛、社会科学教授讲坛、自然科学教授讲坛、生命科学教授讲坛等，使学生广泛接触校内外、国内外的名师和专家，了解学术进展和学科前沿，拓展多学科综合视野，培养和陶冶科学与人文精神。学校大力推进公共课程教学改革，扩大了学生的选择空间，促进了学生的个性发展，在实践中取得了良好的效果。公共体育课程模块建设、心理学课程体系建设、大学英语分级分类教学改革、高校美育教学建设、网络环境下协作学习理论与实践等多项课程改革与实践的成果，获得高等教育国家级或北京市级教学成果奖。

（2）稳步推进双语教学，重点建设双语课程。双语教学是促进学生接触学科前沿、自主获取最新知识的重要手段，是提高人才培养质量的重要措施。学校高度重视双语教学，1998年有7门课程开展双语教学试点。2002年学校制定了《北京师范大学使用原版教材进行双语教学课程改革管理办法》，并且在高校中率先采用立项制的形式建设使用原版教材进行双语教学的课程。

本着积极稳妥、建设精品的原则，学校优先选择基础好、条件成熟的专业课进行双语教学试验，对课程建设的原则和目标、申报课程的范围与教材的选用、教学与考核的形式、申请执教的教师需具备的条件、申请办法与审批程序、项目管理与经费使用等做出了明确规定，同时在教师培训、教学工作量计算等方面制定了倾斜政策。学校还加强了对双语课程教学的管理，组织学校教学督导团专家和教务处人员对所有双语课程随堂听课，定期对双语课程建设立项项目进行检查，及时研究和解决教学中出现的问题，保证教学质量的提高。从学生课堂评价、督导评价和教师自评来看，双语课程教材的选用、教学方式方法等都得到了较高的评价。

在推进双语教学过程中，学校加强了双语教学师资队伍建设。一方面，以留学归国人员作为双语教学的骨干，组织专家教授及外籍教师承担双语教学任务；另一方面，先后选派了10名教师出国进修培训，回国后开设双语课程。通过课程改革立项研究、创建理科基地名牌课程、精品课程建设等多种途径，大力开展教学内容与课程体系改革，从整体上提高了教学质量，为学生基本理论与基本技能的提高奠定了基础。

3. 加强教材建设规划，完善教材选用制度

教材是体现教学内容和教学方法的知识载体，是教师进行课程教学的基本工具，是深化教学改革、培养创新型人才的重要保证。长期以来，学校一直将教材建设作为教学基础建设的重点，推动课程教学内容和方法的改革。学校建立、完善了教材建设管理制度，坚持突出重点、打造精品的原则，充分发挥相关学科雄厚的科研实力和师资力量的作用，精心设计教材选题，扩大教材品种，实现教材系列配套。

4. 推进教学方法与手段改革，强化自主性研究性学习

学校鼓励教师积极推进教学方法与手段的改革和创新，探索并实践启发式、研究性教学，引导学生主动参与教学，充分调动学生学习的主动性、积极性，提高学生自我构建知识的意识和能力。

学校大力加强教学评价改革，鼓励开展学习的过程性评价与多元化评价。广大教师积极探索多种方式的考核改革，除改进传统的闭卷笔试方法外，还引入开卷考试、小论文、读书报告等多种考试方法。同时，教师还注重加强对学生学习的日常考核，包括平时作业、课堂讨论、平时测试、实习报告、调研报告等。多样化的考核方式有效地调动了学生学习的主动性和积极性。

学校十分重视现代教育技术在教学中的应用，注重发挥国家重点学科教育技术与学历教育技术在研究、开发和运用上的领先优势，鼓励教师积极探索现代教育技术改革与实践，以多种措施鼓励和资助教师积极研发与应用多媒体课件及网络课程，将多媒体辅助教学、网络教学与传统教学手段有机结合，促进优质教学资源共享。同时，还建立了 Blackboard 网络课堂教学平台，为利用网络媒体辅助教师教学和学生学习提供了极为便利的条件和周到的服务。学校对教师多次开展现代教育技术培训，以比赛的方式鼓励教师利用现代教育技术手段开展教学改革。在 2007 年学校组织开展的多媒体教学软件比赛中，各院系推荐参赛项目 106 个，其中有 58 个获奖。学校通过教学建设与改革立项的方式，鼓励教师研发多媒体课件。教学方法和手段的改革极大地调动了学生的学习积极性，提高了学生自主学习能力。

为了适应社会经济发展和教育变革对本科生素质提出的新要求，进一步提高本科生教育质量，大力培养本科生科研创新能力，充分发挥教育学院的学科优势，自 2005 年秋学期始，教育学院在本科四个专业（教育学专业、教育经济与管理专业、学前教育专业、特殊教育专业）中开展导师制实验。每位本科生导师的职责基本上包括以下几个方面：制订《高年级本科生指导计划》；指导本科生专业课学习（含选课指导、学法指导、读书笔记指导、信息查寻指导）；指导本科生自主开展科学研究、参加各项学术活动；指导本科生学位论文；协助党团系统和班主任对本科生进行人生观教育、价值观教育和就业教育。本科生导师制面向教育学院所有高年级的本科生，自学生三年级即第五学期起开始实行，直至学生毕业。在试行阶段，教育学院首先开展了组织动员工作，随后由各系负责人向学生介绍本单位导师情况、公布学生导师名单。学生根据导师提供的基本信息自愿报名，每名同学可以按第一志愿、第二志愿、第三志愿顺序填写三位导师。在第六学期开学后，本科生导师开始指导学生。

5. 加强实践教学，提高学生实践能力

学校按照学生能力形成的不同阶段和认识发展的规律，围绕培养高素质创新型人才的目标，对实践教学进行系统设计，实现实践教学与理论教学相融合，做到培养目标与教学内容、教学手段与教学方法相统一，着力培养学生发现并解决问题的能力。

学校的实践教学体系包括基础实践教学、专业实践教学、综合实践教学三个层次，各层次之间有机结合，并与各类课外实践活动密切联系。

（1）基础实践教学体系。基础性实践教学体系建设重在培养学生的综合素质、动手能力和创新精神。该体系分为必修实验课程（或实验教学环节）与选修实验课程（或实验教学环节），91.8%的必修实验课程中开设综合性、设计性实验。

必修实验课程包括信息技术课程和基础物理实验课程等。信息技术课程分为三个层次：第一个层次是一门面对全校学生开设的计算机应用基础课程及实验；第二个层次是针对理工科与文科的培养目标分别开设的程序设计、多媒体技术与网页制作、数据库应用等三个系列的多门课程及实验；第三个层次是供学生拓宽或提高信息技术基础的多门选修课程信息技术课形成的"1+3+N"课程体系。

基础物理实验课程为数学科学学院、化学学院、生命科学学院、环境学院、地理学与遥感科学学院、信息科学与技术学院、教育技术学院等理工科学生的必修课程，分成基础物理A实验和基础物理B实验两个不同层次、不同难度、不同学分的实验课程，在实验课程中还提供一部分体现不同专业特点的选修实验项目。

针对跨院系不同专业学生的需要，学校开设相关学科基础实验课程与实验教学环节，如生物科学与生物技术专业学生学习的无机化学实验、分析化学实验、有机化学实验等；教育学、心理学专业学生学习的人体解剖生理学等。

为培养学生科学素养，拓展学生学术视野，使知识贴近学生生活，激发学生兴趣，学校开设了生活化学实验、文科物理实验、基础生命科学实验等选修实验课程，安排了深入浅出的实验教学内容。基础实践教学体系中还设有军事训练、艺术俱乐部等与所学理论相辅相成的实践性教学内容。

（2）专业实践教学体系。专业实践教学体系由学科基础课程平台和专业课程平台中的各实验课程、实验教学环节以及专业实习等构成。专业实践教学体系的培养，可以使学生掌握专业基础知识、基本技能与方法，具备较强的实践能力、创新意识与初步的创新能力。学校以"四个结合"的观念指导专业实践教学体系建设，即理论与实践结合，经典与前沿结合，强化基础与培养创新能力结合，校内实验课程、实训同校外实践相结合。

第一，面向学科前沿与科技发展，建设专业实践教学体系。学校鼓励院系面向现代科技发展，发挥重点学科在专业实践教学体系建设中的引导作用。比如，化学学院自20世纪末以来，面对现代科学综合交叉的发展趋势，探索建设了一体化、多层次的化学一级学科实验教学体系，将原来依附于理论课程的四大化学实验课程综合成一级学科的基础化学实验、化学合成实验、化学综合设计实验三个层次，使之更有利于加强学科基础，培养实践创新能力。生命科学学院在教育部高等理工教育教学改革与实践项目"研究型大学生命科学与技术本科生实践能力培养改革与实践"的研究中，发挥生态学与细胞生物学国家重点学科的龙头作用，将宏观与微观相结合，开展生物学实践教学体系建设，倡导教学与科研结合，改革实验教学内容。学校教师不断将科研成果转化，更新本科实验教学内容。

第二，改革实践教学模式，培养创新能力。学校制定了《综合性、设计性实验建设要求和实施办法》，要求各院系根据人才培养目标，加强教学与科研相结合，改革实验教学模式，建设综合性、设计性实验。现行教学计划中，有综合性、设计性实验项目的课程占全部实验课程或设有实验环节课程的91.8%。其中，物理、化学、生物科学、生物技术专业的实验课程中有综合性、设计性实验的课程已经达到了100%；在高年级的实验课程中，综合性、设计性实验项目占较高的比例。

同时，实验与实习课程也积极探索教学模式改革。比如，国家精品课程"分子生物学实验"，加强了学生自主设计实验中的讨论与交流环节；细胞生物学实验让学生亲自培养细胞，利用自己培养的细胞完成一系列设计性实验项目，使学生在实验课程中体验了科研过程；地理学与遥感科学学院、生命科学学院指导学生开展野外科研；天文系将实习学生编入实习基地导师的科研课题组。这些改革引发了学生的学习兴趣，发挥了专业实践教学体系在创新型人才培养中的引导与启蒙作用。

第三，加强学校与社会的联系，使校内实践与校外实践有机结合。学校鼓励院系、专业在实验教学、校内实训的基础上，拓展实践能力培养的空间，面向实际增加实践教学内容，吸收科研院所、知名企业、政府机关等各类校外高水平的指导力量，建设校内外结合的实践教学体系。比如，法学、金融学、工商管理、会计学、传播学、生物技术、材料物理、天文学、环境工程等专业实践教学体系，在校内开展实验课程、模拟技能训练后，在校外开展实战性的专业实习，分层次分阶段提升学生的实践能力。

（3）综合实践教学体系。综合实践教学体系包括大学生创新性实验、本科生科研项目等科研训练活动、教育实习、毕业论文设计等，使学生进一步应用所学基本理论、知识与技能，在科学研究和技术开发实践中提高研究与创新能力，在教育实习中提高教育教学实践能力。

学校在综合实践教学体系中突出教师教育特色，为培养未来教师的教育教学能力，设置了现代教育技术基础课程（含实验）、中学学科教学相关课程与教学技能训练课程（或环节），开设了与中学学科实验教学相关的课程，开展了教育实习等，构建了教育教学实践能力培养体系。

二、清华大学的教学模式与方法改革探索

清华大学是中国著名高等学府，是中国高层次人才培养和科学技术研究的重要基地之一。清华大学前身清华学堂始建于 1911 年，校名"清华"源于校址"清华园"，是清政府设立的留美预备学校，其建校资金源于 1908 年美国退还的部分庚子赔款。1912 年更名为清华学校。1928 年更名为国立清华大学。1937 年抗日战争全面爆发后南迁长沙，与北京大学、南开大学组建国立长沙临时大学。1938 年迁至昆明，改名为国立西南联合大学。1946 年迁回清华园。1949 年中华人民共和国成立，清华大学进入新的发展阶段。1952 年全国高等学校院系调整后成为多科性工业大学。1978 年以来逐步恢复和发展为综合性的研究型大学，清华大学进入了一个蓬勃发展的新时期，逐步恢复了理科、经济、管理和文科类学科，并成立了研究生院和继续教育学院。1999 年，原中央工艺美术学院并入，成立清华大学美术学院。在国家和教育部的大力支持下，经过"211 工程"建设和"985 工程"的实施，清华大学在学科建设、人才培养、师资队伍、科学研究以及整体办学条件等方面均跃上了一个新的台阶，已成为一所综合性、研究型大学。

（一）清华大学的办学定位及人才培养目标

1. 办学目标定位

创建让中华民族引以为豪的大学，肩负起科学救国、科教兴国的使命，是代代清华人的崇高理想和不懈追求。在长期的办学实践中，清华大学不断深化对于"世界一流大学"及其办学规律的认识，办学定位日益清晰，并于 20 世纪 90 年代中期提出建设"综合性、研究型、开放式"大学的办学定位。

综合性是清华大学对办学类型的定位。清华大学在历史上曾经是综合性大学，具有综合性的悠久传统和文化底蕴。改革开放以后，学校根据世界科学文化和教育发展的趋势，着眼于培养高素质、高层次人才，把恢复综合性学科布局、重建综合性大学作为努力方向。经过多年的建设，努力已经初见成效，为今后的发展奠定了宽厚扎实的学科基础。

研究型是清华大学对办学层次的定位，也是建设高水平大学的一个重要标志。在人才培养上，研究型大学具有鲜明的特征，强调教学与研究紧密结合，以研究促教学，建立研究型人才培养体系。清华大学承担的国家重大科研任务的数量不断增长，使学校注重科技成果的转化和应用，沿着高水平研究型大学的道路迈出了坚实的步伐。

开放式是清华大学对办学模式的定位。随着经济全球化和知识经济的发展，大学只有在开放的体系中才能不断进步。清华大学的开放式办学有两层含义：一是对国内开放，面向社会，密切与地方和企业的合作，加强知识创新和科技成果的转化，为社会提供智力支持；二是面向世界，向国际开放，加强国际交流与合作，吸收各国教育办学之长，促进自身的发展和国际化，密切国际文化交流和融合。改革开放以来，清华大学坚持开放式办学，社会声誉和国际知名度都有显著提高。

2. 人才培养目标

20世纪90年代，清华大学根据国家人才总体战略和社会发展的需要，立足学校自身的发展定位，提出21世纪的人才培养目标，即培养高素质、高层次、多样化、创造性的拔尖创新人才。

人才培养目标的总体要求是高素质。学校希望学生德智体美劳全面发展；以科学理论武装头脑，坚持正确的政治方向，具有报效国家、贡献社会的理想和道德；具有坚实的科学基础和较高的文化素养，富有敏捷的思辨能力和较强的实践能力；具备健康的身心素质和高雅的审美情趣。

时代对人才的知识和能力提出了多样化的要求。为此，清华大学提出，要用多学科的知识培养学生，使学生的知识结构更加合理、素质更加全面，还要进一步完善多样化的人才培养模式，在教学方法上因材施教，突出个性优势。

清华大学把创造性作为拔尖创新人才培养的重点，作为高层次人才质量观的重要标志。为此，清华大学提出了学生创造性培养的主要任务，即激发创新动机，强化创新意识，培养创新思维，塑造创新精神，提高创新能力。

清华大学将本科教育定位为通识教育基础上的宽口径专业教育，培养具备高尚健全的人格、深厚的业务基础、敏捷的创新思维、厚重的社会责任、广阔的国际视野和潜在的领导能力等优秀素质的高质量人才。

3. 人才培养特色

在一百多年的办学过程中，清华大学形成了一系列优良的办学传统，并在办学实践中与时俱进、发扬光大。学校素以学风严谨扎实而著称，毕业生也以基础扎实、解决实际问题的能力强而受到社会的肯定。严谨为学、基础与实践并重是清华大学长期形成的人才培养特色，这种特色也是对学校人才培养和教育教学质量的反映。

在具体的教育教学实践中，清华大学以教育思想观念的更新为先导，加强教育研究，积极推进教育教学改革，促进教学和科研的结合，提高教学质量和办学水平。坚持促进教学和科研紧密结合，一直是清华大学推进教育教学改革、提高教学质量和办学水平而努力的方向。具体主要体现在以下过程中：通过高水平、前瞻性的学科和学术研究带动本科新专业的建设，引领人才培养的方向；将高水平学术成果及时地转化为教学内容，促进教育内容的更新和丰富；良好的科研环境为学生广泛开展研究性、探索性学习提供平台；通过高水平教学科研工作提高教师的学术水平和教学水平。自 2001 年开始，清华大学着力构架研究型人才培养体系，突出研究性教学特色，在教学模式与方法上也强调突出学生的主体地位，加强师生间的互动，突出教学与训练方法的科研特色。

此外，实践教育也是清华大学教育教学改革的一大重点。学校非常注重理论与实践的结合，注重培养学生解决实际问题的能力。清华大学把实践教育作为学生全面素质和创新能力培养的重要环节，不断丰富和发展实践教育形式，形成了实践教育全面育人的传统，努力做到"受教育、长才干、做贡献"的有机统一。学校进一步健全了以纳入教学环节的实践环节为主体、课内与课外"两个课堂"相结合的实践教育体系，实践教育成为培养拔尖创新人才的有效形式。

(二) 清华大学教学模式与方法的历史沿革

1. 中华人民共和国成立后学习苏联经验，开展教育教学模式改革

中华人民共和国成立后，中国进入逐步由新民主主义社会向社会主义社会转变的历史新时期。新中国的文化教育必须适应社会主义改造和社会主义建设的需要，通过学习苏联先进教育经验，有计划、有步骤地把我国半殖民地半封建性质的教育逐步转变为社会主义性质的教育。中华人民共和国成立后，国家以中国人民大学和哈尔滨工业大学为试点，先行学习苏联高等教育经验，希望取得成功的经验之后，再在全国的高等学校中推广。从 1952 年起，我国仿效苏联高等学校的类型对我国高等教育类型结构进行了大规模的院系调整，清华大学在院系调整中改为多科性高等工业学校。为此，清华大学学习苏联经验进行教学改革，建立了一套适应社会主义建设需要的新的教学体系和教学方法。

1952 年七八月间，为了响应中央"以学习苏联的先进教学经验为主要内容的教学改革"的号召，清华大学在全校教师中进行了俄文专业书籍阅读速成学习的实验。经过速成学习，90% 的学员从不识俄文字母提高到能独立阅读本专业俄文书籍的程度，并翻译了一些苏联教材。在此基础上，学校采取了一系列教学改革措施：①采用苏联高等学校的专业目录设置了 22 个专业；②根据苏联的教学计划压缩制订出四年制的教学计划；③采用苏联的教学大纲，90%

以上的课程部分或全部采用苏联教材；④普遍成立教研组，全校共成立了39个教研组，包括了全体教师。在教学改革初期，广大师生学习苏联的热情和积极性高涨，教师的教学质量和学生的学习成绩都有了显著提高。但是一些主客观原因导致产生了形式主义和要求过高、紧张忙乱的倾向，师生们普遍感到负担过重。

为克服教学改革因操之过急而产生的忙乱现象，1953年1月清华大学着手采取了一系列克服忙乱的措施：①将一年级学生按程度分班；②适当放慢教师讲课进度；③组织学生自己制订学习计划；④减少教师课外社会活动的时间等。这样，忙乱现象稍有缓解。为了深入抓好修订教学计划这一环节，清华大学修订了各门课程的教学大纲和教学日历，并进一步制订出比较完备的教研组工作计划。经过一个学期的实施和改革，全校教学工作的组织性、计划性、工作效率及工作中的预见性均大大提高，教师们对苏联的整套教学制度和教学方法的精神实质体会比较深刻，开始把学习苏联和中国实际相结合，走上了一条有序轨道。

1953年8月31日，清华大学举行第五次教学研究会，校长蒋南翔指出今后的工作方针总的就是进一步学习苏联，目标是三年到五年把苏联教学工作的一套方式方法初步摸一遍。这一阶段学习苏联的方针是以教研组为基础分工合作，有计划、有组织地学习一整套苏联教学经验，包括培养目标、教学计划、教学大纲、教材，以及诸如讲课、课堂讨论习题课、实验、实习、课程设计、考查、考试、毕业设计与答辩等教学环节，都全盘照搬下来。[①] 当时学校提出一个口号"三年过河"，即用三年左右时间初步掌握培养五年制本科生的各主要教学环节与教学方法，使教学工作基本过关，这一切都是在苏联专家的指导和帮助下实现的，采取的具体措施主要有以下三点。

（1）制订五年制的教学计划。为了在学制上向苏联靠找，清华大学重新订正了各专业五年制的教学计划，并重新审核了本专业各门课程的教学大纲、教学日历及实验指示书、设计指示书等教学文件，使这些专业有了一套为本专业五年制教学计划服务的全部教学文件。另外，除翻译的苏联教材外，我国专家还亲自编写了40余种教课直接使用的教材，更贴近于中国学生的实际情况。

（2）培养师资，学会一整套苏联教学经验。院系调整后，清华大学师资严重缺乏，新的教学计划也要求广大教师们从头学起。为了尽早培养出能独立工

---

① 王雯.中国大学学习苏联教育经验开展教学改革的历史回顾——以清华大学为案例[J].清华大学教育研究，2003（6）：79—85.

作的师资，专家将工作的重点放在给教师讲课、指导做课程设计和毕业设计等方面，每个教研组都派专人分工合作向专家学习。到 1955 年暑假，全校已有 11 个专业"过了河"，即已把苏联高等学校全部的教学过程——讲课、辅导、习题课、家庭作业、实验、考试、生产实习、课程设计、毕业实习、毕业设计等系统地从头至尾做了一遍，这为开展以后的教学改革工作提供了有力的师资保证。

（3）建立实验室和资料室。学校在专家帮助下对原有的 17 个实验室和实习工厂进行了改建和扩充，还新建了金属切削机床及机制、公差及技术测量、汽车拖拉机、高压、无线电发送等 29 个实验室。其中，水利工程系在专家指导下修建了一个小型的水力枢纽和露天试验场，包括滚水坝、发电站、泄水孔、进水闸、水轮机试验间、抽水机站等部分，可供学生实验和教师做科学研究之用，已经达到苏联高校同类实验室的先进水平。此外，全校还成立了 12 个资料室，收集各种挂图、幻灯片、教学模型、手册等，供教师和学生做教学参考和科学研究之用。

经过一系列教学改革措施，清华大学对整个教学工作、教学制度、教学方法和教学组织都已经做了根本改革。1956 年 2 月，清华大学举行第十次教学研究会，蒋南翔校长做了《清华大学三年来教学改革的基本总结和今后的任务》的报告，指出"三年来我们学校的教学制度、教学内容和教学方法根本改革了，我们的教学质量显著地提高，所有这些变化，使得我们清华大学的面貌焕然一新。"[1]然而，由于中华人民共和国成立初期学习苏联带有强烈的政治倾向，尽管中央和教育部多次强调学习苏联要结合中国实际，清华大学也力图避免教条主义地学习苏联，但仍然没有摆脱盲目迷信、机械照搬苏联高等教育全套经验的弊病，因而不可避免地带来一些失误，如专业划分过于狭窄（例如，土木工程系设立的工业与民用房屋建筑专业和工业与民用房屋建筑结构专业，动力机械系设立的汽车专业和拖拉机专业等），既不利于多种学科互相渗透、交叉发展，又使得学生毕业后社会适应性差，在一定程度上造成人才的浪费；变学分制为学年制，按统一的教学计划和教学大纲教学，教学模式单一，妨碍了学生学习主动性、创造性的发挥，导致教学方法僵化，不利于因材施教，不利于培养拔尖人才。

---

[1] 王雯.中国大学学习苏联教育经验开展教学改革的历史回顾——以清华大学为案例[J].清华大学教育研究，2003（12）：79—85.

2. 改革开放以来清华大学教学模式与方法的变革

在恢复正常教学秩序的同时，鉴于苏联人才培养模式在1966年之前已经逐步暴露出各种问题，1978年3月，时任国务院副总理的方毅在全国科学大会上第一次正式提出"有条件的高校要实行学分制"。[①] 与此同时，教育部也提出高校可以试行学分制。自1978年起，清华大学陆续增加少量选修课以试行学分制改革，逐步探索以学分制为重点的教学改革。

改革开放以来，清华大学逐步调整学科布局、提高办学质量，自20世纪80年代中期开始，提出了建设"世界一流大学"的目标，并逐步明晰了发展战略，在人才培养方案上强调"通识教育基础上的宽口径专业教育"的基本教育理念，并强调通识教育的最终目标必须要落到专业化的方向上。这一教育理念必然要求教学模式与方法的变革和创新。清华大学自1993年起开始尝试并进行了各种教育实验。依据不同的改革方向，清华大学把这些教育实验分为几种类型：一是以"精英教育"为目标的小灶式的培养计划，如基础强化实验班（1993年）、基础科学班（1998年）、社科和人文实验班（2001年）、中外文化综合班（1999年）、化学生物学基础科学班（2003年）等；二是以课程改革为突破口的各种教学改革计划，如百门精品课程建设工程（2001年）、新生研讨课计划（2003年）等；三是以加强培养学生研究能力和创业能力为核心的各种实战计划，如大学生研究训练（SRT）计划（1996年试行，2002年全面实施）等。所有这些实验，目的都是从与本科生教育有关的各个不同方向出发，从具体的角度切入，尝试对原有的教育体制做出局部的或单向的突破。

1998年前后开展的全校教育思想大讨论，以及不断推出的各种教育改革举措，是清华大学深化教育改革、加速教育向现代化转型的标志性事件。与此同时，"211工程"的实施又为清华大学提供了一个难得的发展机遇。2002年，清华大学在本科生培养方案中明确提出了高等教育的通识教育理念，提出了本科生教育朝向以"通识教育"为基础的宽口径专业培养方向发展的基本战略。清华大学校方在方案中阐述了这一教学改革的主导方针，即清华的本科教育以通识教育为基础，这种通识教育指的是有一定专业知识的通识教育。因此，这一教育观念的转化，意味着本科生教育应该从传统的以单一学科背景下的专业对口培养为主，转化到学科交叉背景下的具有通识教育基础的宽口径专业培养；从单向知识传授的教学型教学转化到关注创新性教育的研究型教学，探索

---

① 胡建华，陈玉祥，邵波，等.我国高等学校教学改革30年[J].教育研究，2008(10)：11—20.

形式丰富多样的教学模式；从教学过程中以教师为主体转化到强调以学生为主体、教师为主导，推行讨论式、启发式、参与式教学的方法和手段，试行本科生导师制，学生自己量身定做个人学习计划。

以清华大学工业工程系为例。2007年，工业工程系完成了建系以来"着重于知识"和"着重于实践"的两次跨越，开始进一步思考人才培养方向。相对于工业工程系国际化程度较高的研究生教育，国内本科生教育中存在着偏重于知识传授的不足。于是，以提升本科生创新力为核心的一系列教学尝试与改革启动，这些尝试与改革的目的是激发学生的自主性——让"我要学"成为学生学习的源动力，为此，工业工程系开始了一项为期10个月的创新型教学方法实验。这次实验以本科生的三门课程为改革对象，分别采用实验教学法和传统教学法对不同组学生进行授课，运用定量研究全面探索学生学习的动机、资源、思维之间的关系。在实验教学法中，每门课程都会将三分之一的课堂时间用于学生讨论。任课教师在课程开始之前要提供包括课程项目具体描述在内的教学大纲，并提供如何处理在课堂中提出的问题等具体信息；其他教师会在课前和任课教师讨论提问引导、如何留作业等每一个细节，再通过课堂记录分析学生对问题的反应。通过实验，工业工程系的教师们得出了这样的结论：课堂讨论可大大强化学生对教学的满意度，从而强化学生的学习兴趣和自主性；单一课程对提高学生创造性的作用不显著；增加学生讨论不会降低学生对知识的理解程度。他们还测得了增加多少课堂讨论才能使效率最大化的数据。与创新型教学方法实验同步，教师可以依据学习内容设计具有交叉性的学生团队组织，并通过电子信息平台对学生学习过程进行管理。就连让一些教师和学生头疼的学习与社会工作时间分配问题，工业工程系也尝试出了有效的解决方法，其途径不是"分割"，而是基于学生兴趣的"融合"。根据偏重管理的学科特点，教师允许学生在一些科目中将自己组织的典型学生活动的策划、设计、组织和运作作为专业课程作业；教师可以在同时包含学生专业课程信息和社会工作信息的数据库中动态观察学生的状态，随时调整对学生的任务分配；另外，专业课程实验、社会实践、生产实习项目等都可以作为学生课外科技活动的项目来源。改革对工业工程系的人才培养产生了积极效果。工业工程系以创新型教学方法实验为基础，开展本科生四年创新力培养教学研究规划，通过对特定年级实施贯彻创新计划，探索出有效的创新能力培养方法。

（三）清华大学教学模式与方法改革的主要措施

为了实现人才培养目标，落实通识教育基础上的宽口径专业教育，清华大学积极推进人才培养模式改革，不断优化培养方案，推动按学科大类培养，全面提高培养质量，不断探索多样化的教育教学模式，在教学方法上重视灵活多变，开展多种形式的因材施教，为创新人才的脱颖而出搭建基础平台、开拓发展空间。其教学模式与方法改革的主要措施包括以下七个方面。

1.因材施教，探索多样化人才培养模式

清华大学积极开展多种形式的因材施教，不断探索多样化创新人才培养模式，为创新人才的脱颖而出创造优良环境。为培养新世纪能够在基础科学领域有所发现、有所创新的后备人才，1998年以来学校先后开办数学物理基础科学班、化学生物学基础科学班、人文科学实验班、社会科学实验班。2006年，计算机领域最高奖图灵奖获得者、清华大学高等研究中心教授姚期智先生倡导创办软件科学实验班，以注重基础科学、注重国际学术交流和实践环节为特色，探索培养世界顶尖计算机科学人才的模式。为适应国家经济社会发展的需要和国际化人才培养的要求，2007年经管学院开设经济与金融国际班，大部分课程以全英语讲授，并与国外一流大学开展本科生交换活动。2009年，学校推出"清华学堂人才培养计划"，旨在充分发挥学校综合优势，整合优质教育资源，从学生遴选、教师配备、培养模式、学术氛围、国际交流等方面进行综合改革，培养具有国际水平的拔尖创新人才，并通过优秀"领跑者"的示范和引领作用，带动各院系、各学科对拔尖创新人才的培养，进而促进整体人才培养质量的提高。2009年秋季学期，学校正式开办清华学堂数学班、物理班、计算机科学实验班、钱学森力学班等，菲尔兹奖和沃尔夫奖获得者丘成桐先生、理学院院长朱邦芬院士、图灵奖获得者姚期智先生、长江学者郑泉水教授分别担任各班首席教授。

着眼于促进人才培养模式改革和交叉复合型创新人才培养，学校扩大学生专业选择的空间，对每届学生提供一定的第二次选择主修专业的机会。校内还设立主辅修制度，设立理科—工科、理工—人文、理工—管理等学科大类之间的复合型人才培养项目，设置经济学、艺术设计、法学、英语等第二学士学位、辅修专业供学生选修，合格者可获得相应第二学士学位证书或辅修专业证书。本科阶段学业成绩优秀的学生可以免试直接攻读本校硕士、博士学位，也有一部分本科毕业生可被推荐到外校或科研院所免试攻读硕士研究生。学校在部分院系实行为优秀学生配备优秀导师，并不断发展第二课堂教学形式的科技、人文、实践活动，拓展确有专长学生的发展空间。

2.坚持教学与科研相统一、学习与研究一体化

教学是实施教育的基本途径，也是教师与学生沟通的主要渠道，教师在

教学过程中把科学研究融入教学过程，并让学生积极参与，实现坚持教学与科研相统一，对师生双方都有积极的影响。对教师来说，从事科学研究，不仅丰富了教学内容，而且知识的应用可以促进专业水平的进一步提高，使专业领域得以拓展以至有所创新。对学生而言，他们创新、发现和合作的精神得到了培养，动手能力和对学科的洞察力也大大增强。曾任清华大学校长的王大中教授认为，教学与科学研究的有机结合，不但可以拓展办学的功能，提高治学的境界，也使得教育思想和观念发生质的变化，有利于提高学术水平，也有利于提高人才培养质量。学校强调将实践与研究融入教学过程，并把实践与研究工作训练做到集中与分散相结合，使全体学生都有机会参与。清华大学在课程教学中提倡学生做课题或项目，积极鼓励设置课题型、讨论型的课程，为优秀创新人才培养奠定了良好的基础。

清华大学鼓励开展研究性课程专项建设，使学生在本科学习期间能够不断地接受研究训练，使每位教师都掌握研究式教学方式，形成研究性教学与研究型学习的校园环境。1996年，清华大学设立"大学生研究训练计划"（Student Research Training，简称"SRT计划"），旨在加强培养学生创新意识和科研能力，参加对象主要为一至三年级的本科生，学生可以根据自己的情况选择项目。学生能做到"以我为主"，进行调查研究、查阅文献、分析论证、制定方案、设计或实验、分析总结等方面的独立能力训练，教师为学生的研究活动提供指导。完成大学生研究训练计划的学生可以获得相应的学分和成绩，其中达到一定水平的还可以取代其相关的课程设计乃至综合论文训练。

此外，清华大学鼓励学生积极参加校内外的各种学科竞赛，并将其视为实现创新教育的有效载体，鼓励学生将学习与研究一体化，学生科技赛事历经数十载而不衰。学生课外学术科技创新活动成体系、上规模、有计划、有组织地发展，营造了浓厚的科研与学术环境。全校已经形成了以"挑战杯"为龙头的系列创新赛事。该竞赛体系包括学校"挑战杯"学生课外学术科技作品展览、学生科技活动月，以及覆盖全校各学科群的结构设计竞赛、数学建模竞赛、机械创新设计竞赛、计算机知识与技能竞赛、环境友好科技竞赛。清华大学学生在一系列国际和国内赛事中取得了突出成绩。

3.立足基础理论课程教学，注重课程设置的精品化

清华大学重视课程建设，开展百门精品课程建设，推动课程整体水平的提高；开设新生研讨课，由名师示范推广研究型教学方式，鼓励教师编写和选用优秀教材，有效利用现代教学手段改革教学方法。

为了适应现代科技、社会的发展趋势，改善学生的知识结构，提高学生的

综合素质，学校及时调整课程设置，使之具有鲜明的时代特征。为了使大多数学生都能获益，清华大学尤其重视对教学质量具有重要影响的重点课程建设。1986年《清华大学本科重点课程建设与一类课程评选的决定》提出，应在教学上抓好一批重点课程，以提高课程的教学质量，并为此开展了"一类课"的建设和年度评选工作。"一类课"以量大面广的基础课为主，在人才培养中发挥了重要作用，为以后的课程建设和改革奠定了坚实的基础。在"一类课"建设的基础上，2001年清华大学又启动了"百门精品课程建设工程"，重点加强课程内涵建设和授课方式的改进，推进课程整体水平的提高。

清华大学的精品课程特别强调课程理念的先进性、教学内容的创新性、教学方法与手段的示范性、教师队伍的高水平。学校要求每门课程的建设目标明确——定位于国内领先、国际一流；采用与研究型教学理念相适应的教学方法和手段，落实讲授、讨论、作业、实践、考核、教材等课程教学六要素，激发学生自主探索与研究的积极性；有优秀教材和教学参考书、网络学习资源以及相关的实验条件；有教学水平和研究水平较高的课程负责人，教学队伍结构合理。

清华大学的精品课程建设还特别重视课程的培育与持续发展，建立包括立项、审批、中期考核、结题验收、定期复审在内的管理措施。在评选工作中，除考核课程要素外，更注重教学效果，特别是近三年的课堂教学评估结果以及专家听课意见。对于已经建成的精品课程，学校还进行定期复审和日常监督，强调随着学科发展和知识体系的不断更新，加强课程内涵建设，实现课程内容和课程体系建设的吐故纳新。

学校坚持精品课程建设为学生服务的理念，非常注重学生的受益面，努力让最广大的学生分享优质的教育教学资源。微积分、大学物理、思想政治理论、大学英语、大学体育、理学等重要公共基础课均已成为国家级或北京市级精品课程。各学科大类平台课也是精品课程建设的重点。例如，机械大类平台覆盖机械、精密仪器、热能、汽车、工业工程和航天航空等6个院系，本科生人数约占全校的五分之一，课程的70%是国家或北京市精品课程。

各类基础课程改革的重点是通过改革课程体系、教学内容和教学方式，努力达到精品课程标准，确保教学质量。专业课改革与研究生课程总体改革相协调，通过课程改革与重组，结合所在学科的科研活动，增加前沿性内容，加强学科交叉与融合。同时，在教学方式上，倡导讲授型、实践型、研讨型、自主学习型等类型的多样化。讲授型课程以传授知识为主，实践类课程侧重提高创新精神与实践能力，研讨型课程注重培养提出问题、协作研究与报告表达能力，自主学习型课程为学有余力的学生开辟学习新途径。

为改变以讲授为主的传统授课模式，清华大学加强理论课程教学和训练等6个主要环节的规范化建设，在教学理念、教学内容和教学方式上体现研究型教学的特点。在课程讲授方面，要求内容少、精、宽、新，适当分开讲授体系和教材体系，设置一些开放式内容，提倡交流互动。课程讨论不仅要帮助学生吸收和深化知识，而且要能够激发学生学习兴趣，训练学生提出和解决问题的能力；传统作业则注重提升学生知识能力水平。

4. 推广新生研讨课，加强师生互动，营造浓郁的学术氛围

以培养创新型人才为目标，清华大学于2003年推出了新生讨论课，成规模、有计划地组织知名教授向大一新生开设小班讨论课，每门课程的人数一般不超过15人，通过教授引导、师生互动、小组学习等方式，建立一种教授与新生沟通的新型渠道，创造一个新生进行研究性学习的机会，探索一种以研究讨论为主的教学模式。新生研讨课从问题开始训练研究能力，以教师引导激发研究兴趣，以师生互动启迪自主学习，以鼓励质疑倡导探索精神。新生研讨课吸引了更多名师走上本科讲台，推动教师转变传统的教学观，促使学生体验研究式学习。新生研讨课还改变了传统的师生关系，使教师主导的课堂成为师生共同探究的场所，教师成为学生学习的促进者和合作者。在学习与研究的过程中，学生在学到知识的同时，训练了创新性思维，培养了研究能力和创新能力。

2006年底，清华大学对首批2003级新生研讨课选课学生的问卷调查结果显示，新生研讨课在提高学生主动学习能力、沟通和团队合作能力、批判性与创新性思维能力、表达与写作能力等方面取得了良好的成效，而且使学生深切感受到任课教师的师德风范。大批学术水平高、科研能力强的知名教授活跃在本科教学的讲台上，不仅向学生传授科学文化知识，而且使得本科生能够亲耳聆听教授的治学之道，亲身感受他们的魅力风范，在潜移默化中感悟为人为学之真谛。诺贝尔奖得主杨振宁先生亲自为大一新生讲授普通物理课程；原校长顾秉林等多位院士、教学名师奖获得者、长江学者特聘教授、杰出青年基金获得者、院长、系主任等知名教授均开设新生研讨课；精品课程负责人也大都由知名教授担任。新生研讨课及其所反映的全新的教学理念得到教授、学生的充分理解和高度认同，深受师生欢迎，也获得了社会的普遍赞誉。借鉴新生研讨课经验，清华大学于2005年开设了教授主持的高年级专题研讨课。截至2007—2008学年秋季学期，已累计开设新生研讨课和专题讨论课400余门次，覆盖全校文、理、工等各个学科，6 000余人次选修，受益面近50%。

另外，清华大学在课堂教学和课外活动中特别注重提高学生的兴趣。学习兴趣是学生自主性学习的主要动力和源泉。为了提高学生的自主性学习和研究创新能力，学校从培养学生的学习兴趣入手，利用自身的科研优势，辅以资金支持和制度化管理，由教师选择合适的科研题目和部分项目，作为学生科研训练（SRT）的题目和内容。以清华大学计算机实验教学中心为例，为了培养学生对科研能力训练的兴趣，中心举办各种国际、国内计算机知识技能的竞赛或组队参加各种竞赛。例如，ACM（美国计算机协会）大赛、数学建模大赛、"挑战杯"全国大学生课外学术科技作品竞赛、两岸清华程序设计大赛、智能体大赛、趋势科技百万程序设计大赛、"英特尔杯"清华大学创业计划大赛、清华大学程序设计竞赛、校计算机知识与技能大赛，等等。在这些科技活动中，教师根据学生各自的兴趣，协助学生制定详细的设计方案和实施方法，培养学生的自主性研究和创新学习的意识，促使学生养成自主学习的好习惯，提高研究和创新的能力。

5. 开展各种实践教育活动，提高学生科研创新能力

1993 年，清华大学拟定了分阶段建设"世界一流大学"的奋斗目标。清华大学在第一阶段的"调整结构、奠定基础"目标落实以后，2003 年进入建设"世界一流大学"进程的第二个阶段，其目标是"重点突破、跨越发展"。毫无疑问，高水平的教育质量是清华大学跻身世界一流大学的根本保证。针对如何提升教育质量和完善人的发展这个尖锐而持久的问题，2005 年清华大学第 22 次教育讨论会提出了"加强实践教育，培养创新能力"的主题，希望以此为契机，力求在人才培养机制上探索出一条新的途径。顾秉林校长在清华大学第 22 次教育讨论会上的报告指出："实践教育既包括为认识、探索自然规律，掌握技术知识而开展的科学实验、生产实习等必要的验证性实验，也包括为解决实际的生产和社会问题、提高创新能力而开展的研究性、探索性、设计性、综合性实践，还包括以了解社会和国情、提高全面素质为宗旨的社会实践。"可见，清华大学拟通过实践教育，培养学生分析问题的能力和解决问题、动手协作的能力，培养学生完善的人格和适应社会的能力——既让学生从做事中形成批判性思维，又让他们从中明白如何成为良好的社会公民。

《清华大学关于加强实践教育工作的若干意见》明确提出"要结合专业特点，在培养方案和教学计划中更加突出实践环节，积极支持学生走出校门，开展形式多样的专业实习和社会实践"，并提出从三个方面将实践教育的育人理念通过培养方案与教学计划落实于学生培养全过程：课堂教学要更多地通过实际问题引导学生学会独立处理复杂问题、提高解决实际问题的能力；校内设

立实验、研讨、设计训练、综合论文训练等实践教育环节；开展学生研究训练（SRT）计划、学生科技学术竞赛等课外实践教育活动。在这一思想的指导下，清华大学的各个院系围绕创新人才培养和提高教育教学质量，从完善实践课程体系、建设校内实验教学平台、拓展校外专业实践、建设社会实践基地、加强教师实践能力建设和完善实践教学评价体系等方面入手，制定了加强实践教育的初步实施方案。有些院系重新规划了实践教学体系；有些院系加强了一度放松要求的专业实践等重要环节；有些院系创造性地开设了综合设计型和研究创新型实验以及实战模拟训练课程，增设了企业实习计划（internship）等教育形式；更多的教师开始在教学过程中采用案例分析、课程项目等形式来激发学生的学习兴趣，锻炼他们的动手能力，鼓励和引导他们走上创新之路；有些院系提出了重在培养拔尖创新人才的因材施教实施方案；有些院系对实践教育的管理做出进一步规范，通过引导SRT（大学生研究训练）项目、课外科技学术竞赛、综合论文训练等走向更高水平。

截至2008年，清华大学已建成8个北京市实验教学示范中心和5个国家级实验教学示范中心，已建成12个校级本科生校外专业实践基地。为了充分利用研究型大学的丰富科研资源，使学生形成跨学科、跨系统、跨专业的思维，清华大学于2007年春季学期起以校内一批包括国家和省部级重点实验室在内的科研实验室为依托，开设了大型本科生选修课"实验室科研探究"。秋季学期参与实验室科研探究课程的实验室教学单元共有72个，涉及约30个院系，多位院士、国家级教学名师及学术带头人参与此课程的教学工作，受到学生的热烈欢迎。在实践教育中，清华大学大力增加研究性、探索性、设计性、综合性实验，使学生发挥主观能动性，有目的地进行探索和研究。例如，清华大学法学院与河北省固安县人民法院合作建设了实践基地，每年清华大学都有法学院学生深入县乡基层，参与基层司法实践，了解农村民主和法制现状，既培养了学生理论联系实际的科学作风，也帮助当地解决了一些实际问题。

近年来，学生课外学术科技赛事是清华大学实践教学的形式之一，是学生将所学知识灵活用于实践中的有效途径，是清华大学校园文化的重要组成部分。学校结合学科专业特点，有步骤、有重点地推进赛事建设，构建服务于拔尖创新人才成长的学科赛事体系。每年都有6000余人次学生参与百余项各级各类赛事，并取得优异成绩。学校建立了未来兴趣团队、清华iCenter、"创+"和"X-lab"，面向全校学生提供了从创意、创新到创业"三创融合"的全价值链成长通道，激发和培养学生的首创精神、企业家精神和创新创业能力，涌现出了大批优秀学生创新创业团队。此外，清华大学非常重视校外实践教育环节,坚持"走出去"实践模式。本科生每年都有4000多人次分赴全国各地300余个研究院所、企事业单位开展生产实习、认识实习、社会实践等多方面的暑期教学活动,收效良好。

6. 积极改革教学方法和手段,充分运用现代化教学技术

清华大学各类基础课程改革的重点是通过改革课程体系、教学内容和教学方式,努力达到精品课程标准,确保教学质量。专业课改革与研究生课程协调,通过课程改革与重组,结合所在学科的科研活动,增加前沿性内容,加强学科交叉与融合。同时,按照主要教学方式,讲授型、实践型、研讨型、自主学习型等类型的课程各有侧重。

在课堂教学中,清华大学教师创造并总结了多样化的教学方法和考核方式,将精彩的内容以精彩的方式传授给精力旺盛的学生。例如,弹性力学课程强调"西写东唱",即英文讲稿,中文讲授;强调"深入浅出",即宏观为主,兼论细观;强调"提纲挈领",即内涵扩大,篇幅缩小;强调"以理明技",即以理为纲,以技为辅。再如,量子力学课程将教学和科学研究紧密联系在一起,将单纯的传授知识变成"传授知识+讨论+科研训练",使学生讨论与科研训练相结合,达到正确掌握、深入理解的目的。

现代信息技术、网络技术和多媒体技术在教学过程中的广泛运用,改变了传统教育教学的时空理念,有力地促进了教学方法的改革。清华全校60%以上的课程使用多媒体授课,大多数课程实现了网络教学。通过清华网络课堂,师生可以随时随地发布和下载课件、提交和批改作业、开展网上答疑讨论、进行网上自学自测。在实践中总结出的网站式教学、网络辅助教学、资源型学习、兴趣学习、互动学习等多种网络教学模式,使网络教学成为课堂教学的有力辅助手段,成为教学过程中不可缺少的组成部分。

7. 服务人才培养目标,分层次积极推进双语教学

为了适应开放式办学、培养具有国际视野和国际竞争力的高质量人才的人才培养目标,清华大学立足学校的实际,以教学效果为主要衡量指标,根据不同学科专业的特点和人才培养的要求,以及教师和学生外语运用能力和水平,循序渐进,重点突破,稳步推进双语教学。2006年,"本科双语教学课程建设专项"批准立项95项,涉及22个院系的103门课程。学校的双语教学课程体系分为三个层次:第一,努力建设一批教学效果良好的双语教学课程,在本科教学中及时引入国际先进的教学理念和教学体系;第二,鼓励有条件的院系建设系列化英语授课课程,与基础阶段大学外语教学以及本科综合论文训练相衔接,使更多的学生接受和适应英语教学环境;第三,在一些优势专业、特色专

业建设全英语本科人才培养项目，为扩大交换生规模提供足够的教学资源，也为增加留学生人数创造条件。为了切实保证双语教学的效果，清华大学规定，院系在申请开设双语课程时必须重点对以下几个方面进行评估：该课程以双语进行教学是否适合本院系有关专业的学生；制定的课程教学大纲是否符合学科和专业发展的要求；所选的外文教材能否反映该学科的先进教育理念，内容是否先进；教师的专业水平和外语水平能否胜任双语教学。各院系还需在评估的基础上，对双语课程教学的教学形式和课堂外语比例提出建议。

随着综合性、研究型、开放式"世界一流大学"办学模式与高层次、高素质、多样化、创造性人才培养目标的确定，学校双语教学从教师个体性自发行为发展到校系规划推动，从单门课程建设发展到有重点的课程体系建设，逐渐成为学校培养具有国际视野与交流竞争力的高素质人才的重要手段之一，成为推动开放式办学、提升学校国际影响力的重要支撑条件之一。

近年来，学校具有海外学习与工作背景的教师逐年增多，为实施双语教学提供了较好的师资条件。同时，学校充分利用国家、学校、社会所能提供的各种资源，如国内外的师资培训项目、海外访问学者项目等，大力加强双语教学师资队伍的培训和建设。此外，为加强学生外语综合运用方面的教学与训练，多年来学校大学外语教学以语言知识与应用技能、学习策略和跨文化交际为主要内容，除常规大学外语教学外，每届大一学生开设大一外语强化训练课程，近百名中外教师、百余名中外志愿者，集中四周时间，共同体验一种高强度、趣味性、浸泡式、互动型的全新的外语学习。

经过多年探索和实践，清华大学双语教学已取得显著成效，尤其是生物学、经济学、管理学、信息科学技术、工业工程、法学等专业的双语教学课程体系建设发挥了良好的示范作用。例如，图灵奖获得者姚期智先生创办的软件科学实验班，以注重基础科学、注重国际学术交流和实践环节为特色，探索立足国内培养世界顶尖计算机科学人才的模式。该班教学借鉴国外先进的计算机教育方法，姚先生亲自设计的8门核心课程全部以全英文或双语讲授，优秀学生将有机会到美国著名大学交流和到微软亚洲研究院实践。工业工程系专业课全部采用国际知名大学英文教材与英文课件，实行不同程度的双语教学。生物系本科课程广泛采用先进的外文原版教材，专业主干课全部以全英语或者双语讲授，为学生学习后续课程、从事科研活动打下良好的基础。经济管理学院经济与金融专业以较高的国际化程度为特色，大部分课程将以全英文讲授，并以此为平台，与国外一流大学开展本科生交换，为学生创造开拓国际视野的机会，为海外学生开辟一个了解中国经济的窗口。

（四）清华大学教学模式与方法改革趋势

在 2008 年 12 月中国大学教学论坛上，时任清华大学副校长的袁驷呼吁，大学的教学模式亟待改进，教学方法需要改革创新，要加强师生互动，加强学风建设。基于以人才培养质量为核心的质量观，清华大学提出了树立以学生为主体、以优化学习质量为重点的本科教学改革思路。2009 年，清华大学举办第 23 次教育讨论会，研讨新百年人才培养的使命与战略，探索拔尖创新人才的培养模式与途径。同年，清华大学决定将经管学院作为全校本科教育改革的试点，率先尝试改革措施以取得经验。

清华大学经管学院对国内一些重点高校的本科教育和国际上一流大学的本科教育现状做了研究，制定了新的本科生培养方案。新方案努力做到既延续清华百年办学中的优良传统，又吸收国际上最优秀大学的经验，瞄准世界一流本科教学水平的方向发展。新方案明确了经管学院本科生培养的两个理念，既要为拔尖创新人才脱颖而出创造优良环境，又要为每一个学生个性发展和人格养成提供充分条件，并提出了一个具体的"三位一体"的本科教育课程体系。

在新培养方案中，在具体操作上，新培养方案的核心包括三大支柱：一是全面实施作为本科教育基础的通识教育；二是把因材施教的理念落实为具体的优秀人才培养计划；三是突破教育仅仅是传授知识的旧观念，把培养学生的批判性思维能力放在重要位置并贯穿整个本科生培养过程。

通识教育占一、二年级课程的主要部分。除了学校统一要求的政治思想理论课和体育课外，经管学院在通识教育方面有两项新举措。一是强调三项基础技能——中文、英语和数学，首次在全国高校中开设了中文写作和中文沟通两门课。二是明确覆盖人文、社会科学、自然科学三类基础学科的 8 个课组的通识教育的课程体系：文学与艺术、历史与文化、哲学与伦理、基础社会科学、中国与世界、国际社会、物质科学、生命科学。

优秀人才培养计划是清华大学经管学院针对大三和大四高年级本科生的一项新设置的计划，在大二结束前学生需要经过挑选后才可参加这一计划，这是学院实行因材施教的一个具体举措。计划的第一个特点是培养方向的多样性，根据本科生未来的发展路径的多样化，该计划设计了三条轨道：学术方向以研究为导向，创业方向为将来创业做准备，领导力方向侧重于政府、国家重点企业、非政府组织（NGO）和国际组织中的领导能力培养。计划的第二个特点是学习方式的创新。这一计划并不是多上几门课，不同于第二学位或辅修。计划不采取通常的课堂授课方式，而是采取体验式学习的方式。比如，参加学术方向计划的学生要参加论文写作讨论班，以研究最新文献、尝试写小论文，最终发展为以毕业论文为主要环节。参加创业方向计划的学生要参加真实的创业项目、撰写商业计划书等。参加领导力方向计划的学生要深入到政府等机构做调研。这一计划的目的不是简单的知识增加，主要在于是培养学生的研究能力、创业能力和领导能力。

此次改革的第三大支柱是批判性思维能力培养。经管学院的本科生教学改革决心把培养批判性思维能力放在重要位置。具体做法有以下两方面。第一，开设一门以批判性思维为主要内容的课程，这个课程的内容围绕伦理、社会、自然等问题展开。第二，培养批判性思维不是靠一门课完成的，而是要贯穿整个培养方案。比如，在课程顺序的安排上，大一不安排专业课程；在教学方法上，除了传统的直接教学法以外，增加开放式教学法；扩大新生研讨课的范围；调整学生评价体系，逐渐削弱学分的作用。

经管学院作为试点开展的教学改革，在某种程度上反映了清华大学未来发展的方向。由此不难推断，在未来教学模式与方法的改革上，清华大学将重视学生通识教育、优秀人才培养计划和批判性思维能力培养，这在教学模式与方法上也有明确的体现，将在加强师生互动、提高学生学习动力、批判性思维能力培养、理论知识与实践的结合以及加强通识教育等方面加大改革的力度。

清华大学将继续以学生综合素质的提高和创造性的发挥作为教育的基本出发点，确立以学生为根本的教育理念；在综合性大学的专业学科建设基础上加速向研究型大学的教育教学模式转变；建设具备研究型大学特色的人才培养和教学体系。清华大学在未来的教学中，会进一步调整课程结构，更新教学内容，建立研究型大学的教学方式，进一步压缩培养计划的课内学时总量，进一步拓宽公共基础课程的适用范围，增加人文、社会科学、管理等门类的选修课程种类和数量，加大选修比例以及课程内容（或训练项目）的综合度，切实改善学生的知识结构，增强其综合素质与能力。

第二节　网络时代下大学教学方法改革的实践探索

一、移动互联网背景下高校教学手段与方法的改革探索

移动互联网是移动通信技术和互联网技术融合的产物，是一种通过手机或其他移动终端设备，采用无线通信方式获得业务和服务的新兴互联网。2016年，我国移动互联网用户已近10亿，占全球的1/3以上，4G网络已覆盖了全

国，标志着我国移动互联网真正进入 4G 时代。移动互联网逐渐成为未来网络发展的主流，其用户可以通过智能手机随时随地迅速接入互联网。移动互联网时代的到来，直接影响着人类社会生活的方方面面，甚至在很大程度上改变着人们的生活方式，作为接受新技术最前沿的高等学校自然也受到冲击。移动互联网因其自身的实时性、便捷性、高效性和低成本，已得到大学生的广泛认可和追捧，其发展正悄悄改变着学生的阅读对象、学习途径和学习方式，学生自我移动学习的比重在显著增加，学习的个性化及多元化需求也在显著地增加，这对高校教学有正面影响也有负面影响。高校课堂教学如何适应学生学习环境及方式的转变，已经成为急需面对和深入研究探讨的问题。开展与移动互联网环境相适应的教学手段和教学方法改革也势在必行。

（一）移动互联网的发展使多媒体教学手段的内容更丰富、使用更便捷

教学手段是教师与学生为了实现教学目的用来进行教学活动的媒体，是具有信息的、形态的、功能特征的媒体，随着人类历史的演进，教学手段经历了口语、文字与书籍、印刷书籍、直观教具和高新技术教学手段等五个阶段。可以把前四个阶段合称为传统教学手段，又因我国课堂教学仍然有不少采用这种以黑板和粉笔为主的教学手段，因此又称为板书教学。而高新技术教学手段现在多称为多媒体教学手段。多媒体技术应用于教学始于 20 世纪 80 年代中期的美国，苹果公司设立了计算机技术同各种信息媒体相结合的计算机多媒体实验室，在 20 世纪 90 年代应用于教育领域后很快得到迅猛发展，从而为教育领域带来了深刻的改革，丰富多彩的文字、图片与动画作为教学课件穿插在多媒体屏幕中，为学生带来了新鲜感，教学活动在这一技术的辅助下发生了翻天覆地的变化。目前，多媒体教学手段已成为高校课堂教学的主要教学手段。随着计算机、网络和其他信息技术的飞速发展，应用于教学的媒体手段和资源也越来越丰富，有人提出现代化教学手段、数字化教学手段和信息化教学手段等概念，以区别于早期的多媒体教学手段。最近几年，移动互联网在高校师生中普及后，依托手机等移动终端设备，将移动通信技术运用于教育领域的数字化学习和教学活动，产生了移动学习和移动教学这一新的学习和教学模式，此模式使学生的学习呈现出学习时间的实时化、学习场景的移动化、学习资源的碎片化、学习模式的自主化、学习形式的交互化、学习方式的游戏化等发展趋势。同时，移动互联网具备的随时、随地、随身优势，使教师可采用的教学手段更为丰富，运用也更为灵活和便捷。

（二）传统与现代融合的混合式教学手段适时互补，符合移动互联网时代的需求

传统教学手段与多媒体教学手段各有优势，也各有不足。传统教学手段在教学交流的情感性、人格魅力的感染性、教学质量的有效性、教学过程的控制性这四个方面比多媒体教学手段有一定的优越性，教师更容易通过肢体语言、板书设计、教学模型等手段吸引学生，通过教师的喜怒哀乐、情绪情感、思想认识、道德观念等感染学生。传统教学手段的不足之处表现在手段落后、展现原始、信息单一、过程封闭等方面，板书容易浪费讲解时间，讲解也难以形象生动，需要教师具备扎实的教学基本功。

多媒体教学手段在表现形式的多样化、教学形象的具体化、教学方法的程序化、教学时空的拓展化等方面有一定的优越性，声、像、文并茂的多媒体课件容易激发学生学习的兴趣和热情，信息量大，提高了教学速度。多媒体教学手段的不足之处则表现在缺少人文体验、缺乏形象导向、耗费时间精力、互动交流减少等方面，内容多、展示快，不利于学生记笔记和记忆，质量差的课件易变成书本内容或板书的翻版，多余的动画和图片易分散学生的注意力，教师因设备操作位置比较固定，难以发挥其独特的感染力。

移动互联网为多媒体教学手段增加了新的媒体，这种新媒体移动快捷的特点更有利于大学生的自主学习和个性化学习，有利于学生的补充学习和延展学习，有利于学生课前预习和课后复习，有利于作业的提交及成绩反馈，有利于师生的交流互动，有利于教师的及时导学，在课堂教学中合理利用也有利于点名、随机提问、讨论等，但其主要的不足之处是手机上网易对课堂教学产生干扰，增加教师课堂教学组织管理的难度。

比较传统和现代两种教学手段的调研与统计分析发现，在多数情况下，多媒体教学手段的教学效果比传统教学手段好。高校教师在教学实践中选用何种教学手段，取决于以下几点：首先，要明确教学手段的服务对象和要实现的教学目标，根据教学目标和教学对象的特点选用教学手段，要全面了解学生，准确把握教材，在教学的预设，资源的开发和知识的深透性以及思维、视野的拓展上下功夫，有效组织各种教学媒体，为落实教学目标、提高教学实效服务；其次，要掌握各种教学手段的特性，选定更为有效的教学手段；再次，要探索在课堂教学中教学手段与教学活动融于一体的问题，教师不要过多关注各种教学媒体的使用，而应更多地关注教学理念与教学手段的结合，使教学手段理性回归到课堂教学实践。高校的每一门课程、每一个章节、每一节课，甚至每一个知识点的教学，都应探讨选用更有效的教学手段，选用的教学媒体要适量、适时、适用。传统与现代多媒体教学手段混合使用的多元化教学手段，适时兼容，优势互补，能通过合理运用教学手段提高课程效益，从而达到提高教学质量的目的。

（三）移动互联网为新知识观指导下的教学方法改革带来了新的发展机遇

教学方法是教师为了实现教学目标，在教学过程中向学生传授知识、训练学生技能、培养学生品德等所采用的方式方法。教学方法关系到教学方案的实施，直接影响到学生的知识接受程度、学习兴趣和学习方法。教学方法不同于教学手段，但又紧密相关。教学手段主要是教学所采用的媒体，而教学方法主要是运用媒体实现教学目标的途径和策略，教学方法的实施需要采用教学手段才能完成。教学方法很多，如讲授法、讨论法、案例法、问题法、专题法、项目法、参与法、协作法、情景法、调查法、实验法、探究法、研究法等，有的概念还不够明确完善，命名也不统一。这些教学方法多数是近几年才兴起的，是伴随着知识本位的传统知识观向能力本位的新知识观的转变而出现的。新知识观注重知识的应用，注重将学生掌握的知识转化为实践应用能力，重视学生个性的发展与潜能的发挥，使学生在接受知识的过程中逐渐建构体现自身价值与符合自己发展需求的知识体系，从而具备自我选择、自我改变与自我提升的社会生存能力与开拓创新精神。在能力本位的新知识观的指导下，高校教学方法的改革成为我国高等教育教学改革的主要内容之一，教学目的从重知识传授向重能力培养转变，教学方法从灌输式向启发式转变，从以教师讲授为主向以学生自主学习为主转变，从教师单方传授教学向师生双方对话教学转变。案例法、探究法、研究法等能力培养型教学方法被越来越多的高校教师所重视和采纳。

在网络信息时代，知识已不再是稀缺资源，其获取的成本越来越低，学生可以迅速而广泛地从互联网上获得知识，并个性化地占有与应用，尤其是移动互联网普及后，大学生可以利用智能手机随时随地上网学习，获取知识，这对新知识观倡导的学生自主学习、个性化学习更为有利。移动互联网时代的到来再次为新知识观指导下的教学方法的改革带来了新的发展机遇。这种方便快捷自学的优势，可以充分利用学生的课余时间。教师可以提前布置需学生自学的内容，可以是电子教案、课件和录像，也可以是与要讨论、调查、探究或研究题目（问题、专题、案例）相关的资料素材，学生可以利用教师指定的课程网站、教师发送的信息和搜索引擎等完成自学。课堂上，教师的角色发生根本的转变,不再以讲授为主,而是以组织、引导、指导、观察、协助、提问、解惑和纠错等教学活动为主。教师把课堂上的主要精力用在了解学生和培养学生能力方面。

(四)便捷高效的移动互联网上师生互动有利于个性化教学方法的实施

移动互联网的发展带来的自我移动学习改变了大学生的阅读对象、学习途径和学习方式,学习的个性化需求显著增加。这种学习完全由学生自己控制,符合当今大学生自身的特点,时间安排灵活,具有很强的优势。

目前,利用搜索引擎可以得到极为丰富的网络信息资源,然而因信息量太大,并且存在不准确的甚至错误的信息,甄别得到所需的有用信息常浪费学生大量宝贵的学习时间;许多专业性信息由于知识产权原因搜寻不到;我国教育各级部门多年来支持建设的精品课程、网络课程等网站上的内容大多不便于在移动终端设备上浏览学习;课程授课录像及课件等容量过大,播放或阅读需时过长,学生没有耐心且不方便浏览学习。为解决上述问题,一方面要加强教师对学生利用移动互联网自主学习的实时指导,另一方面需加快与手机等移动互联网终端使用相匹配的课程教学资源库建设。

QQ 和微信是由腾讯公司开发的两款即时通信软件,适于在手机等移动通信终端使用,支持在线聊天、视频电话、共享文件、网络硬盘、邮箱等多种功能,已被大学生普遍使用。实际上,这两个社交信息平台近年来已经成为许多行业或单位的工作联系平台。我们可以利用群公告发布通知和信息,可以利用文字、语音、图片和视频等功能进行学习,可以利用 QQ 群组功能进行学习讨论、交流,还可以利用群视频功能实现一对一或一对多的远程视频教学。建立一个授课教师及选课学生参加的 QQ 群或微信群课程平台,教师可以适时发送电子教案、课件、短录像等教学资料;师生可以在课程群内进行讨论和交流。这样一个课程平台的构建和有效利用,为大学生提供了一个真正无障碍学习的自由空间,既具有传统教学中面对面交流的高效性,也体现了虚拟交互的便捷性,充分调动了学生的主动性,符合个性化教育的要求。

移动互联网背景下的师生教学互动,除了传统的师生面对面交流外,更趋向于网络化、群体化、实时化和场景化。这种方便、高效、交互性能好的师生网上互动交流平台的建立解决了教师及时导学的问题,可大大提高学生自我移动学习的效率。同时,这种师生间的实时互动也为讨论法、案例法、调查法、实验法、探究法、研究法等多种有利于对学生进行能力培养的教学方法的实施提供了便利条件，还为针对学生小组甚至个人采用个性化的教学方法进行教学提供了可能。

（五）微课和翻转课堂相结合是与移动互联网时代高度契合的教学模式

移动互联网时代，人们的生活节奏越来越快，时间碎片化，促使信息传播活动进入了微时代。在大学校园内经常可以听到学生"忙""没时间"等逃避学习的借口。高校教师采用何种教学方法促使大学生把碎片化的时间用于学习，使学生从玩手机转变为通过移动互联网进行学习上来，将是未来很重要的事情。翻转课堂这种新型教学模式的出现，为微课在高校课堂教学中的应用提供了最佳途径。翻转课堂教学模式的核心是把知识的传授在课前通过网络完成，课堂上通过讨论、交流来完成对知识的内化，学生在课后则以完成知识的探究为主。在移动互联网时代，大学生最理想的课前网络学习资料就是微课。可以说微课和翻转课堂是新时代高校教学过程中的最佳拍档。

微课和翻转课堂相结合是与移动互联网环境高度契合的教学模式。任课教师在课前按照课程进度和学生学习状况，适时通过移动互联网教学平台发送微课，让学生自学并完成教师布置的有一定挑战性的习题或作业，学生遇到疑难问题时可通过移动社交媒体与同伴分享交流，互相解答，也可通过分组讨论或师生交流的形式来解决。课堂上，教师和学生根据教学内容，分别提出一些问题，经师生交流讨论后确定课堂探究的问题，有的问题让学生通过独立探究解决，以培养学生独立学习、思考和解决问题的能力，有的问题分成3—5人的小组集体探究解决，以培养学生的协助、交流能力；在解决问题之后，让学生在课堂上展示个人或小组的成果，学生间或小组间相互交流、评论及分享收获，教师不再进行灌入式讲授，教学不再以教师和教材为中心，而是以学生为中心，以能力培养为重点，教师主要起组织、引导、指导、协助、点评等作用；最后把教师和学生的综合评价结果反馈给学生，并依据评价结果制订下一步的教学计划，确定课后和下节课的探究问题。微课和翻转课堂相结合的教学模式有利于教育个性化，有利于重构和谐的师生关系，有利于探究法、研究发、案例法等能力培养型教学方法的实施，有利于对学生能力的培养。

二、基于慕课的大学课堂教学改革策略

（一）什么是慕课

所谓"慕课"（MOOC），顾名思义，"M"代表 Massive（大规模），与传

统课程只有几十个或几百个学生不同，一门慕课课程动辄上万人，最多达 16 万人；第一个字母"O"代表 Open（开放），以兴趣导向，凡是想学习的，都可以进来学，不分国籍，只需一个邮箱，就可注册参与；第二个字母"O"代表 Online（在线），学习在网上完成，不受时空限制；"C"代表 Course，就是课程的意思。

MOOC 的兴起并非偶然，不断发展的信息技术和移动智能技术正在多个方面对教育发展产生深远影响。当前高等教育发展具有全球化、大众化和信息化的时代特征，MOOC 出现并迅速崛起正是适应了这一宏观趋势。而今备受关注的 MOOC 并非一蹴而就、横空出世的新的教育形式，截至今日，MOOC 依然处于不断发展演变中。MOOC 被普遍认为脱胎于"开放教育资源（Open Educational Resource，缩写为 OER）"运动——致力于通过互联网提供免费教育资源。

1.MOOC 的发展历程

（1）发端于开放教育资源运动。2001 年 4 月，美国麻省理工学院（MIT）开始开展"开放课件（Open Course Ware，缩写为 OCW）"运动，标志着开放教育理念在互联网时代真正落地。2002 年，联合国教科文组织在巴黎召开"高等教育开放课件对发展中国家的影响"论坛，正式提出"开放教育资源"的概念。2005 年春，"开放课件联盟（Open Course Ware Consortium，缩写为 OCWC）"成立，使开放教育资源运动有了统一的组织机构。机构成员包括哈佛大学、耶鲁大学、麻省理工学院等 200 多所高等教育机构和相关教育组织。我国大陆也于 2003 年 10 月成立了"中国开放教育资源协会（China Open Resources for Education，缩写为 CORE）"，为中国大学获取免费、便捷的全球开放教育资源拓宽渠道。教育部在"2005—2007 年教育信息化行动计划"内启动了精品课程建设项目。

开放教育资源运动所展示的"教育公平"、资源共享的理念以及高等院校提供的优质资源被看成 OCW 模式具有吸引力的地方。但是，从本质上而言，OCW 模式依然是传统的在线课程模式，最明显的表现是学习过程缺少互动交流和学习效果难以及时反馈两个方面。因此，教育研究者和教学者不断对在线课程模式进行创新，以提高在线学习效果。

（2）萌芽于联结主义的 cMOOC。在 OCW 模式的课程中，有两门课程的出现被认为对 MOOC 模式的形成具有特别重要的意义，可视为 MOOC 模式的萌芽，即 2001 年美国犹他州立大学的 David Wiley 教授基于 Wiki 发起开放课程 Into to Open Education（INST 7150），2008 年 1 月加拿大里贾纳大学的 Alec

Couros 教授开设的网络课程 Socal Media and Open Education。研究者认为，这两个项目为 MOOC 课程模式的诞生奠定了思想基础，并做了技术准备，可以说是 MOOC 的前身。与典型的 OCW 课程模式相比，世界各地的学习者不仅可以分享此课程资源，还可以参与课程创新。在此基础上，2008 年 9 月，阿萨巴斯卡大学的乔治·西门思与国家研究委员会的斯蒂芬·唐尼斯设计和领导了一门名为"联结主义与关联知识"的在线课程，有 25 位来自曼尼托巴大学的付费学生和 2300 多位来自世界各地的免费学生在线参与了这门课程的学习。为了呼应这门课中体现的教育思想和课程形式，加拿大学者戴夫·考米尔与布莱恩·亚历桑德提出了 MOOC 这个概念，概念强调了大规模、开放和在线这三个能实现联结主义思想的前提。此后，一大批教育工作者都采用这种课程形式开设自己的大规模网络开放课程。

虽然 cMOOC 模式体现了一种新的学习理论，但是由于其课程开设少，用户规模相对较小，在实践中的教学效果和学习效果不佳，所以 cMOOC 课程并没有引起广泛关注。联结主义学习理论的"真正落地"还有待进一步研究与探索。

（3）MOOC 元年的到来。在不断吸收联结主义思想和在线教育经验的基础上，OCW 模式中开始分化出新的 MOOC 形式——xMOOC，即人们通常知道的 MOOC 模式。xMOOC 的出现以 2011 年秋斯坦福大学教授赛巴斯蒂安·斯伦和皮特·诺威联合开设的名为"人工智能导论"的免费课程为标志，这门课程很快就吸引了来自 190 多个国家的 16 万学习者，最终 2.3 万人完成了这门课程的学习。此课程开创了 xMOOC 模式，提供了在 OCW 模式的经验基础上批量制作课程的可能性，这种可能性直接促使了三大 MOOC 教育平台的诞生，并反过来促进 MOOC 教育的发展。这些专业化平台提供商的出现，降低了大学建设 MOOC 课程的门槛和经费投入，也刺激了更多一流大学加入 MOOC 课程内容提供商的行列。为了让 MOOC 被社会承认和认可，2012 年 9 月 6 日 Udacity 首创在线课程学分与大学学分挂钩，这一形式进一步助推 MOOC 的发展。2012 年 11 月，美国教育理事会同意评审 Coursera 的几门课程，为这些课程的学习证书被更多的大学认可创造了条件。

基于以上原因，MOOC 在 2012 年呈现"井喷"式发展，引起互联网教育和高等教育的普遍关注。《纽约时报》将 2012 年称为"MOOC 元年"。

2.MOOC 构成部分及其特点

MOOC 作为一种区别于传统课堂教学的教学模式，有着自身显著的特征，然而要解读它的特征，还需要认识 MOOC 课程的主要构成部分。李曼丽教授等认为 MOOC 具有以下三个组成部分。

（1）课程讲座视频。课程讲座视频是 MOOC 的首要构成部分，教师根据不同课程的教学目标和知识容量，划分课程的节数，每节（即每周）通常是一个时长 2 个小时左右的、事先录制好的视频。例如，一门授课教师进行知识的总体把握而确定的持续 6 周的课程，就会有 6 个时长为 2 小时左右的视频文件，每节时长 2 小时的课程视频通常根据知识点被分解为若干个 8～15 分钟的教学微视频。教学微视频有着时间短、教学目标明确、知识容量小的特点。一个微视频往往集中讲授一个知识点，并以多种方式呈现，使学生的学习变得有趣、轻松且有重点，有利于学习效率的提高。同时，学生只有按教师要求完成一个模块，才能进入下一个模块的学习。

值得特别注意的是，在视频中嵌入了相应的测验题目。嵌入式测验是指在视频中插入的非正规评价，通常是在解释课程的核心概念之后设置的一两个测验。嵌入式测验能够让学生当场检测自己对概念的理解，帮助学生积极有效地巩固课程内容，促进提取式学习。认知心理学告诉我们，回溯检索性学习（the retrieval task）可以提升学生的学习质量。由于在讲座中成功嵌入了测试问题，MOOC 的"课堂"使学习者投入学习的热情大大增加。为了避免学生因此变得焦虑，对课程及学习内容产生畏难情绪，这些测验结果并不计入学生修课成绩。为了不打断学生观看视频的流畅性，嵌入式测验的题目不宜过长，难度也不宜太大，一般的标准是让学生能够在 10 秒内作答。通常，MOOC 平台会建议每 8～10 分钟的视频讲座中插入一个嵌入式测验。

（2）课程测验与评价。测试与评价为学生提供了通过检测所学知识、巩固所学概念来学习的机会。课程学习小测验通过在线练习题来实现，大部分在线练习题都是机器按程序自动评估打分的，在线练习题可以是单选题，可以是多选题，也可以是按正规表达式评分的简答题和数学表达式。教师可以设置每周的检验性测验，通过回溯性学习和深入分析，帮助学生了解自己的知识水平，并帮助他们进一步挖掘所学材料中的知识信息。同时，教师提供对该练习的讲解，以帮助学生了解他们答对或答错的原理，并允许他们多次尝试，直到真正掌握所学内容。通过多次随机测试，学生能够得到及时反馈和对题目的解释，促进掌握式学习。机器评分的好处是不但学生可以及时得到反馈，教师也可以及时看到学生的反馈信息，通过分析数据了解学生的课堂体验，还能够从所在大学的教育教学专家那里获取相关建议。

另外，针对有些作业不能够进行计算机自动评分，如学生们的课程小论文、讨论中的表现、数学证明过程、绘画设计、产品设计等，MOOC 应用同伴互评技术对一些开放式作业和练习进行评价,以检查学生的深入分析和批判思考能力。这样的打分评估过程在教学上非常有意义,不仅可以让学生发现自己与同学的优势和不足,还可以鼓励学生互相沟通交流。在 MOOC 模式下,同伴互评有两个重要功能。一个是 MOOC 学习者规模庞大,通过同伴互评这种方式,数百万的学生都可以得到来自同伴的个性化反馈。这一点仅靠教师和助教是绝对不可能实现的。另一个是同伴互评具有教育学意义,因为每个学习者都同时充当了学生和教师(评分员)两个身份。在评价同伴的作业时,学习者能够更加深入地掌握其中的原理和技能。可以说,评价的过程也体现出了学生自身的学习效果。

(3)讨论区的师生、生生互动。与传统的教学相比,教学模式的变化是 MOOC 教学的重要特点之一,它是一种以学生自主学习为主,通过讨论区师生、生生互动交流来解答疑问的教学模式。这种教学模式颠覆了传统课堂中以教师讲授为主、学生被动听讲的教学模式,把学习的主动权还给学生。课程讨论区主要用于师生之间、生生之间探讨课程内容、课后作业以及与课程相关的延伸问题,不同国家地区的同学可以在这里表达自己的观点,以特有的方式互相帮助、互相学习。通过网络社交平台,教师不仅可以积极参与学生的讨论,还可以邀请助教对学生的讨论和问题进行反馈和指导。部分物理距离较近的学员甚至会通过线上约定时间和地点,组织面对面的线下讨论活动。

笔者通过亲身体验 MOOC 学习后认为,MOOC 作为一种基于学习科学精心设计的教学模式,有着独特的魅力,可以说它首次将学习本质、学习过程、学习动机、学习策略等学习科学的基本规律运用到教学中,极大地促使学生积极参与到课堂中,学生的学习方式从被动学习转变为主动学习,提高了学习质量。

(二)MOOC 给我国传统大学课堂教学带来的影响

作为现代信息技术同教育相结合的产物,MOOC 激起在线教育"井喷"式的发展,其在教育上的意义绝不仅仅在于在线教育,而将在整体上对现有的教育形成巨大的冲击和革命性的影响。同时,MOOC 的到来也给高等教育的发展带来了机遇。中国大学应理性地分析 MOOC 带来的影响,加强学习,从容应对,清醒地认识挑战,利用 MOOC 带来的机遇,提高大学教学质量。

1.MOOC 给我国传统大学课堂教学造成的冲击与挑战

MOOC 在很大程度上打破了大学教育千百年来沿袭的教师主导的小规模讲座式授课传统,它以信息网络为依托,拓展优质教学资源的覆盖面,以学生为中心，充分调动其在学习过程中的主动性，通过参与式互动建构学习共同体。它给大学教学的内容、方式、评估以及教师教学能力四个方面带来了革命性的影响。

（1）对教学内容的挑战。MOOC 以互联网为载体，将全球顶尖大学的优质课程资源以极低的成本传递到原本无法取得这些资源的世界各地所有学习者的终端设备上，使他们能够随时随地轻松获得最优质的学习资源。无论是从课程数量还是从学生数量来看，它都是传统大学教育无法企及的。例如，根据谷歌的统计，2012 年仅耶鲁大学 Shelly Kagan 教授的"死亡哲学"这一门课程，平均每周在中国大陆的点击量就超过 3000 次。如果没有 MOOC，所有这些中国学生都无法聆听到 Kagan 教授幽默而深刻的讲授。在 MOOC 课程中，教师可以随时对内容进行修改，根据最新的发展动态及时补充新的教学内容，使教学内容符合学生的需求。

MOOC 课程内容的呈现方式以模块化为主，课程内容被分割成 10 分钟左右的"微课程"，并且在课程中穿插了很多小测验，这样的课程内可以使容学生及时了解自己的学习情况，还可以使其集中注意力。依托互联网，MOOC 还能够将无限的教学视频外的其他优质在线教育资源也融合在课程中，如电子教材、学习软件等，让学习内容与过程变得更为丰富和生动。MOOC 通过网络技术使教学内容实现了理论性与趣味性的统一。

（2）对教学方式的挑战。MOOC 对传统教学模式的改革还体现在它将学习的主动权交回给学生，允许学生根据自身知识、能力水平自行把握学习进度，选择学习环境，充分体现了"自主学习"的理念。拥有 16 万学生的人工智能课程教授斯伦是 Udacity 的创建者之一，他想通过网络课程确立一种新的教学模式，把教学的重点转向对学生能力的培养。这种教学模式下，学生不再是通过一味地听教师讲授来学习，而是通过自己发现问题、解决问题来学习。这种教学模式可以使学生从被动的学习转向主动的探究式的学习，在问题解决的过程中达到知识传授和能力培养双重目标的实现。同时，为了使学生更好地发挥学习的能动性，Udacity 和 Coursera 等平台都综合引进了多种形式的互动途径和评估手段，使师生、生生的交流变得更加频繁，反馈更为及时。MOOC 教学方式既能够培养学生在学习过程中的独立认知能力、对事物的感知能力以及领悟能力，同时它又可以让学生在交流的过程中更好地掌握知识。MOOC 所倡导的以"学"为主要目的的教学方式，对传统课堂以教师讲授为主的教学方式来说，是一个极大的挑战。

（3）对教学评估的挑战。MOOC 对学生学习成果的评价在具体评价方式与课程认证两个方面对传统模式进行了革新。在评价方式上，美国三大平台都利用同辈评价或软件评价的方式，为学生提供第一时间的反馈，同时开放课程论坛作为学生与教师、助教，学生与学生之间交流的平台，促进学生学习过程中的互动。edX 平台虽然起步较晚，却是网络课程技术改革的先锋。为给成千上万的学生提供有效的学业评估，麻省理工学院教授开发出 Caesar 软件，将作业和测试的批复任务分配给世界各地的校友志愿者，让学习者自评和互评作业。这种评价方式一方面解决了教师大批量批改作业的难题，教师可以留出更多的时间进行教学研究，把更多的精力用来关注学生的发展，用于指导学生的学习；另一方面，这种评价方式对于学生的学习有一定的促进作用，学习者在评价的过程中同时具有学生和教师的双重身份，通过自评和互评相结合的方式，学习者可以通过比较自己和同伴的作业而找到自己的不足和优势，对知识和原理有了更深刻的理解，锻炼自己的批判思维和叙述技巧。此外，评价过程也可以间接反映出学生自身的学习效果。

在课程认证上，MOOC 与以往网络课程较大的不同点在于它可以为完成课程的学生提供正式认证，或者得到大学认可的学分，甚至实现不同平台之间的互认。这有利于同时保障教学质量与平台的经济利益，对于大量由于种种原因无法接受常规大学教育的学生而言具有巨大的吸引力。2012 年 9 月，科罗拉多州立大学的"全球网络校园"就宣布接受在 Udacity 上为完成计算机科学概论课的学生转换学分。Coursera 的全部 33 个北美顶尖合作大学都可以有偿为完成本校课程的学生提供认证。麻省理工学院也在 2011—2012 学年春季学期推出了本校第一门在线认证课程。而加州大学系统的"UC Online"平台甚至能直接为学生提供可在其不同分校之间实现转换的正式学分，显然试图把网络教育真正纳入其学校教学系统之中。

（4）对教师教学能力的挑战。理想的大学课堂应更多地体现知识的探索和师生的互动交流，而教师教学能力的高低直接影响课堂互动的质量，影响学生学习的质量。MOOC 的出现打破了大学课堂教学的封闭性，给大学教师带来了全球化的竞争环境，使大学教师在教学能力方面受到较大的冲击与挑战。

一方面，MOOC 在课程设计上给大学教师带来了挑战。MOOC 拥有丰富的优质教学资源，学生可以根据自己的兴趣和需求，自主选择来自全球顶尖大学名师的授课。当前我国大学课程的内容设计千篇一律，没有新意，这在很大程度上不能满足学生的个性化需求，也从一定程度上反映出教师的课程设计能力需要进一步提高。大学教师如果不主动借鉴 MOOC 的成功经验，应对 MOOC 带来的挑战，反思教学，提升教学能力，则会使自己陷入危机。另一方面，

MOOC在专业能力上给大学教师带来了挑战。MOOC平台选择的都是具有较高专业知识水平和知名度的教师，这些教师无论是在理论上还是在实践上都有较深刻的认知。与MOOC平台教师相比，国内大学教师还存在一定的差距，由于MOOC的开放性，学生很容易对教师的专业能力进行比较，进而降低对国内教师的专业认可。MOOC课程具有交互性、多元性、开放性、民主性、自主性等特点，这些特点带来了教学手段的变化，大学教师需要从整体上提升教学能力，从以自我为中心走向以学生为中心，从孤军奋战走向团队合作。

2.MOOC给我国传统大学课堂教学带来的机遇

（1）有利于转变传统的教学观念。MOOC大量进入高等学校的教学及其管理过程中，有利于转变传统的教学观念，为转变传统课堂单一的课堂教学形式和单调的个体学习模式带来了机遇。

在传统的课堂教学中，教师为了完成教学任务，较少组织讨论式教学，大学教学仍然是以教师讲授、学生认真听讲为主的教学模式，师生之间的互动较少，学生之间的合作学习、探究学习基本上没有，学生仍然是一种个体学习状态。在这种教学模式下，学生很少进行自主学习，学生的主动性也很难得到发挥。而在MOOC的学习过程中，一方面，学生可以通过课堂、在线等多种方式获得所需知识，更重要的是，它不但可以使学生获得知识，而且可以让学生参与知识的创新过程；另一方面，学生的学习不再是独立存在的，不再仅仅局限于个体的自我努力，而是通过讨论区实现大规模集成化的学习，不同国家、不同学校、不同专业的学习者以及不同师生之间可以在这里发表各自的观点，相互学习，碰撞出思维的火花，在学习过程中不仅学生的个性得到凸显，还可以实现各种形式的结合，创新教学内容和教学方法。这样，学生把握了学习的主动权，真正成了学习的主人，同时教师也在不断地提升教学技能，更新教学技能，完善教学设计过程，教师和学生在教和学的过程中实现了"教学相长"。因此，MOOC的出现，为教师转变教学观念，真正实现以学生为主体的课堂带来了机遇。

（2）有利于实现因材施教的教育理想。与传统的班级授课制模式相比，MOOC具有大数据分析的特征，它可以利用网络信息技术的优势，对学生学习过程中的学习行为进行统计，通过学生观看视频的次数、每周的小测试数据以及课堂小测验数据等可以清晰地看出每个学生在学习过程中的情况，如学生的学习投入情况、学生的学习进度、学生的学习习惯、学生在观看视频时遇到的不懂的地方、学生对知识的掌握程度等。据估计，一位MOOC课程教师在几周时间内的MOOC教学中实际所积累的学习数据几乎是其借助传统课堂教学几十年才能收集的数据的集合。

MOOC所具有的大数据分析功能无论是为教师的教还是为学生的学都带来了机遇。一方面，对提高教学质量具有重要的指导意义。教师可以利用MOOC的大数据分析功能进行教学研究，丰富自己的教学理论。在MOOC课程教学中，学生学习数据的采集、测量、存储、管理、分析、挖掘等，通过技术的集成运用，形成了一个有机结合的整体，实现了基于大数据的学生个性化学习分析。通过对数据进行分析和挖掘，检测学生的学习效果，分析学生的学习特点以及影响学习成绩的因素等，预测未来的学业成绩和进展，从而有针对性地对学生进行指导，让每个学生都得到最好的发展。教师可以将搜集到的信息进行研究，将宏观的教学和微观的数据相结合，把握教学中隐藏的教学规律，丰富教学理论，从而更好地指导实践，及时地对学生进行反馈和指导，不断地改进教学内容和教学过程的设计，从而进一步提升教学能力，提高教学质量。另一方面，为学生个性化学习带来了机遇。在传统课堂教学中，教师很难考虑到每个学生的学习状况，学生只在教师井然有序的教学步骤的指引下，按部就班地进行学习。通过大数据分析，教师可以及时地把握每个学生在每个阶段的学习情况，并给予相应的学习指导，推荐相应的学习资料和学习方法。在这种教学模式下，学生可以实现个性化的学习，从而极大地提高学生的学习兴趣，激发学习动机，提高学习效果。利用MOOC的大数据分析特征，教师可以对搜集到的数据进行分析，为学习者设计不同的学习内容、学习方法等，有利于实现"有教无类、因材施教"的教育理想。

（3）有利于实现以学生为中心的课堂教学模式。与传统的以知识传授为主的教学模式相比，基于MOOC的翻转课堂教学模式让学生成为学习的真正主人，实现了个性化的学习。翻转课堂在教育领域的应用，起源于美国科罗拉多州思维阿拉帕霍高中和林地公园高中；阿拉帕霍中数学教师卡尔·费舍于2005年开始翻转课堂的实验，林地高中的两位化学老师伯格曼和亚伦于2006年开始尝试，他们被称为探索翻转课堂的先驱。可汗学院的出现进一步推动了MOOC与翻转课堂的实践。

MOOC课程通常由教师将每周规定好的教学内容录制成教学视频，放在MOOC平台上，学生自主选择时间来进行学习。教师可以利用这一特性，在课前，让学生通过观看视频来学习；在课堂上，教师针对学生在学习过程中遇到的问题进行辅导。与传统教学模式相比，翻转课堂将知识传授的过程放在课前完成，让学生通过网络技术的辅助，在课前观看教师录制好的视频，完成对教学内容的学习；将知识内化的过程放在课堂上完成，在课堂上，师生共同探究讨论，解决疑难问题，经教师的帮助和学生的协助完成知识的内化。这种先学后教的模式，一定程度上弥补了传统课堂的不足：第一，学生主体地位得以凸显。课堂外学生主动去查找资料进行学习，从被动地听教师讲授知识转变为主动地建构知识。课堂上学生提出自己遇到的问题，积极参与互动讨论，从被动地思考转变为问题的发起者。第二，学生个性化学习得以实现。在MOOC的学习过程中，学生可以根据自己的情况选择教学进度，遇到没看懂的地方可以反复进行观看，也可以在比较难懂的地方停下来思考或做笔记记录，实现了个性化的学习。第三，提高了师生互动的质量。学生提前对知识进行学习，在课堂上才会有目的性地进行提问，而且课堂上师生互动交流的时间增多，师生有足够的时间开展课堂活动，以帮助学生完成知识的内化。因此，基于MOOC的翻转课堂教学模式为以教师讲授为主的传统教学模式改革带来了机遇。

（4）有利于扩大传统教学内容的疆界。如今，随着信息技术的快速发展，学科的知识越来越多，知识的更新速度超出了我们的想象，我们几乎被大量的信息所淹没，需要学习的知识变得越来越多。与此同时，信息技术的发展也让知识获得的途径变得多样、快捷，学生可以通过互联网技术、云计算、移动技术、无线通信等随时随地、方便快捷地获取自己想要了解的知识和信息。MOOC作为一种信息技术与教育相融合的产物，正是在这样的背景下应运而生的，它实现了优质教学资源的共享，使教学内容的覆盖面无限扩展。如果我们还是靠书本来获取知识，固守传统的知识教学程序，不探索一种新的学习方式，我们将会很难接触到前沿性的知识。大学面对的教学对象是已经有了一定知识积累的大学生，这就要求大学教学不仅仅是传递知识，还要创新知识。因此，大学的教学内容应该具有科学性、前沿性。MOOC时代的到来，促使教育从"学校选择适合教育的人"向"个体选择适合自己的教育"转变，这就需要我们学会构建个性化的知识网络，接触最新的科学成果，探究人类共同关注的科学难题。

（三）MOOC时代我国大学课堂教学改革策略探讨

课堂教学一直是大学教育活动的主要载体和必要形式，理想的大学课堂应该让学生在课堂中充分自由地发展，让每个学生在课堂中得到应有的发展，让学生主动探究学习，充分发挥学生的主体性。目前，不少大学都存在很多问题，大学生课堂参与度不高。大学生不愿意参与到课堂中，一方面与学生个人的学习动机、学习态度有关，另一方面也与教学质量以及大学课堂缺乏吸引力紧密相关。提高大学教学质量，让课堂焕发生机已是摆在教育工作者面前无法回避的问题。MOOC 作为信息技术与高等教育教学有效整合的平台，之所以得到众多人的喜爱，并在全球迅猛发展，从本质上讲是因为受到一种需求的推动。MOOC 的出现为大学各方面带来挑战的同时，也促进大学在慎重审度 MOOC 潜在影响的基础上，探索课堂教学理念、课堂教学目标、课堂教学模式及课堂教学环境之变革。就我国而言，大学课堂教学改革的关键在于如何利用 MOOC 的理念优化大学课堂教学生态，提高课堂教学的有效性，提升传统课堂教学的质量。基于以上分析，笔者认为大学可基于 MOOC 及其影响在课堂教学上进行以下四个方面的改革。

1. 树立"四位一体"的课堂教学理念

德国著名教育学家和哲学家雅斯贝尔斯认为："教育需有信仰，没有信仰就不称其为教育，而只是教学的技术而已……教育，不能没有虔敬之心，否则最多只是一种劝学的态度。"[1]教学理念作为教学改革的前提和先导，是教学改革的动力，是提高教育教学质量的前提和基础，关系到学生的健康成长。大学生作为社会建设的后备力量，其能力目标的培养是一项综合性系统工程，不仅需要把大学生培养成具有健全人格的合格公民，还需要培养大学生具有扎实的专业技能、发散性和批判性思维及优良的创新实践能力，以适应激烈的社会竞争，并能引领社会的发展。课堂作为大学生在大学期间获得知识和能力最主要的场所，却存在诸多问题。任何一项改革，尤其是与课堂教学密切相关的改革，其能否成功实施，与从事教学的教师有着直接关系。教师是决定教学成败的关键要素。MOOC 的兴起和实施并没有降低教师的作用，而是对教师提出了更高的要求，无论是对教师素养，还是对师生角色、教学内容等方面都有着更高的要求。教师本人对 MOOC 背后所折射的教育理念的理解，对本学科专业素养的把握，对学生的了解程度以及对课堂教学的驾驭能力等，都直接影响着课堂教学效果，影响着改革的成效。因此，在新形势下，更新教师教育教学理念，提升教师的教学能力，对于高等院校教学改革和社会健康发展至关重要。大学教师应该追求适合时代的先进而科学的教学理念，并用这种理念指导教学实践，这样才能改进大学课堂教学方法，提高课堂教学质量。基于提高大学生学习能力和创新能力的视角，应从课堂、教师、学生和教材四个方面树立"四位一体"的教学理念。

（1）转变课堂教学价值取向，注重学习产出。大学生既是一种生命的存在，又是一种"生活活动"（实践）的存在，即大学生在生存与生活中表现出

---

[1] 单中惠，杨汉麟. 西方教育学名著提要[M]. 南昌：江西人民出版社，2000:713—714.

两重性——生物性和超越性。教学设施的完善、教学内容建设与教学管理的质量的提高，都是为提高学生的培养质量服务的，都要落实到学生的学习状态和学习产出上。教师应始终明确大学课堂教学的价值，高等教育的理想不仅仅是把知识传授给大学生，还要把知识的获得与大学生的情感、意志、思维等精神活动联系起来，把关注学生的发展放在第一位，注重学生的学习产出，实现其生物性和超越性的统一。

学生的学习产出主要包括以下几个方面的要素：一是学习兴趣与探索精神。这是学习的动力源泉和成功法宝，也是目前大学生们最缺乏的。二是学习观念与方法。这是学习产出的基础。正确的学习观体现了时代发展对学习的要求，可以指导学生有效学习，使学生的学习达到事半功倍的效果。三是基本知识和基本技能。这是学生上大学最基本的任务和要求，也是其今后适应社会的基本保障，关系到学生的生活能力，因而也可以看成是衡量学习产出的首要要素。四是思考和质疑。这是提高学习产出水平的要素，目前我国大学生普遍较为欠缺这方面的要素，而思考和质疑的能力是拔尖创新人才不可缺少的要素，是培养创新人才的关键。此外，学生在学习中最重要的是学思结合、学会思考、学会提出问题，这就需要有质疑精神。五是融会贯通。这是学生学习的迁移能力，教育的目标就是让学生能够具备这种迁移能力，在学习和生活中做到举一反三、由此及彼、由表及里，能够运用已掌握的知识去解决问题，进而在解决问题的过程中获得新知识。六是知行统一。这是理论与实践相结合，既有在实践的基础上理论上的不断丰富，又有理论在实践中的自觉运用。七是人文精神和科学精神。这是学习产出的精华所在，教育的最高目标就是启迪学生的心灵，高尚的灵魂是学生一生最宝贵的知识财富，将会使学生一生受益。八是学风。这是学习产出的条件，也是学习产出的内容，良好的学风在潜移默化中影响着学生的健康发展，学生的健康发展又反过来促进良好学风的形成。良好的学风需要学校、教师和广大学生共同来营造。

（2）转变教师角色，从知识的传递者走向学习的促进者。大学教师在大学课堂教学中扮演着非常重要的角色，没有教师就不能组成一个完整的大学课堂。伴随着教育信息化的发展，知识的丰富性和获取方式的快捷性，使学生的学习方式发生了变化，学生可以随时随地通过多种途径获取知识。知识更新速度超出人们的想象，知识不断地得到修正和扩展，面对信息时代知识的迅速传播，教师应引导学生正确选择信息，培养自己的探究精神和学习能力，而不是仅仅获得大量的知识，以适应社会的发展。显然，教师不再是权威知识的代言人，教学的任务也不再是简单地传递知识，因此我们需要重新思考教育者的角色。

MOOC 正是信息技术发展到一定阶段与教育相结合后出现的一种产物，它以微视频呈现教学内容，使得学生可以随时随地地学习知识，彰显了学生在知识学习中的主体地位和主动性。

MOOC 这种以学生为主的教学理念强调学生在学习过程中的自主性，要求教师从知识的权威向知识的组织者转变，从知识的传递者向学习的促进者转变。在传统课堂上，教师站在学生和知识的中间，是知识的传递者，而现在要求教师从以往"讲台上的圣人"转变为走到学生中间，巡视、观察和帮助学生学习的"学生身边的指导者或辅导者"。MOOC 浪潮的到来，使教师职责中"传道、授业、解惑"三者的比例在悄然发生变化。开放教育资源在一定程度上减轻了教师"授业"的工作量，但同时对教师的素质和能力提出了更高的要求，教师更多时候充当了为学生"解惑"的角色。因此，教师应该理性地看待 MOOC 的到来，认真研究学习 MOOC 中的优势，从一切为了学生的发展出发，扮演好教育信息化时代教育者这一重要角色，为大学课堂教学改革注入新的活力。

（3）树立正确的学习观，从被动学习走向主动学习。当前，大学生在应试教育和传统授课方式的影响下，学习行为存在以下几个方面的问题。第一，在思维方式上，求同性过多，求异性过少。学生认为只要在课堂上认真听讲，能够理解教材所讲的内容，就是达到了学习的目的。学生在这样的思维引导下，很少去独立思考一些问题，缺乏主动钻研的精神。第二，在学习方式上，从师型过多，自主型过少。部分学生将教师和书本视为知识的权威，很少去主动获取知识，对教师和教材依赖性高，缺乏自主学习的观念。第三，在学习状态上，顺从型过多，问题型过少。学生在上述思维模式和学习方式的影响下，在学习过程中缺少积极思考、发现问题的意识，一些学生只要做对测验就感到满足了。在这样的学习状态下，学生的创新能力和批判能力远远不足。第四，在学习情感上，应对考试多，兴趣探索少。学生学习动机的缺乏，影响着学习质量。

（4）扩展教学内容，避免"一本教材一门课"。大学生是即将进入社会的人才，社会要求大学生不仅要具备一般知识基础，还要了解社会发展最新、最前沿的知识，以发展其心智、丰富其视野。可见，大学教学内容不是资料的堆积，更不是照搬教科书。在目前的大学课堂中，教材被认为具有绝对的权威性，是唯一的教学资源，是全部的教学内容，普遍存在教师讲教材、学生学教材、考试考教材的现象。这种教材观导致了许多教学行为的偏差。

根据笔者的调查，大学教师在教学内容的前沿性方面还很不足。虽然很多教师在传统的教学技巧方面做得相当不错，但在组织教学内容时恪守书本知识，易陷入照本宣科的误区。MOOC对于学习者的主要吸引力在于好学校提供的大量的丰富的好课程，大多数优质课程中的教师在讲授内容时能够不局限于课本。大学教师应以积极的态度面对挑战，必须认识到学生对优质课程的强烈要求，并在教学上做出改变，如果还是把陈旧的教学内容放在PPT上，不仅教学效果不佳，课程缺乏吸引力，还容易被学生"抛弃"。不同时代课程的重点不一，不同时代课程建设的内容需要不断充实和完善。当前大学课程建设需要跟上网络时代的步伐，满足"网生代"的学习需求，适应他们的学习习惯，甄别筛选优质的教学资源提供给学生，引导其阅读与理解，传道解惑，充分利用先进的教学技术，扩充教学空间。

因此，教师应该打破传统教材观的束缚，加强对教材地深度挖掘和分析，根据教学的实际需要以及知识的更新，及时给学生补充最前沿的学科知识。同时，教师可以组织本学科优秀的教师编写合适的教材，实现教材的本土化；也可以征求学生的意见，鼓励学生提供优秀的素材，满足学生的实际需求。此外，教师应充分利用信息技术带来的优势，主动学习新的知识，拓宽教学内容的广度和深度，为学生提供更多的学习资源，如教学视频、教学案例等，让学生学会主动探索研究，实现教学相长。

2.设计以生为本的课堂教学目标

课堂教学目标是连接教育理想与教育现实的主要联结点，是教育理想在教育现实中的具体呈现，不仅对课堂教学的实际效果发挥着重要作用，还影响着教育理想的实现程度。学会学习不仅是时代的需要，也是个体终身发展得以实现的重要条件。大学作为培养人才的机构，既要传播已有的知识，又要创新知识，因此大学课堂教学目标的设计应以学生为本，让学生学会学习，培养学生的自主学习能力，把学到的知识进行转化。同时，学生要想具备终身学习的有效方法，获得自身的可持续发展，综合能力的训练也很重要。目前，我国的大学课堂教学传授知识依然是重点，相对忽略了对学生的独立探究能力的培养。这一点，应该引起重视。

（1）从以"教"为主转向以"学"为主。长期以来，教师在教学过程中比较关注如何教，即如何备课、如何上课、如何批改、如何辅导、如何评价等，相关的教学论文也大都围绕着如何教来展开，而西方有关教学论的论文则重点围绕如何学。这一现象不能不引起我们的重视。关注如何教，提升教学效益固然是非常重要的，如我国的集体教研制度、师徒带教制度等，深受国内外教育同行的关注与好评。但是教学过程中需要重视的另一方面，或者说是更为重要的方面，是学生自己的学习活动，它对学生学习成效起着关键作用。学生是学习的主人，一切学习都是学生自我的学习。教师的教应着眼于如何帮助学生更好地学，如何设计与组织相关的教学资源，让学生在学习过程中更为积极、更为主动，实现以学生为本的课堂教学目标。

2012年以来，MOOC在全球迅速兴起，形成了对传统高等教育的深刻变革之势，加速了高等教育的全球化发展和全球化竞争。面对MOOC的到来，大学应该理性分析MOOC对教育带来的影响，把握机遇，迎接挑战，利用信息技术的优势，优化传统的教学模式，改进教学手段和方法，给大学生提供更多的优质教学资源，为大学生自主学习创造良好的条件。同时，大学应突破校园围墙的限制，走向世界，提高教学质量，提升国际竞争力。在改革的过程中，我们既要解决教师"教什么、怎么教"的问题，更要解决学生"学什么、如何学"的问题。在教学目标设计中，教师应从研究"教什么、怎么教"转向研究探索学生应该"学什么、怎么学"，课堂教学应以学生为主体，调动学生学习的主动性和积极性，让学生从被动听讲转向主动探究、合作学习，教会学生如何学习，让学生掌握多种学习方法，激发学生思考问题的积极性，让学生在解决问题的过程中培养自己的创新能力、实践能力以及综合应用能力，让学生的潜能得到充分的发挥。

因此，要实现课堂教学的高效率，以尽可能少的（合理的）教学投入，获取尽可能多的效能的办法之一就是使学生掌握终身学习的方法。知道"如何"比知道"什么"更为重要。正如19世纪德国教育学家第斯多惠所说："不称职的教师强迫学生接受真知，一个优秀的教师则教学生主动寻求真知。"[①] 有效的课堂教学重在培养学生的学习能力，课堂教学的关键在于学生的学习能力的生成。

（2）从知识本位走向综合素质本位。当代教育正在从"知识本位"走向"综合素质本位"，即走向知识、能力与情感、态度、价值观融为一体的教育。从知识本位走向综合素质本位，这是社会发展对教育的要求。教育的目的在于学，当今知识更新速度超出了人们接受知识的速度，而学习能力将会随着时间的飞逝变得越来越珍贵。所以，教师应从教知识为主转向培养学生的综合素质为主。

基于MOOC的翻转课堂教学模式，推动大学课堂教学从"知识导向"向

---

① 第斯多惠.德国教师培养指南[M].袁一安，译.北京：人民教育出版社，2001：129.

"综合素质导向"转变。"翻转"后的课堂使学生在课堂上有更多时间去探究和交流，有利于学生养成科学研究的态度，发展学生的洞察力、思辨力和表达力，培养学生相应的情感、态度、价值观。现代教育理论认为，教育的功能将更多地从传授现存知识和培养现有技能转向培养学生不断学习的能力，以使学生获得自身可持续发展的途径与方法。教会学生学习，将是现代教育的主旋律。学生创新能力、实践能力等综合素质的培养，是提高人才培养质量的关键，也是今后大学课堂教学改革的目标和方向。

综合素质导向的教育需要教师在教学过程中，除了对学科知识有深入的掌握外，还应当有组织学生进行项目探究和问题解决的能力，要有正确引导学生价值观发展的意识，并以自己的言行促进学生思想道德的发展。一方面，大学教师应不断地学习新知识，拓宽专业领域的知识，丰富课堂教学内容，把最前沿的知识推送给学生，同时教师还可以将自己的成功经验分享给学生，让学生学会主动获取知识，使学生能建构起扎实的知识结构。另一方面，教师在教学过程中可以利用信息技术的优势，根据教学的实际情况采用多种教学方式，精心设计教学活动，让学生摆脱消极、被动、依附的学习模式，主动去学习、探究，善于发现问题，使知识与能力在解决问题的过程中生成，让学生拥有学习的主动权，真正成为学习的主人，学会对学习进行规划，学会自己调控学习进程，善于总结，从总结中不断提升知识与能力，培养学生的创新能力、批判能力等综合能力。教师要设计以学生为本的课堂教学目标，让学生带着问题去学习，不仅有利于培养学生的学习研究能力，帮助学生巩固与深化知识，还有利于学生之间的合作交流，提高学生的交流合作能力，从而提高学生的综合素质。

3. 构建翻转课堂教学模式

近年来，信息技术的快速发展，使知识的获得变得越来越快捷，学生可以在课下获得课堂上讲授的大部分内容，传统的照本宣科的教学模式逐渐不能满足学生的学习需求了，学生在课堂上缺乏主动性的现象在一定程度上恰恰是技术革命带来的副产品。运用信息技术变革大学的教学模式，成为提升教育质量的重要方法。努力推动教育信息化，充分利用信息化和大数据的技术优势，提升教育公平和质量，让优质教育资源全民共享，满足学生个性化学习需求，提升学校教育教学和管理效益，已成为教育改革的必然趋势。

基于MOOC的翻转课堂教学模式，正形成一场自班级授课制度创建以来教育领域最大的革命，它是在教师指导下的先学后教的课堂教学模式，以发挥学生参与性与主动性为目标，充分尊重学生各方面的差异，注重学生的个性发展。翻转课堂不是推翻课堂，而是转变课堂，利用当前信息技术条件和大数据分析的优势，为改变学生学习方式和教师教学方式所做的一种教学改革尝试。学生在课前通过教师录制的教学视频，提前学习知识点。这种做法让学生的学习更加主动，让学生逐步学会对自己的学习负责。在课堂上，师生就学生在学习过程中遇到的困惑共同探究。同时，翻转课堂利用大数据分析，分析每个学生的学习情况，有利于把握学生的个体差异，使学生的个性发展尽可能地得到满足，尝试为班级授课制背景下学生的个性化学习提供可能。

（1）线上课堂，让学生自己对自己的学习负责。个体终究要独立地面对社会，处理各种复杂的社会问题。培养个体的自主自立意识和能力，既是一个社会问题，又是一个教育问题。翻转课堂教学模式，让每个学生根据自己的学习情况自主选择学习进度和学习方式，让学生自己对自己的学习负责，而不是让教师和家长对其负责。

在班级授课制度下，教师在课堂上无法面对个别学生进行讲授，在部分学生并没有充分掌握相关学习内容的情况下，教师已经完成了他的授课任务。一句"大家都懂了吗"似乎在提示不懂的学生可以提问。虽然只要有学生提出问题，教师是愿意对其进行进一步指导的，但是调查显示，课堂上积极提问或参与讨论的学生不足20%，在课堂上很少有学生会经常地提出问题，因为，他们常怕被别的同学认为自己比别人笨。然而，在基于MOOC的翻转课堂教学模式下，学生在微视频学习的基础上，初步掌握了基本的知识，他们在课堂上感到自己有话好说、有话能说，因此提高课堂讨论中的参与性。翻转课堂给了学生展示自己的舞台，这无疑对学生学习主动性的增强有极大的意义，也是学生迈向自己对学习负责，自己对未来生活负责的第一步，其意义决不能低估。

以MOOC发展为契机，成功探索课堂教学的新模式。教师可以自己所上的实体课程为基础，录制讲座视频，创建线上课程，按照MOOC视频的特点进行片段选取、剪辑，根据需要进行补录视频，并在视频中嵌入测验，设置题目的自动评分或同伴互评格式等。教师以视频内容划分教学周历，提前设置教学计划并放入网络教学平台，教师同时可以根据每节课的教学目标，通过翻转课程将教学内容提前推送给学生，学生可以提前观看教学视频，并根据自己的进度和需要来选择播放的速度，在线上完成对课程内容的学习。对于难点、重点知识，学生可以反复观看视频内容，这对学生的学习是有很大帮助的。学生也可以及时了解课程的基本内容、学习材料、教学方式、课程时间安排、考核方式以及其他注意事项。

（2）线下课堂，让学生成为最好的自己。如何因材施教，让教学满足学生的个性发展的需要，为每个学生的充分发展提供指导和帮助，一直困扰着全球的教育工作者。翻转课堂让每个学生成为最好的自己成为可能。

一是教师可以在课上解决学生在学习和测验中遇到的难题，甚至可以根据学生对在线材料的掌握情况进行分组教学。例如，把对学习某个概念有困难的学生分为一组，对其进行概念解释，而对更高级别的一组进行深入辅导。教师可以邀请相关领域的专家进行课堂演讲。当课程涉及世界热点或难点问题时，可以邀请该领域的专业人士探讨该问题对其工作的影响。例如，数据库课程可以邀请公司职员讲述其公司是如何利用某些数据工具和技术解决问题的。学生可以以小组为单位，利用在线工具解决问题。一旦学生学会使用在线工具，他们就可以在课堂上以小组为单位解决具体问题，如果班级规模较大，可以细分为小组。教师可以向大家布置任务，各小组就该问题进行讨论，最后由小组向全班汇报。教师可以进行角色模拟与扮演。对某些课程而言，模仿是非常有趣的学习体验。例如，在政治学课堂，教师可以让学生模拟不同国家领导人或政治候选人之间的谈判。实体课堂中往往提供较为抽象的学习材料，线上课程则可以提供更多接触应用案例的机会，使学习变得更为具体。在这种"先学后教"的教学模式中，每个学生在教学过程中得到了公平的机会，学生通过提前学习知识点，发现自己在学习过程中遇到的问题，并可以及时扩充自己感兴趣的信息，由此他们就有了在课堂讨论中的发言权，学生就不再甘于充当"沉默的多数"这样的角色，他们也要积极参与班级的各种活动，解决自己的疑惑，分享自己了解的相关信息，从而让每个学生在课堂上积极讨论发言，找回自信。

二是多途径的学习为不同思维类型的学生找到适合自己学习的方式提供了更多的选择机会。翻转课堂的魅力在于，它让人们意识到了学习可以有多种媒介和途径，而不仅仅是在课堂内。学生除了在课堂上获得知识外，图书馆、互联网也将成为他们获取知识的途径。翻转课堂教学模式不让每个学生掉队，让每个学生成为最好的自己。

翻转课堂教学模式的构建，让学生在课下自主学习教学内容，课堂上师生面对面交流、解决疑难问题，不仅实现了班级授课制下学生个性化的学习，提高了学生综合素质，还促进了师生之间的交流，增进了师生之间的感情。

4. 创造互动交往的课堂教学环境

任何教学活动都需要在一定的教学环境中进行，这是制约课堂教学活动的一个重要因素，不同的课堂环境会对师生的教和学形成不同的影响。MOOC的到来，使师生关系发生了变化，也给课堂教学环境带来了新的特征。在教育信息化发展的趋势下，传统大学课堂应以学生为中心，优化课堂教学环境，通过创建互动交往的课堂环境，让每个学生真正参与到课堂教学活动中，让学生主动学习、在情境中学习、在协作中学习和在体验中学习，达到对知识的理解和掌握，使学生乐学、愿学、会学，培养学生的学习能力，让学生的学习成为有效的学习。

（1）营造积极的课堂氛围。课堂气氛大体可分为积极的和消极的两类。积极的课堂气氛表现为课堂教学既严肃又活泼，师生双方都积极投入课堂教学中，师生之间互动交流、生生之间合作团结，学生具有学习动机，思维得到碰撞，需要得到满足，课堂气氛既紧张又活跃。消极的课堂气氛表现相反，课堂沉闷、缺乏乐趣，教师教学缺乏积极性，学生被动学习，缺乏学习的兴趣，师生双方的潜能未充分发挥。因此，课堂气氛是影响课堂教学有效性的一个重要因素，积极的课堂气氛的营造是良好课堂互动和教学的开端。我们平时所观察到的缺乏活力的课堂氛围缺乏活力，学生对课堂的淡漠导致师生缺乏互动，如此低的课堂效率实在令人担忧。课堂作为教学的核心环节，如今却仿佛成了最为薄弱的环节。

传统的课堂教学管理建立在教师的监督和控制之上，虽然实现了有序、高效管理，但是消解了课堂教学应有的教育价值，压抑了学生个性的发展。基于MOOC的翻转课堂教学模式打破了传统的管理模式，营造了民主的课堂氛围，挖掘了学生潜力，通过教师的及时引导，师生积极对话，学生主动参与课堂活动并发挥主体性，促进了学生情感、态度、价值观等体验与交流，彰显了课堂生命活力。因此，大学教师应利用MOOC的优势，从学生的角度出发，以学生为主，尊重学生学习者的地位，尊重学生的情感和智慧，增强师生之间的交往，缩短师生之间的心理距离；公平地对待每一个学生，利用MOOC的数据的捕捉和分析功能，深刻分析学生的差异，因材施教，对每个学生形成恰如其分的期望值，并通过各种方式和途径让学生感受到；公平对待每一个学生，关注课堂互动的差异，减少由于自己的情感倾向造成的差异，使课堂气氛公平民主，这样每一个学生才会积极配合教师，形成良好有效的课堂互动，这样课堂教学氛围才不会是死气沉沉的，而是充满活力的、民主的、开放的、互动的。

（2）建立良好的师生关系。从字面意思理解，师生关系即教师和学生的关系。《中国大百科全书》对"师生关系"解释如下：师生关系是指教师和学生在教育教学过程中结成的相互关系，包括彼此所处的地位、作用和相互对待的态度。师生关系是教师和学生在教育过程中形成的最基本的关系，是一种特殊的社会关系。创建良好的师生关系，拉近师生之间的距离，有利于学生积极地参与到课堂互动中，提高课堂教学效果。

在课堂教学中，保证师生双方地位平等是创建良好的师生关系的基础和前提。但是，在传统的大学课堂中，受传统的课堂教学方式、教学目标、教学观念等的影响，建立平等的师生关系是很不容易的。随着技术的发展，MOOC带来了基于在线课程的与以往不同的教师、学习者、教学方法和管理方式，为学习者提供了更丰富的网络学习资源，这让传统的师生关系发生了变化。教师和学生在互动学习中实现了平等的关系，在教师与学生的知识（包括价值、态度以及生活方式等）的互动中，教师具有教育者和"非教育者"的双重身份，学生在评价同伴作业时具有学习者和"指导者"的双重身份，二者形成了和谐平等的师生关系。

因此，要建立良好的师生关系，教师和学生必须认识到师生之间是民主平等的，这是有效课堂教学的前提。在教师这一方面，要从单一的讲授模式走向倾听与对话，与学生进行情感、价值等交流，而不是把自己的认知、价值观等强加给学生，同时还要关注学生在课堂上的行为，将学生看成具有独立思维的个体，适时调整自己的授课方式，注重课堂互动的质量，让学生积极主动地参与到课堂教学中，使课堂朝着良好的方向发展。在学生这一方面，要将自己看成学习的主人，是课堂的主体，端正自身的学习观，积极主动地参与课堂互动，与教师建立交流互动的和谐师生关系，学生之间通过合作学习、探究学习等良好的学习方式，碰撞出思维的火花，建构自己的知识体系。"师道尊严"的师生关系向和谐民主的师生关系转变，同时在这个关系的转变中要把握好一个度，师生彼此相互尊重，形成和谐良好的师生关系，实现教学相长。

（3）提高课堂互动的质量。理想有效的大学课堂是学生能够积极地投入课堂教学，使自身的潜力得到充分的发挥；教师除了激发学生的学习动机，给予学生激励之外，还可以通过课堂互动，组织讨论与提问，使学生积极投入学习。教学是一个具有主动和建设性的过程，尤其是大学课堂教学，应根据学生思维能力发展的特点，抓好其身心发展的关键期，鼓励学生主动探究，培养学生的自主学习能力，使学生成为学习的主体。提问作为教学互动最重要的手段，直接影响着学生的学习质量，影响着教学质量。据研究，提问占据了课堂上师生互动的三分之一的时间，有效的提问会直接影响学生的学习效果。因此，教师应该根据大学生的认知特点来进行提问，以提高课堂互动的质量。所提问的问题类型应与教学目标以及学生认知水平相适应，所提问题的难易程度最好应位于学生的"最近发展区"，只有这样才能促进学生进行高水平的思考，培养学生的创造能力。此外，教师提问还应考虑提问的最佳时机，不同提问发生的情境，其效果是不一样的。当课堂气氛不太活跃的时候，教师应多提一些记忆性的问题和常规管理性的问题,以活跃课堂氛围,吸引学生的注意力,将学生吸引到课堂教学中来,防止学生出现打瞌睡、玩手机的行为;当学生思维比较活跃、激烈讨论的时候,教师应多提一些创造性问题和批判性问题,这样有利于学生积极思考,强化学习兴趣,有利于学生创造性和批判性思维的生成。因此,大学教师不仅要重视课堂互动,更要重视课堂互动的质量,与学生形成双向互动,在课堂中让学生的知识与能力自然生成,提高课堂教学的有效性。

参考文献

[1] 包水梅.我国高校教学方法改革之桎梏[J].四川师范大学学报（社会科学版），2017，44（6）：80—85.

[2] 别敦荣，王根顺.高等学校教学论[M].北京：高等教育出版社，2008.

[3] 博克.美国高等教育[M].乔佳义，译.北京：北京师范学院出版社，1991.

[4] 蔡志忠.孟子全本：历史的哲思[M].济南：山东人民出版社，2013.

[5] 曹中秋.习近平教育思想研究[J].学校党建与思想教育，2017（8）：11—13.

[6] 陈洪捷.德国古典大学观及其对中国大学的影响[M].北京：北京大学出版社，2002.

[7] 程晋宽."教育革命"的历史考察：1966—1976[M].福州：福建教育出版社，2001.

[8] 戴圣.礼记[M].上海：上海古籍出版社，2016.

[9] 第斯多惠.德国教师培养指南[M].袁一安，译.北京：人民教育出版社，2001.

[10] 樊孝.高校课堂教学方法与技巧[M].武汉：华中科技大学出版社，2017.

[11] 洪巧红.高等学校教师教学方法创新研究[D].武汉：华中科技大学，2008.

[12] 扈涛.教学方法导论[M].北京：华文出版社，2008.

[13] 胡建华.我国高等学校教学改革30年[J].教育研究，2008（10）：11—20.

[14] 贾楠.基于翻转课堂的高校教学模式改革研究[D].大连：辽宁师范大学，2017.

[15] 靳占忠，王同坤.高等教育教学改革研究[M].秦皇岛：燕山大学出版社，2018.

[16] 李定仁.大学教学原理与方法[M].北京：科学出版社，1994.

[17] 李庚全，范博华.习近平思想教育理念及其特点探析[J].辽宁师范大学学报（社会科学版），2016，39（1）：1—7.

[18] 李剑萍.大学教学论[M].济南：山东大学出版社，2008.

[19] 李丽.微课程设计方法与教学研究[M].成都：电子科技大学出版社，2017.

[20] 李庆丰，张慧.新中国成立70年大学教学方法改革的发展历程[J].北京教育（高教），2019（10）：37—41.

[21] 李艳静.网络时代高校教学方法创新研究[D].哈尔滨：黑龙江大学，2019.

[22] 李艳静. 高校教学存在的问题及改进措施 [J]. 西部素质教育，2018，4（3）：150—151.

[23] 梁宇. 我国高等学校教学名师的教学方法研究 [D]. 武汉：华中科技大学，2008.

[24] 刘宝存. 大学理念的传统与变革 [M]. 北京：教育科学出版社，2004.

[25] 刘宝存. 国际视野下的研究型大学教学模式与方法改革 [M]. 太原：山西教育出版社，2019.

[26] 刘涛. 分析大学教学方法改革的系统性 [J]. 人力资源管理，2016（8）：174—175.

[27] 刘志鹏，别敦荣，张笛梅.20世纪的中国高等教育：教学卷(上册)[M]. 北京：高等教育出版社，2006.

[28] 吕达，周满生. 当代外国教育改革著名文献：美国卷 [M]. 北京：人民教育出版社，2004.

[29] 马继刚. 课堂教学方法与艺术 [M]. 成都：四川大学出版社，2009.

[30] 马克思. 资本论：第1卷 [M]. 郭大力. 王亚南，译. 北京：人民出版社，1975.

[31] 戚万学. 高等教育学 [M]. 济南：山东人民出版社，2006.

[32] 钱伯毅. 大学教学论 [M]. 合肥：中国科学技术大学出版社，1991.

[33] 乔伊斯. 教学模式 [M]. 荆建华，宋富钢，画清亮，译. 北京：中国轻工业出版社，2009.

[34] 钱伟长. 以赤子之心办兴国之学 [N]. 中国教育报，2007-04-30（04）.

[35] 邵士权. 我国高等学校教学方法创新研究 [D]. 武汉：华中科技大学，2011.

[36] 宋敬敬. 高校教学方法研究与改革实践 [M]. 长春：吉林大学出版社，2015.

[37] 司马云杰. 价值实现论：关于人的文化主体性及其价值实现的研究 [M]. 西安：陕西人民出版社，2003.

[38] 滕东茁. 高校教师运用教学方法的底蕴研究 [D]. 长沙：湖南师范大学，2018.

[39] 汪丽梅. 知识观变革：教学方法改革的内在推动力 [M]. 武汉：华中师范大学出版社，2018.

[40] 王琦，王文仲，李广军，等. 基于培养高素质创新型人才的课堂教学改革研究 [J]. 人才资源开发，2015（2）：244.

[41] 王彤. 应用型大学教学方法改革与实践 [M]. 北京：知识产权出版社，2015.

[42] 王文举. 突破创新：教学模式改革与探索 [M]. 北京：首都经济贸易大学出版社，2013.

[43] 王英杰，刘宝存. 世界一流大学的形成与发展 [M]. 太原：山西教育出版社，2008.

[44] 王玥.高校教学行政管理的方式方法研究[J].艺术科技，2017，30（12）：371.

[45] 王战军.中国研究型大学建设与发展[M].北京：高等教育出版社，2003.

[46] 肖健南.移动互联网的高校教学技术和方法创新[J].计算机产品与流通，2020（4）：247.

[47] 徐继存，赵昌木.现代教学论基础[M].北京：北京大学出版社，2008.

[48] 杨平.习近平思想政治教育观对新时代高校思想政治教育理论研究的新贡献[J].江汉大学学报（社会科学版），2019，36（1）：101—112，127.

[49] 应望江,中国高等教育改革与发展30年 1978—2008[M].上海：上海教育出版社，2009.

[50] 张忠华.现代大学教学方法论[M].哈尔滨：黑龙江人民出版社，2009.

[51] 张黎，李明，赵伟.高校教学方法改革的新思路[J].黑龙江教育（高教研究与评估），2016（9）：14—15.

[52] 张丽琼，杨珂."互联网+"时代的高校课堂教学方法创新[J].福建教育学院学报，2020，21（1）：77—80.

[53] 张丽琼，杨珂.泛学科视角下高校课堂教学方法创新[J].开封教育学院学报，2019，39（9）：129—131.

[54] 张鹏程.论习近平的教育现代化思想[J].广西社会科学，2017（1）：214—217.

[55] 赵中岳.教学方法改革研究与实践[M].北京：北京理工大学出版社，2012.

[56] 周成海.课堂教学原理与方法[M].北京：中国轻工业出版社，2015.

[57] 周定文，谢明元.教育教学一体化改革的研究与实践[M].成都：电子科技大学出版社，2012.

[58] 周光明.大学课堂教学方法研究[M].重庆：西南大学出版社，2007.

[59] 钟启泉.课程的逻辑[M].上海：华东师范大学出版社，2008.